伦理视域下的宋代蒙学思想研究

许 至 著

湖南师范大学出版社

·长沙·

图书在版编目（CIP）数据

伦理视域下的宋代蒙学思想研究 ／ 许至著． — 长沙：湖南师范大学出版社，2023.1
ISBN 978-7-5648-4591-9

Ⅰ．①伦… Ⅱ．①许… Ⅲ．①蒙学－研究－中国－宋代 Ⅳ．①G629.299

中国版本图书馆CIP数据核字(2022)第100892号

Lunli Shiyu Xia De Songdai Mengxue Sixiang Yanjiu
伦理视域下的宋代蒙学思想研究

许 至 著

出 版 人｜吴真文
责任编辑｜孙雪姣
责任校对｜张　雪
出版发行｜湖南师范大学出版社
　　　　　地址：长沙市岳麓山　邮编：410081
　　　　　电话：0731-88853867　88872751
　　　　　传真：0731-88872636
　　　　　网址：https://press.hunnu.edu.cn/
经　　销｜湖南省新华书店
印　　刷｜长沙印通印刷有限公司
开　　本｜710 mm×1000 mm　　1/16
印　　张｜15.75
字　　数｜300千字
版　　次｜2023年1月第1版
印　　次｜2023年1月第1次印刷
书　　号｜ISBN 978-7-5648-4591-9
定　　价｜58.00元

前　言

　　本书以"伦理视域下的宋代蒙学思想研究"为题，试图从伦理角度入手，对宋代蒙学教育的合理性内容进行挖掘与探讨，以期对现代社会儿童道德教育具有启发与借鉴意义。之所以聚焦于宋代是因为蒙学发展至宋代达到顶峰，这主要与该时代的经济、政治、文化、教育、科技等高度发展密切相关。这里有发达的农业、手工业、商业、交通运输业，有璀璨的文学、史学、哲学、绘画、书法，有"崇文抑武"的政治方针、相对公正的科举制度、不再固化的社会阶层。在稳定的社会经济基础、璀璨的文化和充满活力的学术思想土壤中，同时在前人共同探索出的蒙学教育经验的引导下，宋代蒙学有了长足的进步和发展。

　　在宋代社会发展背景下，蒙学教育主要围绕科举的"功利"倾向与传统儒学教育的"道德"倾向展开。从政治选才角度，国家通过降低科举门槛、增加录取人数、提高入仕进阶速度，吸引蒙童教育围绕科举考试展开。从家族整体利益考虑，"金榜题名"的光环、丰厚的俸禄及政治特权，将提高家族社会与政治地位，故而"读书—科举—入仕"成为古代家长为蒙童设立的基本人生路径。同时，大量学者批判蒙学教育的功利化倾向，强调对蒙童进行道德品质的培养、道德情操的陶冶、文化素养的提升，试图将儿童塑造成"圣贤坯模"。针对蒙学教育目的，宋代教育者提出了及时教育、激发兴趣、循序渐进、严宽相持和道德榜样的训蒙原则。

蒙学教材作为儿童教育的基本载体，在古代启蒙教育中不可或缺。宋代开创了完整的古代蒙学教材体系，其后的元明清不过是踵事增华罢了。宋代学者编著了大量种类丰富的蒙学教材，主要有识字类、道德类、理学类、经学类、历史类、韵对类、文章类与博物类八大部分。从天地山川、名物典章、历法算术、医学科技到伦理道德、性理概念、经学知识，它们几乎涵盖了宋代孩童成长过程中所需的全部知识。虽然我们不能狭隘地将以上蒙学教材归为伦理道德教育类，但它们无不渗透着儒家的伦理价值与道德观念。

在古代社会，不论是对圣贤坯璞的理想期待，抑或功名利禄的现实追求，读书成为蒙童实现理想的重要途径之一。所读之书为儒家圣贤经典，读圣贤书之方法有循序渐进、熟读精思、虚心涵泳、切己体察、著紧用力和居敬持志。人伦道德的训诫贯穿于整个古代蒙学教育始终，以父子、君臣、兄弟、夫妇、朋友"五伦"为主线，教导蒙童施行孝悌之道，知晓君臣之义，遵守长幼之序，明确男女之别，熟悉交友之准。与此同时，加强对蒙童日常道德行为规范的训导，从衣裳冠履、言坐行立揖、饮食礼规、洒扫室堂、读书写字等教起，促其养成良好的生活习惯，熟知重要的人伦准则，遵守基本的道德规范。

宋代蒙学教育还具有丰富的理论内涵。宋代理学家对蒙童教育具有独特的贡献，他们提出各种蒙学教育理念，编著各类蒙学书本，批判蒙学的片面科举化、功利化倾向，这引起了家庭、学校、社会对蒙童教育的关注。家庭教育是启蒙教育的起点，家长通过言传身教，使儿童在传统家庭美德中受到良好的道德熏陶。蒙童入学接受系统化的道德教育，教师、学生的选拔标准、教授的课程与考试内容、学校规章制度等无不围绕道德展开。儿童是社会教化的重要对象之一，他们在社会祭祀活动、劝俗活动、节日庆典活动、娱乐文化活动中接受道德教化。蒙学教育的对象不仅限于世俗蒙童，佛教小沙弥与道教童子也接受宗教式的启蒙教育，他们学习基本的宗教教义、清规戒律与修行技能，为正式成佛入道奠定重要基础。

虽然宋代蒙学伦理教育存在不符合现代社会发展的内容，但是我们旨在挖掘其中的合理部分，试图从当下普遍儿童道德问题的解决、传统儒家文化的传播、世俗儒家伦理研究的关怀、社会主义核心价值体系建设的辅助四方面进行探讨，以提供有益的参照和借鉴。

目　录

/ 绪论 /

一、概念溯源与界定 …………………………………… 2

二、文献研究综述 ……………………………………… 8

三、研究特色及不足 ………………………………… 18

/ 第一章 /

研究基点：宋代蒙学发展的社会背景与理论基础

第一节　宋代社会发展概况及其对蒙学发展的影响 …………22

一、经济高度发达是宋代蒙学鼎盛的保证 ………… 22

二、社会阶层流动是宋代蒙学发展的动力 ………… 25

三、重文抑武方针是宋代蒙学稳定的基础 ………… 27

四、文化艺术繁荣是宋代蒙学兴盛的依托 ………… 29

五、三次兴学运动是宋代蒙学教育的助力 ………… 32

第二节　宋代蒙学发展的重要理论支撑………………………35

一、新儒学的兴起为蒙学发展提供学术土壤 ……… 35

二、道德理论积淀为蒙学教育提供思想指导 ……… 37

三、前代蒙教积累为蒙学发展提供丰富经验 ……… 39

/ 第二章 /
基本载体：宋代蒙学教育的伦理著作

第一节　一般性蒙学教育著作的伦理释读…………………………44

一、宋以前的蒙学著作 …………………………………… 44

二、识字类蒙学著作 ……………………………………… 47

三、道德类蒙学著作 ……………………………………… 52

四、理学类蒙学著作 ……………………………………… 57

五、经学类蒙学著作 ……………………………………… 61

六、历史类蒙学著作 ……………………………………… 63

七、韵对类蒙学著作 ……………………………………… 70

八、写作类蒙学著作 ……………………………………… 73

九、博物类蒙学著作 ……………………………………… 75

第二节　家训蒙学教育著作的伦理释读…………………………80

一、家训蒙学专著 ………………………………………… 80

二、家训蒙学散文、诗歌 ………………………………… 83

/ 第三章 /
价值依托：宋代蒙学教育的伦理目的与原则

第一节　蒙学教育的伦理目的…………………………………87

一、政治选才：济世 ……………………………………… 87

二、家族培育：耀世 ……………………………………… 93

三、圣贤坯模：行世 ……………………………………… 98

第二节　蒙学教育的伦理原则………………………………… 103

一、道德训蒙及早原则 …………………………………… 103

二、道德兴趣激发原则 …………………………………… 106

三、道德教导循序原则 ·· 110

四、道德教育宽严原则 ·· 113

五、道德教化榜样原则 ·· 116

/ 第四章 /
道德内涵：宋代蒙学教育的伦理内容

第一节　立志读书之引导 ·· 121

一、树立志向为起点 ·· 121

二、勤劝苦读为重点 ·· 124

三、圣贤书册为基点 ·· 128

四、读书方法为要点 ·· 131

第二节　人伦道德之训诫 ·· 135

一、父子之伦——施孝之道 ·· 136

二、兄弟之伦——行悌之道 ·· 139

三、夫妇之伦——男女之别 ·· 143

四、朋友之伦——择友之道 ·· 147

五、君臣之伦——为官之道 ·· 152

第三节　道德行为规范之训导 ·· 156

一、衣裳冠屦须端整 ·· 157

二、言坐立行揖须端严 ·· 160

三、饮食礼规须端敬 ·· 162

四、洒扫室堂须涓洁 ·· 164

五、读书写字须端正 ·· 165

/ 第五章 /

多维透视：宋代蒙学伦理教育的多重探讨

第一节　道德施教范围的多层次性 ································· 170

一、教育起点：家庭道德教育 ····························· 170

二、教育强化：学校道德教导 ····························· 174

三、教育深化：社会道德教化 ····························· 180

第二节　宋代理学与蒙学伦理教育 ························· 186

一、宋代理学家的蒙教理念及其主要著作 ············· 186

二、理学色彩在蒙学教育中的映射 ····················· 190

三、对理学家蒙教实际之检讨——以朱子《小学》作为蒙童道德教育教材

得失为例 ············· 194

第三节　佛教、道教与童蒙教育 ························· 212

一、佛教清规戒律中的童子和沙弥教育 ············· 212

二、道教教义规诫中的道童教育 ····················· 218

/ 结　语 /

现代审视：宋代蒙学伦理教育与现代生活

一、对当代儿童道德问题之启发 ····················· 225

二、对传统文化普及大众之助推 ····················· 227

三、对世俗儒家伦理研究之关切 ····················· 229

四、对社会主义核心价值体系建设之益处 ············· 232

参考文献 ····················· 235

　　1933 年鲁迅在《我们怎样教育儿童的？》一文中呼唤："倘有人作一部历史，将中国历来教育儿童的方法，用书，作一个明确的记录，给人明白我们古人以至我们，是怎样的被熏陶下来的，则其功德，当不在禹下。"①八十余年后的今天，古代蒙学教育是否还具有研究的意义呢？答案是肯定的。本书试图从伦理视角对宋代蒙学思想进行探讨。在进入正式的论述前，我们首先对与蒙学相关的概念进行溯源和界定，并对前人研究情况进行综述。

---

① 鲁迅：《申报自由谈》，载《鲁迅杂文全编》第四册，人民文学出版社 2006 年版，第 66 页。

一、概念溯源与界定

（一）"蒙学"的概念

现代词典与相关论著对"蒙学"理解主要有以下四种：

其一，教育场所，即中国古代对儿童进行启蒙教育的学校，因时代与创办性质不同、称谓不一，又称之为蒙馆、私塾、义学、家塾、村塾、冬学、乡校等。《辞海》释为"蒙馆"①，《教育辞典》《当代汉语词典》《中国百科大辞典》等也持此观点。张志公认为蒙学是"我国古代社会对儿童进行启蒙教育的学校，大体上相当于现在的小学"。②乔卫平认为其是"我国古代最原始的学校形式，是'托幼'和'蒙学'性质的场所"。③

其二，教育书籍，即古代儿童启蒙教育的课本或读物，或称之为蒙书、小儿书、蒙养书、蒙学读物、启蒙教材、蒙童课本等。说法虽异，所指大致相同。如"儿童教育读物称为蒙学或蒙养读物"④；"蒙学，指儿童在启蒙的学塾里学习的教材和内容"⑤；"狭义上的'蒙学'，专指启蒙教材，即蒙学文献"⑥。

其三，阶段性教育形式或教育活动，即中国古代儿童在蒙馆进行启蒙教育活动的总称，通常与"教育"二字连用，类似说法还有"启蒙教育""蒙养教育"和"童蒙教育"等，与现代意义上的"幼儿学教育""小学教育"使用类似。如"蒙学，即对儿童进行的启蒙教育，也就是中国古代的初等教育"⑦；"蒙学即启蒙之学，是特指对儿童所进行的启蒙教育，大致相当于小学"⑧；"蒙学，即儿童启蒙教育，始于汉代，至宋代时日益完善，在当时的官办教育中受到重视"⑨。

其四，泛指学问，即研究古代儿童启蒙教育相关内容的一切学问总称。如"所谓蒙学，是中国古代对儿童进行启蒙教育的学问"⑩；"蒙学亦即启蒙之学，是

---

① 夏征农等：《辞海》第二册，上海辞书出版社 2009 年版，第 1557 页。

② 王本华：《张志公论语文·集外集》，语文出版社 1998 年版，第 353 页。

③ 乔卫平、程培杰：《中国古代幼儿教育史》，安徽教育出版社 1989 年版，第 4 页。

④ 陈来：《蒙学与世俗儒家伦理》，载袁行霈：《国学研究》第三卷，北京大学出版社 1995 年版，第 6 页。

⑤ 李宏：《宋代私学发展略论》，中央编译出版社 2014 年版，第 17 页。

⑥ 任浩之：《国学知识》，当代世界出版社 2014 年版，第 477 页。

⑦ 庄华峰：《中国社会生活史》，中国科学技术大学出版社 2014 年版，第 193 页。

⑧ 刘淼：《当代语文教育学》，高等教育出版社 2005 年版，第 131 页。

⑨ 张光奇：《中国古代教育》，黄山书社 2014 年版，第 56 页。

⑩ 余秉颐等：《蒙学金言》，安徽人民出版社 2009 年版，第 3 页。

对儿童进行启蒙教育的学问"[①]; "所谓蒙学，是指中国古代人们研究对儿童进行早期启蒙教育的学问"[②]。

总之，以上四种概念的理解和使用，存在一定差别，即使同一论著中往往也存在互相使用的情况。

既已知现代意义上对蒙学定义的理解及其使用，那在中国古代语境中，它是何时出现，其定义如何，亦需要我们对其进行廓清。笔者通过相关古文献搜集（可能有限），将"蒙学"的不同使用情况列于表1和表2。由此可知，"蒙学"一词在古代语境中使用主要有两种：一是教育场所，即学校。最早使用"蒙学"一词约在宋末元初，而清代之后"蒙学"一词被普遍使用，这也不难理解现代文献将其当作学校使用了。二是教育活动，即古代启蒙教育特定活动。总之，古代"蒙学"一词的使用与现代意义使用上有共通处。故而，本书将"蒙学"定义为：对古代儿童进行启蒙的特定层次教育活动总称，它包括教育目的、教育内容、教育载体、教育原则、教育手段与方法等相关内容。[③]

表1 蒙学溯源表（教学场所）

序号	时代	原文	出处
1	元	童蒙贵养正，孙弟乃其方。	胡炳文：《谦亨字说》
2	元	蒙学宜择严师，故以师儒之教为先。	胡炳文：《纯正蒙求》
3	清	义学又分二等：曰村学，曰蒙学。	胡珠生：《治平通议》卷八《斗山陈氏睦族四议》
4	清	在河南街适中处所购地，陆续兴修学舍。凡蒙学二十二斋，每斋学生十二名。	李桂林：（光绪）《吉林通志》卷四九《官学义学》
5	清	蒙学堂之宗旨，在培养儿童使有浅近之知识，并调护其身体。	张百熙：《钦定蒙学堂章程》

① 王大千：《中国儒学年鉴》第十一卷，中国儒学年鉴社2011年版，第119页。
② 中华孔子学会编辑委员会：《国学通览》，群众出版社1996年版，第867页。
③ 王炳照：《中国教育史专题研究》，北京师范大学出版社2009年版，第124页。

表2　蒙学溯源表（教育活动）

序号	时代	原文	出处
1	明	今蒙学未至而轻遽言之不自知，其说之谬甚也。俟他日自知而改正焉，斯可以验学之进矣。	杨守陈：《杨文懿公文集》卷五《送徐生昇序》
2	明	自蒙学以至白首，簏书中惟蓄经书一部烟薰《指南》、《浅说》数帙而已。	袁宗道：《送夹山母舅之任太原序》
3	清	窃意《集字》虽训蒙学，然小学为经术渊源，古今文字承用后，先亦宜稍知次第。	章学诚：《文史通义》外篇《报谢文学》
4	民国	跳踉娇憨谁氏雏，走携论语杂屠沽？昨逢里老谈蒙学，苦问朝廷变法无。	陈三立：《崝庐雨坐戏为四绝句》

（二）"小学"的定义及其与"蒙学"的关系

"蒙学"一词的广泛使用从清之后才开始，在这之前对蒙童启蒙教育是如何称谓呢？一般称为"小学"。"小学"一词主要有两种意义：一是与启蒙教育相关，或指学校，或指教育活动。《汉书·食货志》："八岁入小学，学六甲五方书计之事，始知室家长幼之节。十五岁入大学，学先圣礼乐，而知朝廷君臣之礼。"[1]《大戴礼记·保傅》："及太子少长，知妃色，则入于小学。小者所学之宫也。"[2]"小学"与"大学"教育为古代两种阶段教育，朱熹对二者有详解。他说："人生八岁，则自王公以下，至于庶人之子弟，皆入小学，而教之以洒扫、应对、进退之节，礼乐、射御、书数之文；及其十有五年，则自天子之元子、众子，以至公、卿、大夫、元士之适子，与凡民俊秀，皆入大学，而教之以穷理、正心、修己、治人之道。"[3]即是说，十五岁之前为小学教育，以洒扫应对进退与"六艺"为学习内容；十五岁之后开始大学教育，以穷理为内容。二者存在区别，前者以"事"为主，后者以"理"为主；但二者存在递进关系，实为一理。二是与语言文字学相关，包括文字学、训诂学、音韵学。但"小学"最初之意与启蒙教育直接联系。《汉书·艺文志》："史籀十五篇，八体六技，仓颉一篇，凡将一篇，急就一篇，元尚一篇，训纂一篇……凡小学

---

① 《汉书》卷二四《食货志》

② 戴德：《大戴礼记》，山东友谊书社1991年版，第57页。

③ 朱熹：《大学章句序》，载《四书章句集注》，中华书局2011年版，第2页。

十四家，四十五篇。"① 这里的《史籀》《仓颉》《急就》等为蒙童在小学阶段所学的识字课本。本书对"小学"定义采用第一种释意。

　　既知"小学"为古代儿童受启蒙教育的学校或为启蒙教育活动总称，那它与"蒙学"有什么关系呢？对此，学界一般持有四种观点：其一，二者是同一概念，即"小学"等同"蒙学"。"古人因取其意而称小学教育阶段为'蒙养阶段'"②；"蒙学是启蒙之学的省称，通常也称之为小学"③；"蒙学（也叫小学）"④。其二，"蒙学"范围大于"小学"，即"蒙学"教育包括"小学"教育，如"小学教育特指儿童在'外舍'或'塾馆'、'乡校'之内所受的比较正规的学校教育。而蒙养教育则不仅包括儿童在学校之内所受的初级教育，也包括入学之前和在学校之外，通过各种形式所受到的启蒙教育"⑤。"蒙学教育的内容中包含了小学教育，但蒙学教育乃是统称所有的以儿童为教育对象的教育，其外延远远大于'小学教育'。举凡小学、家庭、其他社会组织的教育行为以及通过书籍、图像等对儿童实施的教育，都属于蒙学教育的范围。"⑥ 其三，"蒙学"与"小学"教育处于不同阶段。乔卫平认为蒙养教育是"连接于小学与学龄前教育之间的一种启蒙教育形式，它相当于普通小学教育的低级阶段"。⑦ 其四，"蒙学"教育是私学教育，"小学"教育为官方教育。如李廉方认为周代的小学教育是"为直接升大学的预备，不是一种蒙学。蒙学不由国立而学于家塾，为未入小学的教育"，又说"合蒙学小学并称为小学教育"⑧，这里小学内涵外延又比蒙学广。综上所述，我们认为"小学"教育与"蒙学"教育概念不能完全等同，但二者紧密联系这一点毫无疑问，本书在使用过程中对此不作严格区分。

① 《汉书》卷二四食货志
② 郑阿财、朱凤玉：《敦煌蒙书研究》，甘肃教育出版社2002年版，第1页。
③ 王炳照：《中国教育史专题研究》，北京师范大学出版社2009年版，第124页。
④ 苗春德：《宋代教育》，河南大学出版社1992年版，第80页。
⑤ 乔卫平、程培杰：《中国古代幼儿教育史》，安徽教育出版社1989年版，第151页。作者又认为蒙学教育"特指在家庭和社会教育中那部分经过一定的组织过程，利用特定的方法和手段所进行的文化、道德启蒙教育"，因而与家庭与社会教育相比，内容较狭义。
⑥ 池小芳：《中国古代小学教育研究》，上海教育出版社1998年版，第2页。
⑦ 乔卫平、程培杰：《中国古代幼儿教育史》，安徽教育出版社1989年版，第151页。
⑧ 李廉方：《中国古代的小学教育》，载郭戈编：《李廉方教育文存》，人民教育出版社2006年版，第435页。

（三）"蒙"与"童蒙"的定义

理解"蒙学"概念的关键词为"儿童"与"教育"。那它们是如何关联的呢？对此，有必要对"蒙"字进行溯源。大多学者认为对"蒙"字的释义最早可追溯到《周易》的"蒙"卦，其相关原文摘录如下：（1）"蒙。亨。匪我求童蒙，童蒙求我。初筮告，再三渎，渎则不告。"（《周易·蒙卦》）（2）"童蒙。吉。"（《周易·蒙卦》）（3）"蒙以养正，圣功也。"（《周易·彖传》）（4）"物生必蒙，故受之以蒙。蒙者，蒙也，物之稚也。"（《周易·序卦》）。"蒙"卦之"蒙"究竟何义？古代学者对蒙卦注解甚多（见表3）。结合表可知，"蒙"之义大约有以下三种：一是物之幼小，未开发之貌；人未认知之端，这是事物最原初的本然情形，如郑玄、王夫之、朱骏声所释。二是事物微暗、蒙昧、昏蒙、未明，这是事物幼微时呈现的状态，如孔颖达、张载、朱熹之意。三是开发、启发之理，具有打破上述原初蒙昧状态之势，如程颐之言。此三种释意虽有差别，但其本质要义大致相同，不妨综合归纳如下："蒙"即生物处于原初状态时所呈现出蒙昧之状而有待开发。现代学者对"蒙"卦释意大多基于古人理解的基础上，大约与上相同，但还引申出"愚昧、野蛮、强暴"①等义。

表3 "蒙"卦中"蒙"注解表

序号	作者	原文	出处
1	郑玄	蒙，幼小之貌。齐人谓萌为蒙也。	《周易郑康成注》
2	孔颖达	蒙者，微昧暗弱之名。物皆蒙昧，唯愿亨通。	《周易正义》
3	程颐	蒙有开发之理，亨之义也。	《易程传》
4	朱熹	蒙，昧也，物生之初，蒙昧未明也。	《周易本义》
5	张载	人心多则无由光明……蒙，昏蒙也。	《横渠易说》
6	王夫之	蒙者，知之始也。	《张子正蒙序》
7	朱骏声	蒙者，蒙蒙，物初生形，是其未开著之名也。	《六十四卦经解》

从上述释"蒙"之意可知"蒙"处于生物最幼小状态，容易联想到人的原初之态，即孩童；而对于开发孩童蒙昧无知的手段大约是教育，但只是笔者的臆测。回到"蒙"卦中提到的"童蒙"一词可能求得答案（见表4）。综合古代和现代学者对"童蒙"释意大致有以下三类：一是指儿童愚昧未明状态，这

---

① 陈鼓应等：《周易今注今译》，商务印书馆2005年版，第63页。

里就将"儿童"与上述"蒙"之意结合，如朱熹、李道平之解。二是对儿童处于蒙昧无知状态的启发与开导，这里与"教育"相关，如干宝、朱骏声之意。三是指愚昧待开发之儿童，现代学者多持此意。

表4 "蒙"卦中"童蒙"注解表

序号	作者	原文	出处
1	朱熹	童蒙，幼稚而蒙昧。	《周易本义》
2	李道平	蒙在正月寅，故为"物之长稺"，施之于人，则幼稺为"童蒙"也。	《周易集解纂疏》
3	程颐	童取未发，而资于人也。	《周易程氏传》
4	干宝	蒙为"物之稺也"。施之于人，则童蒙也。	《周易集解》
5	朱骏声	喻童子弱昧，必依附先生以强立，故曰"童蒙"。	《六十四卦经解》
6	高亨	童蒙即幼稚愚昧之人。	《周易大传今注》
7	张立文	幼稚的儿童。	《帛书周易注释》

由"童蒙"之意至少可知"蒙"如何与"儿童"相关，但如何与"教育"相联系，可从对"匪我求童蒙，童蒙求我。初筮告，再三渎，渎则不告"与"蒙以养正，圣功也"的历代理解中寻找。前一句本意大致为问筮者主动来求占筮者；后一句为在蒙昧时培养纯正之德，方能成就圣人功。对此二句之释见表5，由表5可知"蒙"是如何与师生教育联系起来的。然学者陈鼓应认为这种理解似乎太狭窄，是一种过度挖掘。① 这当然有道理，但对"蒙"字如何与"孩童"和"教育"联系，又如何对"蒙学"之理解具有一定的参考价值。值得注意的是，对此卦之释不仅限于师生教育，还有君臣教导、官民教化之意。

表5 "蒙"卦中关于"儿童教育"注解表

序号	作者	原文	出处
1	孔颖达	物既暗弱而意愿亨通，即明者不求于暗，即匪我师德之高明往求童蒙之暗，但暗者求明，明者不谘于暗，故云"童蒙求我"也。	《周易正义》

① 陈鼓应等：《周易今注今译》，商务印书馆2005年版，第69页。

续表

序号	作者	原文	出处
2	张载	礼闻取道义于人，不闻取其人之身。来之为言，属有道义者谓之来。来学者，就道义而学之，往教者，致其人而取教也。	《横渠易说》
3	来知德	乃教人之正道也，何也？"礼闻来学，不闻往教"。教之利于正者，幼而学之，学为圣人而已。	《周易集注》
4	朱骏声	礼有来学，无往教，故修道艺于其室。而童蒙者，求之为弟子，非己求之也。 弟子初问，则告这以事义。不思其三隅相况以反解者，此师勤而功寡，学者之灾也。不复告者，欲令思而得之，亦所以利义而干事也。求师同于求神。	《六十四卦经解》

综上所述，按大多数学者观点，"蒙"字起源于《周易》中"蒙"卦，对该卦的释意逐渐与儿童和教育相关，"蒙"表达出的蒙昧不清、有待开发之状态，正是"蒙学"教育产生的重要原因。不论是古代抑或现代，对"蒙学"一词的使用多集中于学校、教材、教育活动、研究学问这几方面，本书择"教育活动"之意理解"蒙学"。

二、文献研究综述

（一）宋代蒙学教育在中国古代教育史中的研究状况

这是了解蒙学教育在整个中国古代教育史中所占地位及其研究的主要方面。20 世纪初，杨游《中国教育史》只提及朱熹及其所著《小学》，"修身、处事、接物三者期笃行以底于成其《小学》六卷中，尤在以礼法养成习惯"①，不妨将其看作宋代蒙学道德教育研究之开端。王凤喈《中国教育史大纲》提及古代的贵族小学（如宗学、诸王宫学、内小学）与童子科。②徐式圭《中国教育史略》提到建于宋仁宗朝的国立小学的选拔学生与考核、升学情况。③毛邦伟《中国教育史》提及童子试的考试内容与升学情况，以及朱熹的《小学》与《家礼》中

---

① 杨游：《中国教育史》，商务印书馆 1914 年版，第 18 页。
② 王凤喈：《中国教育史大纲》，北京师范大学出版社 1930 年版。
③ 徐式圭：《中国教育史略》，中华学艺社 1931 年版，第 86 页。

的儿童教育思想。① 余家菊《中国教育史要》提及神宗到徽宗在京小学人数增加，简述学生年龄、读书内容、补助、学费等。② 以上研究只是"轻描淡写"，不足百字。陈东原《中国教育史》论述逐渐增多，提出宋元小学状况日渐完备，简介"三、百、千"、《蒙求》、《杂字》等蒙学教材；理学家的儿童教学法。③陈青之《中国教育史》内容更为丰富：简述宋代贵胄学校和国立小学的入学年龄、考核办法、教学方法等；对朱子蒙童教育更为详细。④20 世纪初到 30 年代后期，宋代蒙学教育在中国教育史中地位并不突出，篇幅较短，有些不足百余字，但呈逐渐增多趋势。20 世纪 40 年代至 70 年代中国教育史的资料较少，孟宪承《中国古代教育史资料》列举宋代学者如苏轼、叶梦得、耐得翁、项安世等人对儿童教育的重视。⑤20 世纪 80 年代，任时先在《中国教育思想史》特别提及宋代儿童教育的重要性："宋元明时代的儿童教育，在中国教育史的整个领域中占有重要的地位。老实说教育的精义，亦只有儿童才能具代表的任务。"⑥ 可以说，这为明确宋代蒙学教育在教育史中的地位奠定了基础（1962 年张志公提出此观点）。王炳照在《简明中国教育史》中用一节论述宋元明时期的蒙学的总体情况，对蒙学的具体定义、教授内容、教育方法、教师设置等进行了简要说明。⑦ 李定开《简明中国教育史》对宋代儿童入学年龄进行了区分，论述了朱熹的"胎教"及其对儿童家庭教育的重要性。⑧陶愚川《中国教育史比较研究》提出"重视小学是理学家的一个优良传统"⑨。曾泽等在《中国教育史简编》中对宋代蒙学教材进行了分类（综合性知识、封建伦理道德和修身治世的、历史、诗歌、名物）。⑩吴玉琦等在《中国古代教育简史》一书中提出两宋私学（包括蒙学）的发展前所未有，积累了丰富的教学经验。⑪毛礼锐《中国教育通史》总结了宋代蒙学教

---

① 毛邦伟：《中国教育史》，北平文化学社 1932 年版。

② 余家菊：《中国教育史要》，中华书局 1934 年版。

③ 陈东原：《中国教育史》，福建教育出版社 2006 年版。

④ 陈青之：《中国教育史》，东方出版社 2008 年版。

⑤ 孟宪承等：《中国古代教育史资料》，华东师范大学出版社 2010 年版，第 168 页。

⑥ 任时先：《中国教育思想史》，商务印书馆 1981 年版，第 229 页。

⑦ 王炳照等：《简明中国教育史》，北京师范大学出版社 1985 年版，第 185-186 页。

⑧ 李定开等：《简明中国教育史》，四川人民出版社 1985 年版，第 258 页。

⑨ 陶愚川：《中国教育史比较研究（古代部分）》，山东教育出版社 1985 年版，第 374 页。

⑩ 曾泽、张监佐、李榷主编：《中国教育史简编》，江苏教育出版社 1986 年版，第 160 页。

⑪ 吴玉琦等：《中国古代教育简史》，吉林教育出版社 1986 年版，第 163 页。

材的特点及其教材编写的价值。① 喻本伐《中国教育发展史》提到"私学的蒙学化趋向"②。孙培青《中国教育史》总结了宋元蒙学教育的特点。③ 王炳照《中国教育史研究》提到"蒙学教育与社会教化融为一体"，并提及宋代女童的蒙学教材。④ 他在《中国教育史专题研究》专论"中国传统蒙学"一章，提出如历史、名物知识、识字等蒙学教材也是传授"伦理道德的绝好材料"观点。⑤ 20 世纪90 年代以后，新的教育史著作关于蒙学内容研究并没有太大突破，之前著作再版后内容有所完善。

从 20 世纪初至今，中国教育史研究中关于宋代蒙学的研究整体趋向有如下几点：一是重要性越来越受到关注，从"寥寥数句"到"一节""一章"；其中 20 世纪 80 年代为研究"繁荣期"。二是对蒙学的研究由描述性转向总结性，如总结宋代蒙学教材编写经验、宋代蒙学教育特点等。三是研究从粗到细，如对蒙学的定义、教材、教法、原则、内容以及女童教育与童子举问题等关注更细化，对朱熹儿童教育思想的研究也愈发深入。四是达成两方面共识：其一，宋代蒙学特别是蒙学教材在整个历史上占有重要地位；其二，教育内容以伦理道德为核心。然而存在两点不足：未能系统论述宋代蒙学教育，一般将其与其他年代置于一起；缺少对蒙学的伦理道德教育的专门讨论。这两个不足，恰是本书关注的重点。

（二）蒙学教育在宋代教育史中的研究状况

前文提及宋代蒙学抑或伦理道德教育的研究在古代教育史中综述没有得到单独陈述，那么将背景置于宋代教育史研究，这些不足是否能得到补充？经资料查找，专写宋代教育史的著作并不多，代表作有以下几本。最早系统研究宋代教育史的为日本学者寺田刚，他于 1965 年编著《宋代教育史概说》一书，令人遗憾的是文中并没有提及蒙学及相关内容。⑥ 中国台湾学者李弘祺所著《宋代教育散论》是关于宋代教育的论文集，其中《宋代教育史研究的几个方向》一文中提到，从《急就》《千字文》《百家姓》的重视文字训练，到《小学》《三

---

① 毛礼锐：《中国教育通史》第三卷，山东教育出版社 1987 年版，第 48 页。
② 喻本伐等：《中国教育发展史》，华中师范大学出版社 1991 年版，第 241 页。
③ 孙培青：《中国教育史》，华东师范大学出版社 2000 年版，第 211 页。
④ 王炳照等：《中国教育史研究》（宋元卷），华东师范大学出版社 2000 年版，第 390 页。
⑤ 王炳照：《中国教育史专题研究》，北京师范大学出版社 2009 年版，第 138 页。
⑥ 寺田刚：《宋代教育史概说》，博文社 1965 年版。

字经》的重视道德教育，这个演化过程是十分曲折而长远的，但在南宋的理学家中终于完成了，指出宋代理学家在蒙学教育中的地位。[1]袁征所著《宋代教育：中国古代教育的历史性转折》可以说是大陆研究宋代教育史专著的重要代表，袁征基于学校教育制度视角，主要从学校课程与教材、学生的考试和升级、教职员选任三个方面对宋代蒙学（小学）进行了梳理；他提及"这些小学伦理政治教材在南宋成批出现，是中国教育发展史中一个值得注意的现象"[2]。苗春德《宋代教育》将儿童启蒙教育分成师授私学（小学）与家传私学，提到"蒙学也负有施行道德教化的使命，封建道德教育的内容渗透在识字、习字、学诗、作文、历史、学经等各类教材中"[3]（后王炳照于 2009 年提出）。顾宏义《教育政策与宋代两浙教育》基于区域性样本分析，从政府、学制、历史沿革等出发，专设一节论述"两浙州县小学"。[4]两浙为宋代经济、政治、文化较为发达繁荣的地区，以此窥探宋代高水平小学的发展情况。

由宋代教育史中关于蒙学教育研究情况来看，有几点值得注意：一是蒙学或小学教育专有章节来论述，表明它在宋代教育中占有"一席之地"。二是对宋代蒙学的研究倾向从具体的学制、课程、考试与升级、制度等方面展开，研究方式上偏向史料分析。三是伦理道德教育方面突出南宋理学家的贡献，但具体内容仍没有"浓墨重彩"，结合蒙学教材分析时才有所涉及。综上可知，专述宋代蒙学或小学教育比重加大，然而蒙童伦理道德教育仍没有得到重视。

（三）宋代蒙学道德教育在中国蒙学教育中的研究状况

20 世纪初至 30 年代，宋代蒙学研究在中国教育史研究中处于"朦胧"阶段，但 30 年代有两本非常重要且为后世研究蒙学教育奠定了基础的著作。翁衍桢《古代儿童读物概观》虽名为读物概观，实则从教育旨趣、入学年龄、训蒙课本、教学方法、学塾仪规、日常管训、功过考核、课余陶养、塾师待遇、女子教育等方面展开，读物方面只摘录儿童所读经书。[5]李廉方《中国古代的小学教育》亦是专述小学教育的宝贵资料，全书从三代以前、选举时代、科举时代论述小学教育基本概况，再从历代学塾的课程、设置、教学三方面概述，抽举事实，

① 李弘祺：《宋代教育散论》，东升出版事业公司 1980 年版，第 14 页。
② 袁征：《宋代教育：中国古代教育的历史性转折》，广东高等教育出版社 1991 年版，第 93 页。
③ 苗春德：《宋代教育》，河南大学出版社 1992 年版，第 83 页。
④ 顾宏义：《教育政策与宋代两浙教育》，湖北教育出版社 2003 年版，第 84-94 页。
⑤ 翁衍桢：《古代儿童读物概观》，《国学季刊》1936 年第 10 卷第 1 期。

内容翔实。其中几点成果值得注意，"小学实包括儿童和民众两部分"；儿童正规教育还是以经书为主导，蒙书起启蒙或辅助作用；首次对蒙书分类（文字、幼仪、史事）；列举历代重要蒙书 39 本（宋代 16 本）与关于女童教育 14 本；"宋儒讲理学，对于蒙以养正，颇为重视"，正反面评价朱子《小学集注》。①

20 世纪 80 年代，乔卫平、程培杰所著《中国古代幼儿教育史》一书的特点在于扩大蒙童教育范围，为我们研究宋代儿童教育提供了更宽广的思路。他关注儿童未生前的胎教及其健康（宋代在这方面成就突出，如宋代陈自明《妇人大全良方》专立"胎教论"；宋代最早出现于儿科；宋代慈幼机构开始大规模普及和制度化）；家庭教育中乳保、母教思想；贵胄儿童的宫廷保傅制度；神童的特点与早期教育、童子科研究；戏弄、讲史、皮影等世俗文化对儿童道德观影响也有所关涉。②周愚文《宋代儿童的生活与教育》从生活与教育两编入手：生活编从养育、工作、节庆习俗、游戏四个方面展开，体现宋代对儿童的重视；教育编从官立小学的学校设立与规制、经费、组织、学生、课程介绍，到民间私办儿童教育之学习活动、学习内容、学习的态度、教学状况进行例证。其中首次总结了理学家儿童教育理念及对比，对女童教育的阐述最为详细。该书采取用史料进行考证归纳的研究方法，史料除文献记录外，还有绘画、书法等非文献遗物。③浦卫忠《中国古代蒙学教育》可以说是目前唯一以蒙学教育为题的专著，作者关注民间私学（私塾、教馆、族学、义塾等）中的蒙童教育方法、教育经验等，还提到家训在蒙学中的重要性，缺少对官办小学教育的研究。④池小芳《中国古代小学教育研究》弥补了上述不足，囊括了宋代宗室、官办、民办性质小学的职能、课程安排、教法、学生与教师管理、经费管理等进行全面详细论述。⑤

综上，专述古代蒙学教育的著作有几点值得注意：一是翁氏与李氏的蒙童教育著作是研究蒙学教育或宋代蒙童教育的基础，许多观点颇具开创性。二是儿童对象研究范围扩大，注重"胎教""乳保"期低幼儿童，还关注贵胄儿童

① 李廉方：《中国古代的小学教育》，载郭戈编：《李廉方教育文存》，人民教育出版社 2006 年版。

② 乔卫平、程培杰：《中国古代幼儿教育史》，安徽教育出版社 1989 年版。

③ 周愚文：《宋代儿童的生活与教育》，师大书苑有限公司 1996 年版。

④ 浦卫忠：《中国古代蒙学教育——历代少儿启蒙教育方法》，中国城市出版社 1996 年版。

⑤ 池小芳：《中国古代小学教育研究》，上海教育出版社 1988 年版。

与女童教育。三是蒙学教育主体扩大，学校、家庭与社会对儿童训蒙有重要影响。四是对小学制度方面如学校设置、组织、管理，官办与私办的区别等的研究更为具体化。五是相对之前的笼统论述，归纳总结明显增多。六是研究方法上注意史料搜集、考证、分析、归纳，善用个体例证、图表方法，学术研究质量大为提高。然而研究仍有两点不足：一是除周愚文著作外，宋代蒙学教育仍无专著；二是儿童伦理道德的论述（古代或宋代）仍没有专述，这与教育史或宋代教育史中研究不足类似。

（四）宋代蒙学教材的研究状况

综观蒙学研究，不论是在古代教育史或宋代教育史中，抑或是专门蒙学、小学教育史的研究中，蒙学读物（蒙学教材、蒙书等）均为重要研究对象，因为它是蒙学教育研究的基本"物质载体"，蒙学教育的基本内容、教学原则与手段，学习课程安排、学习方法等都与其直接相关。[①] 对此分成以下三个方面分别论述：

1. 古代蒙学读物种类的统计

常镜海《中国私塾蒙童所用课本之研究》统计了143种蒙学读物（只附书名）；胡怀琛《蒙书考》列了3卷100余种蒙学读物；张静庐《教科书以前的童蒙读物》统计了58种读物；张志公《传统语文教育初探》将读物分成21小类，并列出相关撰者或注者、著录、版本等总计580余本；徐梓的《蒙学要义》附录《中国传统蒙学书目》分成22大类共1380余本；韩锡铎主编《中华蒙学集成》附《知见传本蒙学书目》按时间顺序统计了600余本。这些读物统计信息为蒙学研究者提供了可靠的参考。

2. 蒙学读物原著的选编、译注、题解和说明

基于"超星发现平台"数据，发现此方面的研究呈现以下几个特点：从数量上来看，2000年至2009年数量最多；从质量上看，1999年前的出版物有较高的学术价值；从形式上来看：集中于整理、题解、说明、注解、译文、说明；从选编读物来看，"三、百、千"最多，其次《千字文》《增广贤文》《幼学琼林》《声律启蒙》等亦畅销不衰。下面介绍几本经过市场与历史考验，具有较高学术价值的蒙学系列丛书。

---

① 需要提出的是，儿童教育主体有家庭、学校、社会等，因而"经书""家训""乡约""圣谕"等系列也可以作为儿童教育的载体。

系列蒙学读物编选中，"出版最早、持续最久、卷帙最多、影响最大、用功最深、质量最高的一种"① 为 1986 年由岳麓书社出版的《传统蒙学丛书》，此版本集合了"三、百、千"、《十七史蒙求》、《东莱博议》、《千字文》、《五字鉴》、《幼学琼林》、《声律启蒙》等 14 本蒙学读物，其中 5 本出自宋代。此系列的每一本读物都有读物概述、原文注解、版本校定等，为学术研究提供基础，也为后来各类出版社发行系列或单行本蒙学读物指明了方向。徐梓、王雪梅所编著的《蒙学辑要》，由《蒙学便读》《蒙学歌诗》《蒙学须知》《蒙学要义》构成。它的特色有两点：一是按蒙学教育内容分类，《蒙学便读》与《蒙学歌诗》收集了传统蒙学基本教材；《蒙学须知》关注蒙童教育的学规、学则、伦理要求；《要义》集中蒙学教育意义和方法；以上三方面关涉了蒙学教育的基本内容。二是其共选编 74 种蒙书，数量与种类非常丰富，其中列出宋代蒙书 15 本。此外，韩锡铎主编的《中华蒙学集成》将 74 本书目集中于一本著作，注释说明详细；其他如海南人民出版社、北京师范大学出版社、中州古籍出版社、江苏古籍出版社、中华书局等也出版了高质量的蒙学读物。

3. 对蒙学读物的作者、种类、内容、特点等考证与研究

常镜海《中国私塾蒙童所用课本之研究》将蒙童课本分为培植学识、道德修养、求识字三类，对通用课本如"三、百、千"等 16 种读物的作者、撰写年代、历代版本进行了考证，辑考了 15 本"罕见或习见而仅备选"读物，列出了 15 种历代重要读物中（5 本出自宋代）。② 胡怀琛《蒙书考》考证 18 种启蒙读物。③ 张静庐《教科书以前的童蒙读物》统计了 58 种读物的不同版本的撰者、出版社。④ 以上主要基于"考证"角度研究。

瞿菊农《中国古代蒙养学教材》总结了古代蒙养教材发展三个阶段（周秦到唐末、北宋到清中叶、清中叶之后）的代表读物及各自特点，将宋元明清的读物分为综合类、封建道德类、历史类、诗词与歌诀类、制度名物类和自然知

① 徐梓：《蒙学读物的历史透视》，湖北教育出版社 1996 年版，第 13 页。
② 常镜海：《中国私塾蒙童所用课本之研究》，《新东方》1940 年第 8 期。
③ 胡怀琛：《蒙书考》，震旦大学图书馆，1941 年版。此书未找到原书，可参考北京图书馆编：《民国时期总书目（1911—1949）教育·体育》，书目文献出版社 1995 年版，第 302 页。
④ 张静庐：《教科书以前的童蒙读物》，载《中国近代出版史料》，上海出版社 1953 年版，第 215—219 页。

识类五类。① 张志公先生在《传统语文教育初探》中从语文教学出发将蒙学课本分成"识字的主要教材""进一步识字教材""读写训练""阅读与作文训练"四个部分，将与道德伦理相关的训诫类分为儿童守则、妇女道德、性理知识、格言谚语；考证了代表性读物源流；结合实际教学对教材问题进行正反评价。值得注意的是，该书 2013 年版中，他将"进一步识字教育"一章改为"识字教育与思想教育、知识教育相结合"，可以说思想道德教育贯穿于各类教育之中。王炳照为《蒙学十篇》作序，总结了宋元明清的教材总体特点（综合性向分类化转向；伦理道德内容增加；农工商技能性知识增多；编写适合汉字特点；形式适应儿童的特点）与分类。② 徐梓《中国传统启蒙教材概观》一文将中国古代蒙学教材分为四个阶段，并对每个阶段代表性读物的具体内容及特点简介，认为传统启蒙读物主要为伦理类与历史类两大类，并总结了伦理性启蒙教材四种类型（三字一句、先贤格言至论、歌谣、诗歌）。③ 徐梓《蒙学读物的历史透视》可以说是王炳照《蒙学十篇》序的扩展本，总结了古代蒙学读物的特点（内容的稳定性和时代性、类型的多样性、形式的便读性）。④

此点研究历史主要集中于以下几方面：一是对中国古代蒙学教材发展分段，不论三段或四段，其中宋元明清是不变的，并形成这个时期的蒙学为发展蓬勃期的共识；二是对蒙学教材的分类，虽各异，但多集中于伦理道德、识字、历史、诗歌、名物制度几类，且以伦理道德类为核心；三是宋代蒙学教材呈现多种特点，其中理学家对道德类教材的贡献颇大。

综上所述，对蒙学读物的三个方面的研究为本主题开展研究提供了最基础的文本参考。中国古代所有蒙学读物的统计，或按时间顺序，或按主要内容，或按重要程度进行分类，注明作者、版本与出处，为蒙学教育研究提供了最基本的方向；对各代蒙学读物原文校释、注解、说明等为研究者提供了原始资料；对各时代重要读物的作者、产生年代、版本、基本内容的考证提供了准确的研究信息；对重要时代的读物编写特点、重要内容的梳理与总结等提供了深入研

---

① 瞿菊农：《中国古代蒙养学教材》，《北京师范大学学报（社会科学版）》1961 年第 4 期，第 45—56 页。

② 夏初、惠玲校释：《蒙学十篇》，北京师范大学出版社 1990 年版，序言第 1 页。

③ 徐梓：《中国传统启蒙教材概观》，载徐梓、王雪梅编：《蒙学便读》，山西教育出版社 1991 版，序第 16 页。

④ 徐梓：《蒙学读物的历史透视》，湖北教育出版社 1996 年版，第 234—240 页。

究的可能。

（五）宋代蒙学教育研究的其他方面

1. 伦理道德教育为宋代蒙学教育研究的核心

蒙学教材直接关系到蒙学教育内容，二者密不可分。从上述研究中我们发现一个共识：蒙学教育内容以伦理道德为核心。如"道德修养为蒙课本中之主要任务也"[①]；"思想品德教育方面的著作，占古代蒙学书籍中相当大的比重，可以看成是古代蒙学的核心"[②]。而道德教育又渗透于各类知识教育中，"蒙学也负有施行道德教化的使命，封建道德教育的内容渗透在识字、习字、学诗、作文、历史、学经等各类教材中"[③]。为何如此？有些学者认为这与中国古代社会教育目的相关。毛礼锐认为："中国古代教育的根本目的是'明人伦'以培养治术人才，主要教育内容是伦理道德，这就决定了中国古代教育家的教育思想基本上是以研究道德和进行道德教育为主的。"[④]徐梓说："中国传统教育的目的，决定了这种教育只能以传播伦理道德为主要内容。"[⑤]既然社会教育内容以道德为核心，儿童作为成人的起点，蒙童道德教育尤显重要。

宋代又是古代蒙学道德教育十分突出的时代。"从不放松对儿童社会的伦常道德思想品质和习惯。特别从宋代开始，伦理教育逐渐多起来"[⑥]；"蒙学教材中，宋代以后，伦理教诫的内容大大加重"[⑦]。宋代注重儿童道德教育，与理学本身重视道德和理学家对蒙学的重视分不开。池小芳认为："伴随着理学统治地位的确立，从南宋后期以后，道德教育和行为规范训练逐渐成为小学和小学教育的主要职能，而小学的另一蒙养职能（知识技能训练）却逐渐被削弱。"[⑧]理学家通过编写各类道德教育的儿童启蒙教材，将与义理、性命相关的新概念与命题加入其中，并获得哲学上的支持，"这种影响也在不断地强化封建伦理

---

① 常镜海：《中国私塾蒙童所用课本之研究》，《新东方》1940 年第 8 期，第 107 页。

② 韩锡铎主编：《中华蒙学集成》，辽宁教育出版社 1993 年版，序言第 3 页。

③ 苗春德：《宋代教育》，河南大学出版社 1992 年版，第 83 页。

④ 毛礼锐：《中国教育通史》第三卷，山东教育出版社 1987 年版，第 48 页。

⑤ 徐梓：《中华传统蒙述评》，载徐梓、王雪梅编：《蒙学须知》，山西教育出版社 1991 版，序言第 7 页。

⑥ 熊承涤：《谈谈中国古代的儿童教材》，《课程·教材·教法》1984 年第 1 期，第 13—16 页。

⑦ 陈来：《蒙学与世俗儒家伦理》，载袁行需：《国学研究》第三卷，北京大学出版社 1995 年版，第 7 页。

⑧ 池小芳：《中国古代小学教育研究》，上海教育出版社 1998 年版，第 107 页。

道德对人的行为与思想的约束"①。

当然，我们不能狭隘地认为古代蒙学教育只有伦理道德的教育，其教育内容十分广泛，不过其核心内容为道德伦理。古代教育学者又是如何开展儿童伦理教育的？其伦理目的、伦理内容、伦理原则、伦理手段是如何展现？这些伦理教育观如何渗透到其他教育中？蒙学读物之外的教材是否同样产生道德教育强化作用？这些具体问题值得我们进一步思考。就目前学界对此的研究来看，或立于蒙学读物整体，或基于宋代专门蒙学读物，或从蒙学道德教育反思，或从具体人物等出发。如陈清岚《〈三字经〉中的伦理道德教育思想及现实意义》、熊任翔《古代德育蒙学教材的特点及其教学处理的道德心理学分析》、王习胜《蒙学典籍的道德背反性省察》、李贵洁《略论我国古代蒙学的伦理教育特点》、王传贵《朱熹〈小学〉》中的童蒙教育思想等。但总体的研究问题不够集中，深度不够突显，研究质量有待提高。

2. 蒙学与儒家世俗伦理关系是蒙学研究的重要关注点

虽然有关这个问题的研究并不多，但它却是诠释整个中国传统文化中蒙学地位的重要方面，即是说蒙学研究要跳出专以儿童为对象的桎梏，以更为宽阔的视野去窥探其深层意义。

第一个问题，蒙学能否反映世俗民众的真实生活？王炳照提到："这些蒙学读物就成为研究社会文化史的宝贵参考资料，甚至从中还可窥见当代中国社会某些社会心态、文化心理、社会风尚，以及国民性格形成、演进的若干蛛丝马迹。"②

第二个问题，它为何能反映世俗生活？其内容与形式怎样表现？前文已述，一是蒙学材料诸多内容是人们在长期生活实践中总结出的处世之道，真实反映了民间生活的忧愁。二是其形式采用韵语，极易诵记。三是它的受教对象不限古代蒙童，还涉及社会底层成年人；蒙书的施教者，特别村塾、乡校中被称为"乡师""俚儒"的教师亦是民间的下层儒者③。1936 年李廉方就提出"小学实包

---

① 池小芳：《中国古代小学教育研究》，上海教育出版社 1998 年版，第 266 页。
② 夏初、惠玲校释：《蒙学十篇》，北京师范大学出版社 1990 年版，序言第 12 页。
③ 陈来：《蒙学与世俗儒家伦理》，载袁行霈：《国学研究》第三卷，北京大学出版社 1995 年版第 35 页。

括儿童和民众两部分"①的观点。王炳照认为"在这些普及于'田夫牧子''村姑里妇'之中的蒙学读物中",可以窥探人民的社会心态、生活习俗、道德风貌、民众性情等。②

第三个问题,它与儒家经典相比,是否更能真实反映世俗生活特别是其伦理价值观?葛兆光在《中国思想史导论》中对此有充分讨论,他认为精英思想与典籍的历史性地位的确认总是经过三种形式,"溯源的需要""价值的追认""意义的强调",因而不一定能真实反映普罗大众的实际生活。③"而现存的各种童蒙课本,如从汉简《仓颉篇》到敦煌本的《太公家教》以及后来的各种私塾读本、教材,它对知识的分类和介绍,其实可以透视当时社会一般知识程度"④,"这种传播的范围远远超过经典系统,而这些传播的途径恰恰是任何一个精英都会经历的,所以它可以成为精英与经典思想发生的真正的直接的土壤与背景"⑤。

综上所述,宋代蒙学教育及蒙童伦理道德教育在整个古代教育史及宋代教育史中的地位在20世纪80年代后开始被逐渐重视,但不能否认之前学者们的努力,哪怕是"蜻蜓点水"亦能泛起思想"涟漪";特别是有几位学者在30年代就"独具慧眼"对蒙学(小学)教育进行专门论述,对后世学者的继续研究具有"筚路蓝缕"之功。在现有研究文献基础上,结合本书研究关键词(宋代蒙学与伦理道德教育),笔者认为现研究有三点不足(上文反复提及):一是专门针对宋代蒙学教育系统论述还不多;二是专门针对蒙童伦理道德教育系统论述不多;三是对于更深入的问题研究不充分,如蒙学与传统儒家文化关系。基于以上,本书试从"宋代"与"伦理"同时限定的情况下,对蒙学教育思想进行尝试性研究。

三、研究特色及不足

一是选题角度方面。宋代童蒙教育研究并非新论题,就目前学界研究来看,主要从两方面展开:一是从文献学角度对宋代童蒙教育的教材搜集与整理,二

---

① 李廉方:《中国古代的小学教育》,载郭戈编:《李廉方教育文存》,人民教育出版社2006年版,第436页。

② 夏初、惠玲校释:《蒙学十篇》,北京师范大学出版社1990年版,序言第12页。

③ 葛兆光:《思想史的写法——中国思想史导论》,复旦大学出版社2009年版,第12页。

④ 葛兆光:《思想史的写法——中国思想史导论》,复旦大学出版社2009年版,第107页。

⑤ 葛兆光:《思想史的写法——中国思想史导论》,复旦大学出版社2009年版,第15页。

是立足教育理论角度探讨，其中包含道德教育，但这方面的讨论不够全面。本书选题特点在于从"伦理"视角出发，探讨的内容相对全面，主要包括宋代童蒙教育发展的社会历史背景、蒙学教材、伦理目的、伦理原则、伦理内容以及现代伦理价值。当然，还涉及其他问题，如宋代理学与蒙学教育关系，与儒学并行的佛教和道教的童蒙教育等。

二是研究形式方面。利用表格形式分析问题，全文共计 37 张表格。目的有二：一是将文献材料以更为清晰的形式展现，既能使行文更为流畅，又能使阐释更有力。比如第二章宋代童蒙教材的分析，本书将其分成八大类，每大类下的著作又分为著作名称、作者、表达形式、简要内容与版本等，每本书都经过作者考证。可以说，这些书目表是目前关于这个领域内较为全面的分类。二是有利于对比分析，使论证更有力度。比如第四章表 25 记录了一般北宋大家族男童与女童教育异同，这是按性别分类；再如第五章的表 32—35 则是宋代中央国子监小学与地方官办小学授课内容之比较，表内另有按年龄与学习能力分类授课内容。

三是文献材料的使用范围方面。对文献的梳理与资料的分辨与考证是本书的特色之一，特别是第二章的童蒙教材耗费笔者大量时间。文献的使用范围，若按《四库全书》分类来看，除了一般儒家的经典之外，本书还参考了子部中儒家类、杂家类、小说家类、医家类、类书类等；史部中的正史类、政书类、诏讼奏类等，以及集部中的各家文集与笔记，其中诸家诗集也参考诸多。本书还借助了非文献遗物，如《家山图书》与《圣门事业图》以及杂字图集，这些在以往的童蒙材料的相关研究中，出现的频率并不多。在文献的使用年代上，不仅限于宋代，特别是第五章中关于《小学》一书在元、明、清及近代的使用情况分析中，大量使用后世的一手文献材料。

四是研究方法方面，本书主要使用以下几种：一是文献研究法。本书是关于中国古代传统伦理思想的研究，梳理与研究相关文献，分辨资料的真伪，分析其思想的内在关系，阐释思想形成的语境及历史背景，从而形成对宋代童蒙教育相关事实和问题的有效认识。二是比较研究法，该法能有效凸显思想特色。本书通过儿童的不同性别、不同年龄层次、不同资质程度的蒙童教育进行辨别，另有儒、佛、道三教的蒙童对比研究。三是跨学科研究法。就本书而言，伦理视域下的蒙学教育无法仅仅停留于伦理学层面，历史学、教育学、心理学、社会学、民俗学等相关学科的理论与方法必不可少。

　　以上为本书的几个较具特色的方面，但仍存在诸多不足与遗憾，这主要与笔者的研究能力相关，比如宋代蒙学与儒家伦理世俗化的关系、现代价值与意义等方面的阐释还不足，有待后期补充与改进。

第一章

研究基点：宋代蒙学发展的社会背景与理论基础

一个时代的教育发展有赖于该时代的经济状况、政治方针、文化艺术、科学技术和学术思想等，以上几方面愈发达，教育则愈有生命力。宋代正处于经济、政治、文化、思想等发展变革的活跃期，发达的农业、手工业、商业，璀璨的文学、史学、哲学、绘画、书法，"崇文抑武"的政治方针，相对清明的科举制度，还有土地变革带来的社会阶层的流动，基于以上，称宋代为受教育者的"黄金时代"亦不为过。在此背景下，儒学内部发展有了新的变革，具有了"思辨化"的特征，但不论如何变化，其理论探讨的范围主要集中于道德。处于整个宋代社会发展背景下的蒙童教育，其教育资源、教育规模、教育内容、教育形式等无不受到影响。

第一节　宋代社会发展概况及其
对蒙学发展的影响

　　任何时代的教育发展与该时代社会整体的发展密不可分，蒙学作为教育系统中的重要一环，自然不可避免受其影响。整体言之，宋代经济、政治以及文化等方面的发展水平，在中国古代历史长河中位于前列。这里有发达的农业、手工业、商业以及由土地改革所带来的经济关系的变革，在科举考试制度的促推下，打破了社会阶层的固化，加快了社会流动。中央集权与皇权高度集中保证了宋代内部政治经济的稳定，在"抑武右文"方针施行下，宋代的文化璀璨一时。在全社会的变革思潮中，宋代教育（包括蒙学教育）也得以改革，促使其教育的各项制度更为规范化、系统化、完善化。

一、经济高度发达是宋代蒙学鼎盛的保证

　　社会教育水平之高低与该社会经济发展之盛衰有直接联系，因为经济为教育提供必要的物质条件，它决定着某一时间段（有时长达几百年）的教育发展的整体方向、规模大小与具体内容。宋代教育是我国古代教育史上极为显赫的时期，其很大程度上与宋代经济的繁荣密切相关。

　　两宋 300 年间的经济发展呈现何种样态？漆侠在《宋代经济史》中对宋代经济之地位有如下描述："宋代是我国封建时代社会生产力高度发展的时代，此前的汉唐，后来的元、明，都不足以与其相比。在两宋经济发展过程中，北宋又超过了南宋。"[1] 这是从纵向角度考察宋代经济在中国各时代的经济地位；从横向来看，宋代经济又位列于世界最前列，是当时最为先进的国家之一。总之，不论从纵向或横向之历史比较，宋代经济发展之"优势"地位不可撼动。

　　农业生产发展水平历来是衡量一个时代经济水平的重要指标之一，宋代农业实现全面发展，主要表现在以下四个方面：一是劳动人口的增加。北宋末人口达 1.2 亿，为唐代的两倍。二是随着劳动人口增加，其垦田面积得到了扩大。

---

[1] 漆侠：《宋代经济史》，中华书局 2009 年版，第 1170 页。

据漆侠推测，宋神宗、徽宗时期垦田面积至少在 700 万～ 750 万顷之间，比唐代多出 300 万顷。三是农业单位面积产量提高，几乎接近于古代最高水平。宋代平均亩产在 2 石左右，其中两浙路平均亩产量可达 6 ～ 7 石，几乎是唐代的两三倍，与后世明清两代相去无几。四是专业性农业、多种经营的发展，经济性的农业产品如蚕桑、甘蔗、果树、蔬菜等进入专业化发展与商业化道路。

农业发展的高低对手工业之发展有直接影响，越是农业生产发达的地区，其手工业越发达。宋代手工业，不论是生产规模、分工、生产技术、工人数量以及产品质量，远超前代。据《繁胜录》中所记录宋代有约有 414 行手工业，而唐仅有 120 行。

宋代手工业不断发展，逐渐与农业相脱离，成为独立的工业部门。又由于市场、货币、交通运输等因素之影响，逐渐形成商品市场，萌生商品经济。宋代建立了由城市、镇市和墟市组建的多层次的网络状地方市场，如以汴京为中心的北方市场、东南市场、蜀川市场与关陇市场的区域市场格局，从而推动了商品交换和商品经济的发展。货币发展亦是宋代商业发展的重要因素之一，其中以金银铜铁为主，铜又最为重要，同时使用交子（交子是我国历史上最早的，也是世界最早的纸币）。宋代的交通，不论陆路抑或水路，其交通网络十分发达，对宋代商品贸易起到了重要推动作用。交通运输的畅通与商品经济的发展不仅对宋代本国商品贸易有巨大影响，同时也影响着宋与周边诸族的经济交流关系。当时宋与契丹辽国、党项夏国、女真金国、西北西南诸族之间有频繁贸易往来。由于宋代船舶、航海技术的高度发展，宋代除了与周边各族人民进行商品贸易交流之外，也与国外诸多国家（据统计约 50 多个）进行约计 410 种商品贸易。①宋与周边兄弟民族、海外诸国在经济上的交流纽带是建立在强大的物质经济基础上的，而这种联系对各族人民的文化交流有极大影响。

上文概述了宋代农业、手工业、工商业、交通运输业等发展情况，目的在于表明宋代具有强大的经济实力，而这种实力直接影响着教育发展的规模与速度。教育发展离不开资金的支撑，特别是官办教育，教室、校舍、图书、设备、师资报酬等皆依赖于充足的资金。宋代的税收与赋役高于前代，财政上虽然很大一部分用于对外军事，但其对官办教育的经济支持从未停止过。除了资金拨转外，还有一项与教育直接相关的制度即"学田制度"。"学田制度"指宋代

---

① 陈高华等：《宋元时期的海外贸易》，天津人民出版社 1981 年版，第 47 页。

专门拨出一部分土地以供应官办学校师生日常生活之所需，它是随着宋代官办学校教育发展而兴起的国有土地制度。

"学田制度"最早从宋真宗乾兴元年（1022）兖州知府孙奭在孔庙中建立学舍，请求朝廷给田 10 顷充作学田开始。随后诸州县纷纷建立学校，除全国最高学府国子监赐田 50 顷之外，地方学校一般在 5 ～ 10 顷之间。据葛胜仲《丹阳集》卷一《乞以学书上御府辟雍札子》统计，宋徽宗大观三年（1109），全国学田为 105990 顷（漆侠推测宋神宗、徽宗时总亩数至少在 700 万～ 750 万顷之间，而学田占总数的 1.16% ～ 1.31%，在国有土地诸形态中占土地最多①），房廊 155454 间，岁收学粮为 640291 斛、钱 3058872。南宋虽偏安一隅，但从未忽视教育，特别是在经济发达地区，学田数目增长惊人。如福建路福州学田有 7678 亩、园地山林 12545 亩、田园沙洲 1750 亩，超过初建十余倍。② 两浙路的台州学田为 2818 亩、地 1888 亩，山 3514 亩。③ 学田虽有国有土地转拨，或是官僚士绅捐赠，但大部分是由地方官府购买。各州府设置专吏来管理学田，建立砧基簿，用以清丈学田数量及田段"四至"，并派人催缴租金。虽宋代地方官学时有兴废，学田数量也有所增减，但为学田开创的这套制度，历元明清三代而不衰。学田制度的产生与宋代土地制度变革不无关系，而学田制又直接与教育相关。总之，学田制度既是国有经济制度的一部分，又是教育制度的重要组成部分，可以说学田是学校教育发展的重要物质基础。④

除此，细致的农业、手工业、商业分工带动了一批"职业性"教育，百工皆有"团行"，实行"学徒"教育形式，虽不能与现代职业教育相较，但毕竟是重要发展基础。经济力增长与科学技术发展不无关系，专门类的科学技术教育亦随之产生。总之，经济发展影响教育结构、教育制度、教育组织形式和教学方法；但是，教育的发展也对经济产生反作用，一旦掌握了生产知识与劳动技能，就会将可能性的生产力转化成现实生产力，特别是科学技术教育尤为突显。

---

① 漆侠：《宋代经济史》，中华书局 2009 年版，第 176 页。

② 梁克家：《淳熙三山志》卷一二，载漆侠：《宋代经济史》，中华书局 2009 年版，第 310 页。

③ 陈耆卿：《嘉定赤城志》卷一三，载漆侠：《宋代经济史》，中华书局 2009 年版，第 310 页。

④ 漆侠：《宋代学田制中封建租佃关系的发展》，《社会科学战线》1979 年第 3 期。

二、社会阶层流动是宋代蒙学发展的动力

宋代经济如农业、手工业、商业、交通运输业等相关经济发展，直接影响教育规模、教育程度、教育内容和教育形式，对于教育过程中的首要环节"蒙学"教育发展亦产生重要影响。由于宋代经济中土地制度发生了重大变革（经济变革中最重要的因素之一），同时在科举制度的带动下，宋代社会阶层流动成为可能。

宋代经济中占主导地位的是农业，而农业发展离不开土地，宋代的土地政策是开放自由的，土地可以作为自由买卖的物品。三代的"井田制"、战国到秦汉的"授田制"、魏晋南北朝和隋唐的"均田制"，葛金芳统称它们为"中古田制"，其共同特点是土地不能普遍买卖，土地所有权不能随意流通。均田制到中唐后（780）实行"两税法"后瓦解，即不推行土地制度，直接向田主征收赋税，也不再实行"租庸调制"。自此经过五代至宋，其土地政策的中心为"不抑兼并"，土地可以作为市场自由买卖的物品，且其规模不受限制，并得到国家之认可。

因土地买卖自由，国家对农民的控制减弱，农民可以自由迁移，无需再被固定在土地上。地主对农民也不再有人身控制，农民按有无土地分为主户与客户，无地客户依靠给地主种地来维持生存，他们之间是一种契约型的租佃关系。无地客户又称为佃农，他们与主户一样成为国家编户齐民，即在法律上或政治上，主客户地位是平等的。佃农的政治地位与地主平等，当然这种平等需要置于历史中来理解，不是现代意义上的平等，但与中唐之前农民地位相比较，则"自由"许多。总之，农民摆脱了国家与地主的控制，具有一定的自由，特别是佃农具有迁徙与退佃的选择权，从而促使其离开土地，并且能进行自由社会流动。

土地政策的改革促使农民自由度提高，也意味着社会流动性成为可能。古代按人之职业大抵可分为士、农、工、商，也就是我们常说的"四民"。在宋代，四者之间的流动成为可能，这与宋代土地政策直接相关。农、工、商三类从业者之间的流动主要表现出经济地位的流动。小农上升为地主在宋代并非不可能，大中小地主之间的升降也是十分频繁，故而才有所谓的"千年田换八百主"之言。没有户籍制度和田赋制定的附着，不论是地主或佃农，官户或平民，皆可以在全国各地流动；职业也非固定不变，如佃农亦可从事手工业、商业等，商人亦可从事农业。总之，在土地大规模兼并与工商业发展下，地主有可能破产沦为

农民，佃农也可能通过土地买卖成为自耕农或地主。

宋代经济关系赋予了社会自由的流动性，除了经济阶层的升降，更有政治地位的流动。在四民中，"士"相较于其他三民而言，是具有"政治"特权的群体。科举制度则是"农、工、商"向"士"阶层攀登的主要途径之一。宋代科举向全社会开放，不论是官吏之家、书香门第，或是力田之家，皆有资格参加，甚至是工商杂类亦可。北宋初年放开了参加科举考试的身份限定，它本质上打破了魏晋隋唐高门士族对国家政治的垄断所形成的凝固分层结构，为社会各阶层提供了一种可以不受家族、身份、血统的限制，并且实现向上流动的机会，从而使宋代科举制呈现出平民化与平等化的趋势。孙国栋认为经过唐末及五代一百多年的变化，唐与南北朝高门大族日趋消融、人才庸陋，至北宋几乎消失殆尽。他通过对《宋史》列传人物的家世比较，得出"不及家世径直科举上达者"①最多的结论，这是北宋呈现的一个特色，读书—科举—入仕成为宋代大多数人上达的主要路线之一。

综上所述，社会各阶层都希冀通过各种途径提升自己的社会经济与政治地位，这也是宋代社会所赋予的"礼物"。作为成人世界的价值观可通过家庭教养、学校教育、社会教化等形式传播到宋代蒙童教育中去。故而，对于蒙学教育的影响在于促使社会各阶层的子弟具有一种实现自我价值与发展的希望，不会因为出身地位之低劣，抑或贫穷而丧失转变的机会。如宋真宗的《励学篇》直言不讳："富家不用买良田，书中自有千钟粟。安居不用架高堂，书中自有黄金屋。出门莫恨无人随，书中车马多如簇。娶妻莫恨无良媒，书中自有颜如玉。"②将读书作为上达的重要途径，"千钟粟""黄金屋""如簇车马""颜如玉"，吃穿住行，婚姻安排皆可以从读书所得。这无疑是对幼童，特别是出身低微的儿童改变命运的最大诱惑，他们从小耳濡目染，从而读书—科举—入仕成为大部分家长为儿童设计的人生规划路线。

然而，从事举业是一项经年累月的长期工程，没有财富作为后盾很难为之。如果依靠劳力维生，通过读书走向仕途并借此改变社会阶层并非想象的那么容易，但不能说完全没有机会。潘光旦认为，只有"志愿与力量""遗传的智能""教育的便利""经济""闲暇"等共同要素合力，才能使通过科举进入上达社会

---

① 孙国栋：《唐宋史论丛》，中华书局 2010 年版，第 324–327 页。
② 厉振仪：《常用谚语分类词典》，上海交通大学出版社 2010 年版，第 220 页。

的可能性提高。[①] 而还在温饱线上挣扎的家庭子弟，尽管科举大门向他们敞开，他们或许也没有多少机会可以抓住。故而那些具有经济和政治优势的子弟，在改变社会阶层过程中要比贫寒子弟具有更多的优势"蟾宫折桂"。

总之，宋代社会等级的界限逐渐模糊，各阶层成员地位的升降日趋频繁，社会成员之间经常出现交错与重合。虽然宋代以后的社会等级并没有消除，但是这些等级不再是固定的，基本上没有世袭特点，社会阶层不再停滞，而是具有流动的可能性。这种社会变化实质为国家的经济、政治与文化增添了诸多活力，生长于这种良性流动社会土壤中的宋代儿童与前代儿童相比，应该说是较为幸运的，他们有更多机会改变自己的命运。

三、重文抑武方针是宋代蒙学稳定的基础

蒙学教育不仅受宋代发达的经济与社会阶层流动性的影响，而且也受社会政治制度的影响。宋代制定并施行了一系列稳定国家政治结构的制度与措施，从而为蒙学的稳定发展奠定了基础。其中"重文抑武"方针与"科举取士"制度影响极大，一定程度上营造了社会上浓厚的读书氛围，促使了宋代文化的繁荣。

一谈到宋代政治特点，不得不谈"重文抑武"政策。宋代之所以如此重文，原因在于力矫唐末五代武人政治之失，以文臣驭武将，保证国家长治久安。太祖建国之初主要面临两个问题：一是如何防止军队将刺刀向统治者喉咙；二是如何防止政权变质，脱离文治轨道和道德约束。此二者实质是同一个问题，不能使宋代堕落为"武夫当国"。显然，"文治"更符合太祖统治的需求，宋代主管军政的枢密使基本上由文臣担任，对文臣采取不杀少辱的方针，原因都在于此。

宋代如何进行"抑武"措施呢？主要有以下五个方面：一是发兵权与握兵权的分离。宋代禁军系统是实行枢密院（发兵权）——三衙制：殿前司、侍卫马军、侍卫步军司，负责禁军训练。二是将兵分离，即实行"更戍法"。以禁军分驻京师与外郡，内外轮换，定期回驻京师，但将领不随之调动，使"兵无常帅，帅无常师"。此举对防止将领专权有利，却削弱了军队战力，宋神宗时一度罢废更戍法。三是在兵力部署上实行内外相制。四是禁军不设最高军职，并陆续

---

① 潘光旦、费孝通：《科举与社会流动》，《社会科学杂志》1947年第1期，第14—21页。

解除大将兵权。五是加强禁军，对军队实行拣选，以收地方精兵。①

压制武人权力的同时，又通过"右文"政策提高宋代文人治国的机会。故而有学者称宋代的政治，不仅是官僚政治，而且是文人政治。宋代皇帝特别注重文人，宋太祖虽出身行伍，但他在戎马倥偬岁月里手不释卷，他的"宰相须用读书人"②成为宋代的"祖宗家法"。宋太宗倡导"虽以武功克定，终须用文德致治"③。宋仁宗创造了"与士大夫共治天下"的典型时期，实现"君臣一体，荣辱共之"④之君臣共治局面。故而，宋代文人、读书人的地位远远超过武人。

贯彻"重文抑武"政策的主要表现在于通过科举取士，选拔优秀士人。读书参加科举成为取得社会认可地位的重要途径，对于没有恩荫条件的子弟而言，或许是唯一的途径。太祖朝起对唐代以来的科举制度进行了一系列的改革，比如废除公卿大臣向知贡举推荐，禁止知贡举与新进士结成座主、门生的关系；对公卿大臣的子弟实施复试。为保证科举取士的公正，还实行了三项政策：一是对考官实行锁宿制度，二是对考卷进行封弥、誊录，三是实行殿试、唱名之制，严格防范举人舞弊等。⑤其中最具有政治意义的是"殿试"，"殿试从一种取信于人的复试完全转变为缔造皇帝与士人关系纽带"，通过一系列仪式，促使"初入仕途的士大夫得到了极大的荣耀和满足，与皇帝的道德联系，得到了从心理到肉体两方面的强化"⑥。对于举子们而言，殿试标志着皇权与皇恩对他们最大的恩赐，科举取士是"皇帝对天下读书人的政治收购"⑦。

事实上，"皇帝与士大夫共治"政治局面中，其主角仍是"皇帝"，即"皇权"是最大的。宋代实行了一系列的"集权"措施，"重文抑武"政策只是集权制度的一种表现。宋廷集中"政权、兵权、财权、立法与司法权"等一身的政治体制，使得"文臣、武将、女后、外戚、宗室、宦官"等专权或独裁可能性下降，实质的掌权者仍在皇帝手中。其一，宋代建立了严密和繁琐的中央决策系

---

① 参见何忠礼：《宋代政治史》，杭州：浙江大学出版社 2007 年版。

② 李焘著，黄以周等辑补：《续资治通鉴长编》卷七《太祖乾德四年》，上海师范大学古籍整理研究所、华东师范大学古籍整理研究所点校，中华书局 1992 年版。

③ 李焘著，黄以周等辑补：《续资治通鉴长编》卷二三《太宗太平兴国七年》，上海师范大学古籍整理研究所、华东师范大学古籍整理研究所点校，中华书局 1992 年版。

④ 魏了翁：《鹤山全集》卷一〇七《周礼折衷》，载《四部丛刊景宋》，第 929 页。

⑤ 何忠礼：《宋代政治史》，浙江大学出版社 2007 年版，第 35 页。

⑥ 刘建军：《古代中国政治制度十六讲》，上海人民出版社 2009 年版，第 191 页。

⑦ 刘建军：《古代中国政治制度十六讲》，上海人民出版社 2009 年版，第 187 页。

统与运行机制，组成"一个以皇帝和高级文臣为核心的最高决策集团"，此集团具有排他性。最高决策即皇帝独裁机制，次高则为二府长官、在朝京官之间竞争机制，并形成"上下相维"监督机制。虽皇权受多方面之约束，比如皇帝与群臣轮对制，可畅所欲言，不杀谏臣，这些对皇权产生一定制衡，但皇帝是最终裁决者，且并非一种象征性的偶像。其二，对地方行政亦采取了绝对控制，废除节度使，派任京、朝官任知州事，又设置监司和帅司，监督和分知州与通判的民、财、兵、法等权力。地方实行路（道）、州（府军监）、县三级体制，三级体制内部亦进行了权力分割，互不统属，互相监督。

　　然而，我们也需要注意"以文驭武""抑制武人"的政策严重削弱了宋廷的军事力量，面对强大外敌时显得力不从心，总在"求和"与"主战"之间徘徊，最后亡送于外敌手中。其主要问题在于：一是以擅长经义、诗赋、策论的选举出身的文臣主兵，比如方持军事的枢密使、路级的军事长官、安抚使和制置使，甚至重大战争的主帅皆由文臣指挥。①二是由于武人地位不受重视，授官级别低。有些武将行伍出身，整体素质差，故而在战争中不能发挥应有的作用。三是虽有少数优秀将领，如岳飞、韩世忠、孟宗政、孟珙等，但朝廷对他们处处掣肘，动辄生疑，最后赍志而殁。四是士兵怯懦，不善战斗。不论是禁兵、厢兵、士兵、弓手，均采用招募制，有些流民或市井无赖征兵，兵力不堪一击。

　　不论是抑武，还是重文，其主要目的在于中央集权，而宋代正是集权制空前发展的时期，从而促使宋代政治体制的平稳运转，这仅限于宋代内政方面的稳定。社会政治的稳定结构为时代整体教育（包括蒙学）提供了基本的内部安全保障，因为它本身也是宋代在外侮不断的情况下国祚绵延的主要原因。社会政治的稳定与"右文"政策的结合，促使宋代人才辈出，为蒙学教育提供了良好的发展土壤。在此背景下，科举制度以升迁快、社会地位高、俸禄待遇丰厚等影响宋代蒙学教育，促使时人自幼便树立了依靠读书入仕，出人头地、光宗耀祖的人生目标。

四、文化艺术繁荣是宋代蒙学兴盛的依托

　　宋代实行了一系列"右文"政策，最直接的影响是促使社会文化艺术高度繁荣。宋代社会上下重视教育，从天子至庶人皆以"读书"为荣，规范与完善

---

① 何忠礼：《宋代政治史》，浙江大学出版社 2007 年版，第 588 页。

科举制度，尊重与厚待读书人，对社会学术亦相对宽容。故而，宋代在学术、史学、文学、绘画艺术、科学、图书印刷等方面皆有创新与成就，生活于这样的文化土壤中的宋代儿童受益匪浅。

宋代先进的学术思想与灿烂的文化可以说是中国文化发展的黄金时期，王国维对宋代文化繁荣与发展有一段极妙的评价，他说：

> 宋代学术方面最多进步，亦最著。其在哲学，始则有刘敞、欧阳修等，脱汉唐旧注之桎梏，以新意说经；后乃有周敦颐、程颢、程颐、张载、邵雍、朱熹诸大家，蔚为有宋一代之哲学。其在科学，则有沈括、李诫等，于历数、物理、工艺均有发明。在史学，则有司马光、洪迈、袁枢等，各有庞大之著述。绘画，则董源以降，始变唐人画工之画，而为士大夫之画。在诗歌，则兼尚技术之美，与唐人尚自然之美者，蹊径迥殊。考证之学，亦至宋而大盛。故天水一朝人智之活动与文化之多方面，前之汉唐，后之元明，皆所不逮也。①

王国维指出宋代在学术、科学、史学、绘画、诗歌、考证等方面皆超过汉唐，元明清皆不及之，正如邓广铭先生所言，中国文化达到"登峰造极的高度"是"造极于赵宋之世"。②

宋廷设置了馆阁制度并不断对其完善，同时广泛搜集各类图书并刊印，为宋代文化的昌盛作出了贡献。图书是文化知识普及的重要载体，为两宋灿烂文明奠定了基础。宋初，国家收藏图书不过1.3万余卷，随后通过奖励献书、派官寻访、抄写、刻版等途径，至宋太宗太平兴国三年（978）已增至8万余卷。私家藏书渐具规模，设置并完善馆阁制度，培养大量人才。四部大书（《太平御览》《太平广记》《文苑英华》《册府元龟》）的编纂，保存了宋之前的文化典籍。刻版印书事业创始而渐盛。宋代刻书数量之多，种类涵括领域极广，除各类儒道佛经典之外，还涉及天文、地理、历史、医学、农工、小说和民间日用书等；刻书地域广，如浙江、福建、四川、江西等遍布全国；刻书单位多，内府、各州县、各路使司、公使库、州、县学、书院等，私宅、坊刻都有其开创性。

宋代史学发展也异常繁荣，多种新史学体裁出现，如会要体、纪事本末体，

---

① 乔继堂选编：《王国维散文》，上海科学技术文献出版社2013年版，第43页。
② 邓广铭：《宋史十讲》，中华书局2013年版，第179页。

首部编年体史籍《资治通鉴》产生于宋代。史料学如金石学有了较大发展。宋代不仅大力发动官方修整各类史籍，如国史、实录等，而且允许民间与私人修史，官修与私修并行为宋代史学的发展作出了贡献。

宋代文学亦是中国文化中的奇葩。其中宋词为最高成就，不论其意境、技巧、体裁、风格等都发展到了鼎盛阶段，咏物词、咏史词、田园词、爱情词等争奇斗艳，婉约派与豪放派并存相竞，后代词的发展难有超越宋代者。宋代散文亦具有特色，"唐宋八大家"中六人来自宋代。由于城市与工商业之发展，宋代市民文学应运而生，如"瓦舍""勾栏"等娱乐场所中各种技艺相竞，其中最为重要的是"小说"与"讲史"，其为明代白话小说奠定了重要的基础。值得注意的是，文学的发展对儿童道德启蒙教育也有一定作用。

宋代绘画艺术的成就亦值得关注。宋初建立了翰林图画院，大量罗致绘画人才，绘画主题尤以人物、花鸟、山水为主，另有风俗画与小品画，《清明上河图》则是风俗画的典型代表。书法方面，由蔡襄、苏轼、黄庭坚、米芾组成"四大家"称著于历史，还出现了关于研究书法方面的专著如《书史》《宣和书谱》等。除绘画、书法之外，宋代的雕塑、瓷器、刺绣、雕漆等工艺美术也有了长足的进步，音乐与舞蹈等方面也有发展与创新，杂剧、鼓子词、唱词、诸宫调等亦是历史上一道独特的风景。

总之，宋代文化绚丽多姿，成就极高，影响极大。以上所举，仅其荦荦大者。植根于这样历史素地中的宋代文化，无论在人生理想、道德情操、审美意识、价值观念或社会心态、礼俗风尚乃至生活情趣等方面与前代相比较皆有不同之处，在"右文"政策和繁荣的文化土壤中，知识分子们将会呈现何种样态呢？何忠礼对宋代文人有如此描述：

> 我们可以不时地看到士大夫（包括一般知识分子）的身影，他们或在埋头读书，或在赋诗吟唱，或在传道解惑，或在参加科举，或在著书立说，或在履官行政，特别是连篇累牍的章奏递进，对和战问题的慷慨陈词，对君主的规劝谏议，对官员腐败的揭发抨击，因政见或利益不同而相互间论辩争斗，以及在地域社会中的各种活动，更是充斥于国史、实录、文集、野史、方志、笔记等各类史籍的记载之中。自秦汉至明清的两千年间，人们从来没有看到过有像宋代知识分子那样的畅所欲言，那样的关心政治，

那样的对国家、对民族抱有认同感，这就是文人政治的充分表现。①

士大夫是与"皇帝"共治天下的群体，他们是社会治理的"中坚"力量，他们的社会活动与宋代的政治文化背景分离不了，而此种背景之下的蒙学教育的教育内容、教育手段、教育的氛围等皆会受到影响。比如学术发展上的"理学"家们纷纷扛起了编著童蒙教材的大旗，对以"道德"为核心内容的蒙学教育的提倡、"早教"原则的提出等皆是证明。

宋代鼎盛的文化影响到当时西夏、契丹、党项、蒙古等周边少数民族，而且还影响同时代的其他国家。虽然与日本交流逊于唐代，其他如与印度、高丽等东亚国家远甚前代，学子、僧侣、商人互为交流，不同文化的激烈碰撞，又反过来促进宋代文化之发展。以上是横向发展上看宋代文化之影响，纵向而言，它影响到元明清，甚至是近现代。严复曾如此说道："中国所以成为今日现象者，为善为恶，姑不具论，而为宋人之所造就，什九可断言也。"②

五、三次兴学运动是宋代蒙学教育的助力

宋代发达的经济、稳定的内政、昌盛的文化一定程度上影响着宋代教育制度，当然这种影响亦是双向的。从中国教育发展史来看，宋代教育承前启后，为古代教育作出很大贡献。宋代教育的发展是多方面的，不能一一叙述，我们从官学的三次改革与科举制度（特别童子举）为主要内容展开论述。

读书人数量的增多势必促进宋代学校的发展，其发展过程与三次兴学运动直接相关。三次运动集中于宋代中叶（1044—1126），即从宋仁宗开始，至北宋末年结束。官学运动的开展极大地推动了宋代学校教育的发展。第一次为"庆历兴学"，始于宋仁宗庆历四年（1044），它是由范仲淹主导的"庆历新政"中的改革之一。其具体内容有三：一是规定州县建立官学；二是改进太学和国子学；三是改革科举内容，罢除帖经和墨义，由策、论和诗赋组成。由于政治斗争，范仲淹下台后，庆历兴学的成果付之一炬。此次运动虽然失败，但为宋代之后的教育改革奠定了重要基础。之后的 20 余年内，兴学育材的改革呼声从未断过，如欧阳修的《议学状》、王安石的《上仁宗皇帝言事书》、程颢的

① 何忠礼：《宋代政治史》，浙江大学出版社 2007 年版，绪论第 7—8 页。
② 王栻主编：《严复集》第三册，中华书局 1986 年版，第 668 页。

《请修学尊师儒取士札子》等。第二次为"熙宁、元丰兴学"，从宋神宗熙宁四年（1071）至元丰元年（1078）之间，由王安石主导，是其变法的重要一环。此次兴学的内容有五：一是科举考试内容上，罢明经科，增加进士科（废帖经、墨义和诗赋，只留策论和经义），新立明法科。二是整顿学校，加强地方官学建设，充实地方学校师资，拨学田加以资助。三是改革太学，创立太学"三舍法"（小学亦施行），调整太学直讲。四是创立和恢复专科学校，如武学、律学、医学等。五是统一科举考试教材为《三经新义》。第二次兴学的各项措施具有系统化和全面化的特点，在古代教育史上具有十分重要的贡献。第三次是"崇宁兴学"，宋徽宗崇宁元年（1102）由蔡京发动，主要内容有三：一是推行三舍选考法；二是定州县学生数额；三是除太学外，增书学、画学、算学等。

　　总之，三次官学振兴运动主要以科举取士和学校育才为核心内容，这是古代教育改革的难点。从1041到1120年，教育改革经历了改革—失败—再改革—再失败—再改革的过程，同时还伴随着各种复杂的政治斗争，虽皆以失败告终，但其成效与影响是显而易见的。它在一定程度上推动了学校教育制度的完善，营造了重视教育的社会氛围，某种意义上讲，学校教育的发展可以减轻对科举制度的完全依附。

　　官学是国家兴学运动中的主要对象，但宋代民间也创立了不少学校，称为私学，亦不可忽视。虽然私学与国家辅助下的官学，不论在教学规模、师资、物资、学生素质等方面存在一定差距，但也是宋代教育的重要组成部分。宋初，国家尚未统一，无暇顾及官学，有识之士选择闲旷之地，立精舍，建书院，聚徒授业，培育人才，朝廷亦通过赐书、赐额等方式予以支持，私人书院成为一种特殊学校教育场所。经过三次兴学运动，官学逐渐发达起来，私学的势头稍减。宋廷南渡之后，官学逐渐式微，书院遂又重新发展。有德之士利用唐五代和北宋初所创造之书院旧址，重开书院，招徒讲学，长育人才，私家书院在南宋迅速遍及府、州、郡、县，成为中国教育史上书院最为盛行的时代。据丁益吾先生的统计，唐代及五代全国书院仅有38所，而北宋初有92所，南宋有365所，无法分辨南宋北宋的有194所。①

　　蒙学的教育亦有官学与私学之分，一般而言，宋代官方性质的"小学"依

---

① 转引自邓洪波：《北宋书院的发展及其教育功能的强化》，《河南大学学报（社会科学版）》1996年第1期，第48页。

附于"大学"教育存在，即与"大学"共同享有校址、物资、师资等。官办"小学"的教育，不论是国子监小学还是州县小学，皆是"大学"性质的"别斋"，即它们共在一个教育系统，往往优秀的"小学生"通过考核后可直接进入"大学"学习。官办大、小学受同样的教育管理，但是教育的内容、形式、手段等存在区别。用现代话概述，有点类似现代大学的"附幼""附小"。蒙学的私学化教育也十分重要，家塾、村塾、乡塾、蒙馆等私人建立的"小学"，为宋代普通的蒙童提供了必要的启蒙知识教育，其在教育史上的地位不容忽视。

宋代官学、私学的发展与宋代科举制度密不可分，前文也屡次提及了科举制度，这里再简单论述。宋代科举制度在长达 1300 余年的科举制度发展演变历史中占有重要地位，它既继承了隋唐科举旧制，又进行了自我发展与创造，促使科举规制和程序日益完备，又为后世效法。宋代科举考试主要有四种：贡举、制举、武举和童子举。贡举是士人在地方考试通过后贡于朝廷，神宗时定为三年一次，通过三次考试，即解试（地方试）—省试（中央尚书省试）—殿试（皇帝试）。一般而言，宋代的读书人十年寒窗最终走上仕宦之路，走的就是这个"三级"考试路线。制举为一种非常设的考试，科目种类繁多，目的是挖掘人才，但其实际效果并不理想。武举针对武人，并不十分受重视。

贡举、制举、武举当然是宋代儿童读书将来的主要发展方向，与蒙童群体直接相关的国家考试即童子举。童子举始于唐代，凡十岁以下童子，若能通一经及《孝经》《论语》等可赐出身中第。宋仍设童子科，年龄放宽至十五岁以下，其考试内容并无具体规定，一般以背诵经书为准。孝宗时规定严苛，自淳熙八年（1181）始，分为三等取录①，这是专门为童子所设立的科举，就考试内容与考试的年龄而言，能否选拔出人才有待商榷，但它毕竟历史中值得探讨的问题。

总之，不论是宋代官学与私学的改革，还是科举制度的完善，皆是宋代政府为满足统治需求，在人才培养与人才选拔上进行的有益探索。秉持教育及早原则，宋代蒙童在这般浓厚的社会重视读书、劝学氛围中，读书的士气被极大地调动，无不以苦读勤学为目标。特别是对于普通或贫寒士子而言，通过读书改变命运极具诱惑性。

---

① 《宋史》卷一五六《选举二》

第二节　宋代蒙学发展的重要理论支撑

倘若宋代社会经济文化更倾向于对蒙学教育的规模、形式、手段等产生影响，那么宋代思想的发展则更倾向于影响蒙学教育的具体内容。宋代新儒学摆脱了魏晋玄学的空疏和汉唐经学的僵化，成为具有活力的学术思想。在外来佛教与本土道教的夹持下，儒家采取兼容并包原则，三教逐渐融合。儒释道互融后的新儒学（理学），其探讨的内容主要围绕道德展开，如天道、天理、人性、圣贤人格、为学之要、修养方法等，以上直接决定了蒙童教育的主要内容。与此同时，前人共同探索的蒙学经验对宋代的童蒙教育发展具有重要借鉴意义。

一、新儒学的兴起为蒙学发展提供学术土壤

儒学发展至北宋发生了巨大变革，新儒学即理学诞生，它体现了时代精华与发展脉搏，它的兴起意味着中国古代哲学发展历史长河中重要时刻的来临。周敦颐、邵雍、张载、程颢、程颐作为理学的奠基人，经由朱熹、王阳明、王夫之等，形成道学、心学、气学为一体。他们究天道与性，讲伦理纲常，谈道德修养，从自然观、天命观到道德观，形成了完整的理论体系。

理学的产生与汉唐以来治经相关，汉唐经学偏重注解与名物训诂，注经以"疏不破注"为总原则，最后造成"讳言服、郑非"的局面。长期受训诂的桎梏与束缚，导致学术僵化，陈陈相因，千篇一律，自由思想招致扼杀。宋代理学则为破除汉唐"传注"而起，掀起疑经、破注之风，扫除经注的圣人光环，实乃学术界的一股清流。可以说宋明理学成为继先秦百家争鸣、两汉经学、魏晋玄学、隋唐佛学之后的又一重要理论形态。

理学的产生既是对汉唐章句注疏学说的僵化与魏晋玄学的空疏放荡的摆脱，同时更是应对外来佛教与本土道教挑战的一种强烈回应。佛教自汉代从印度传入中国，其所涵盖的精神关怀、宗教信仰、价值理念深入社会大众内心，经过隋唐发展，其理论与实践得到空前发展。作为本土宗教的道教，吸收了佛教之思想观念与仪式典章，其理论得到了补充与完善。可以说，儒学作为官方意识形态受到了内外价值的强大挑战，在两派的共同夹击下，儒家倘若要提高生存率，

必然采用"兼收并蓄"之方法，将释道思想融合在儒学中，在"三教"融合中进行创新。"三教"的互通互融，某种意义上而言，促使中国传统文化发展达至顶峰，且对日本、朝鲜、越南等周边国家产生了影响，甚至延续至今。

我们引用张立文对理学的理解如下：

> 宋明理学是指在外来印度文化哲学与本土道教文化哲学挑战下，将元典儒学作为滞留于伦理道德层次的心性之学，从形上学本体论层次给予观照，使传统儒学以心性为核心的伦理道德和价值理想（社会理想和人格理想）建构在具有理性力度的形上学本体论思维之上，通过诠释心性与本体、伦理与天道的连接以及人与生存世界、意义世界和可能世界的关系，使儒家道德学说获得了形上性和整体性的论述，传统儒学内部的逻辑结构、价值结构、道德结构等经此调整，获得了新的生命。①

宋代理学家的关注点不仅在于义理体系的创新与重建，更重要的是"经世致用"，即追求"内圣外王"。五代，长期战争导致社会动荡、生灵涂炭，社会秩序遭受严重破坏，特别是人的精神方面，伦常混乱、道德衰败、精神失落等，宋代理学家扛起了稳定社会秩序、恢复伦理纲常的旗帜。大批知识精英积极参与社会政治变法，重建道德秩序，塑造社会理学价值、人格理想，重定儒家道德规范与伦理原则。张载的四句教"为天地立心，为生民立命，为往圣继绝学，为万世开太平"②，某种意义上很好地阐释了理学家们"自任以天下之重"的社会使命感。

余英时曾如此概述宋代儒学发展的三个阶段，第一阶段是宋明新儒家"自任以天下之重"精神的展现，试图恢复宋初回到"三代"，重建政治、社会秩序的理想；第二阶段是将"理想"落归于"实践"，以王安石的"熙宁变法"为代表；第三阶段是以朱熹为代表的"内圣"理学家的时代，也称为转型时期。③当然不得不承认，后期理学发展过程中，大批自认为"谨守程朱矩矱"的儒者，热衷章句研究，空谈心性，逐渐僵化腐朽。尽管如此，余英时认为，以"内圣"

---

① 张立文：《宋明理学研究》，人民出版社 2001 年版，第 17 页。

② 张载：《张载集·近思录拾遗》，章锡琛点校，中华书局 1978 年版，第 376 页。

③ 余英时：《朱熹的历史世界——宋代士大夫政治文化的研究》，生活·读书·新知三联书店 2004 年版，第 409—423 页。

作为其内在精神取向，"外王"作为重要事业仍是理学家们的终极理想，在整个宋代儒学发展中未曾改变。宋代士大夫也并非只从个人、家族或"士"的集体利益出发，他们还有超越一己实际利害的理想层面。这恰恰解释了为什么在宋代党争中，"许多士大夫宁冒贬逐、革职以及子孙'禁锢'（即不得入仕）的危险，亦不肯放弃自己所信奉的政治原则"①。不论是宋初古文运动或政治改革实践，还是道德重建的实践，皆是急于在社会长期混乱后"重建合理的人间秩序"，这不仅是在位统治者、知识分子的实际希望，更是普通民众所共同期待的。

宋代理学思想及理学家从事的社会教化实践，对整体中国教育产生了深远影响，时至今日，其影响似乎仍在回荡。理学家们自觉重视教育实践，兴办书院，聚徒授学，将其理学思想推至一般读书人，再由其向社会其他人传播。某种程度上，每一个理学家即是教育家，教师与官职相兼。宋代蒙童也是他们教育的对象之一，将其理学思想及早地输入、渗透到童蒙教育中，这大概是他们的远见。张载、二程、朱熹等十分关注蒙学教育，认为儿童是个体教育的重要阶段，以生活教育与道德教育为核心内容，强调儿童日常生活中洒扫应对等规范等，后文将详述。自宋代起，大批著名学者投身于编写童蒙读物中，如吕本中《童蒙训》、朱熹《小学》《童蒙须知》、吕祖谦《少仪外传》、程端蒙《性理字训》、陈淳《启蒙初诵》《训蒙雅言》《小学诗礼》等。

二、道德理论积淀为蒙学教育提供思想指导

宋代理学所探讨的问题主要围绕伦理（道德）展开，它在宋前的道德理论基础上进行了创造性的继承，同时吸收了佛道思想，"哲理化"或"思辨化"是其主要特点。道德理论的创新发展势必会影响蒙童所授教育内容，同时大儒们纷纷亲自上阵，编写蒙学教材，试图将其思想及早传播于社会。

梁漱溟先生在《中国文化要义》中称中国是"伦理本位"的社会，所谓的"伦理"即一种关系，且是人与人之间相互间的义务关系②，这种伦理关系使"全社会之人，不期而辗转互相连锁起来，无形中成为一种组织"③。这种以伦理为本位的社会源头来自周孔时代，这种具有伦理性质的社会形态延续至宋代，已经历经

---

① 余英时：《朱熹的历史世界——宋代士大夫政治文化的研究》，生活·读书·新知三联书店2004年版，第220页。

② 梁漱溟：《中国文化要义》，上海人民出版社2011年版，第78-79页。

③ 梁漱溟：《中国文化要义》，上海人民出版社2011年版，第79页。

了千余年。梁漱溟又称中国文化特征之一即"道德气氛特重"，又进一步阐释此种"道德气氛"将国家融于社会人伦中，将政治纳入礼俗教化中，可以用"道德"二字统括中国文化。①"伦理"与"道德"的概念异同，此处不赘述。自周孔时代"伦理社会"起，经过千余年的伦理浸透，中国文化充满着道德氛围似乎也在理。总之，不论是"伦理本位"，还是充斥着浓厚"道德氛围"，中国传统社会所具有的伦理或道德性质是事实。

　　宋代儒学主要讨论哪些道德问题呢？我们以朱熹与吕祖谦所编的《近思录》（共计 14 卷）为例，它为理学传播作出重要贡献，是研究宋代理学的入门书，由此书大抵可窥宋代理学研究内容的梗概。它分为道体、为学、致知、存养、克己、家道、出处、治体、治法、政事、教学、警戒、辨别异端、总论圣贤 14 个大类，共计 620 余条。就此书条目可知，理学既有阐释义理根源的概念范畴，又有彰显圣学体用的实践。毫无疑问，宋代新儒家的主要内容归根结底是关于伦理与道德问题，它的侧重点在于"新"，这种"新"当然以过去的义理概念为基础，并在此基础上进行了创新总结。正如朱贻庭在《中国传统伦理思想史》绪论中提到，理学的主要内容是伦理思想，它接续孔孟之道统，汲取释与道的思想，以"天理"为万物之道德本源，对宋前的儒家人性论、义利观、修养论等内容进行总结并加以改造或创新，特别是将本体论、认识论与道德观融合起来，将伦理思想赋予思辨形态，将儒家伦理思想推上历史高峰。可以说，儒家伦理伴随理学之兴起与发展，走向"完备"。②换言之，宋代以前，人性论、义利观、修养论等皆有论述，而新儒家围绕"性与天道"展开，将这些伦理思想融入了理性思辨，在以往孔子那里是"不得而闻"的内容，在宋代新儒家那里却成为中心问题。

　　综上所述，宋代儒家探讨的问题主要围绕"道德"或"伦理"展开，这点毋庸置疑。所谓的道德理论哲理化或思辨化，势必会影响宋代受教育者（包括蒙童）接受的教育内容，特别是官方学校教育，则更多向理学思想倾斜。官办学校教育宗旨作为社会教育的方向标，势必会影响地方私学教育主旨，更遑论用于选拔符合统治需求的科举考试，其考试内容必然渗透新儒家的基本内容，

① 梁漱溟：《中国文化要义》，上海人民出版社 2011 年版，第 23 页。
② 朱贻庭主编：《中国传统伦理思想史》（增订本），华东师范大学出版社 2003 年版，绪论第 20—21 页。

比如《三经新义》一度成为北宋官方科举考试用书。

在道德修养问题上，宋儒在如何塑造理想人格的途径和方法上有所不同，如周敦颐的"无欲"和"主静"、张载"穷理尽性"、二程"格物穷理"、朱熹"居敬穷理"、陆九渊"存心、去欲"，然而其目的殊途同归，皆教人如何习修自我，完善本性，达到道德的至善之境。如二程所言，格物终究是为"止于至善"。故而如何体认天理、完善人性、追求理想圣贤人格之目标，几乎成为每一位儒者的终极理想，这种理想势必会影响受教育者的理想目标。比如朱熹在论述古代小学教育目标时所言，"古者小学已自养得小儿子这里定，已自是圣贤坯璞了，但未有圣贤许多知见"[1]。朱熹为宋代儿童编写一系列蒙学书籍，无不是向往古代圣人之教，将儿童塑造成圣贤模子，至其成人后，添些光彩，向圣贤之路又进一步。其具体的影响，后文会有详细论述。

三、前代蒙教积累为蒙学发展提供丰富经验

殷商之前，中国是否有蒙学教育存在，还需进一步考证。可考的蒙学教育历史大抵可推至西周时代，但史料有限。虽然青铜铭文，如《大盂鼎》《师酉簋铭》中有"小学"字样之记载，但其真实性还有待商榷；《周礼》《礼记》《尚书大传》中也有蒙学教育之记录，还需要进一步探讨。

中国古代蒙学教育的初步发展可追溯至秦汉时期，此阶段出现了专门的蒙学书籍，也有专门进行童蒙教育的机构。"小学""蒙馆""书馆""官邸学"等儿童教育的场所在史料中已不鲜见，并进一步规范化。秦汉启蒙教材主要以字书为主，内容与形式单一，它们主要以识字教育为主，识别汉字的形、音、义，《汉书·文艺志》中"小学"类记录的十家三十五篇皆是。秦代识字读本《史籀篇》是第一部儿童识字读本，后李斯《仓颉篇》、赵高《爰历篇》、胡毋敬《博学篇》之编写皆基于此书。秦汉教材现存有两本：管仲的《弟子职》与史游的《急就篇》，二书的流传对后世蒙学书籍发展影响颇深。总之，秦汉阶段蒙学教育发展规模已初见轮廓。

魏晋南北朝是中国古代蒙学教育的重要阶段，自此蒙学教育逐渐向制度化、规范化发展。虽然魏晋时期所设立的"小学"教育机构似乎不太发达，但其关于设置小学的官办命令却屡见不鲜。南朝关于小学或童蒙教育的记载颇少，而

---

[1] 黎靖德编：《朱子语类》卷七《小学》，王星贤点校，中华书局1986年版，第124页。

北朝相对要发达一些，如北魏有"皇宗学""四门小学"等记载。此时的童蒙教材也有长足的发展，最著名的是由南朝梁周兴嗣所著的《千字文》，它的编辑旨趣在于教育儿童识字，因其编排精致、文采斐然，故而流传千古，是流传至今的"三、百、千"童蒙读物之一；另一本是《开蒙要训》，有敦煌写本，作者不可考。

隋朝的蒙学教育在官方中除颁布过国子寺与郡县小学的官令之外，主要依靠私人教育，且其史料记载并不多见。自唐代建立之后，古代童蒙教育逐渐制度化。入唐之后，不仅皇室子弟的蒙学教育受到重视，县级、乡村等蒙学教育也受到关注，即由过去的中央专属向民间乡村辐射。即使至五代，乡村小学教育迹象仍旧可见，乡村蒙学教育可以说将古代儿童教育向前推动了一大步。隋唐五代的启蒙教材虽不多，但类型较前代有所扩展。唐中叶北方流传的《太公家教》，汇编了前人的嘉言善行，以伦常道德为主要内容。李翰所作《蒙求》对后世影响颇深的，四字一句，两句一联，一句载一件历史史实，自此产生了童蒙书籍中重要的体裁"蒙求"体，在宋元掀起高潮。《兔园册》是用对偶句编写，现只存有残本，在五代民间颇为流行。由上可知，隋唐时代用于启蒙教育的课本数量虽不多，但相较于前代，形式与内容更为丰富。形式上，有对偶、韵语，且不限于长短；内容上，有识字、历史、道德教化等分类，为下一时期的童蒙教材奠定了基础。

经过秦汉、魏晋南北朝、隋唐五代的蒙学发展，宋代儿童教育翻开了新的篇章。宋代的童蒙教育不仅纳入国家教育体制中，而且其建学的规模、资金、管理制度等逐渐规范化、系统化。从中央到地方蒙童教育，从官方创办到私人兴建的学校，可以说，宋代的儿童，相较于前代的儿童，享受到了由国家与社会提供的更为优质的教育资源。

从教育机构类型上看，官立与私立小学教育机构均得到相当规模的发展。一是中央设立了诸王宫小学与宗学，这是专为皇室子弟及功臣名将的子弟所建的"贵族"学校。虽然此类皇亲贵胄儿童设立的学校时兴时废，但也横跨了南北宋320年，对宋代整个小学教育发挥着重要推动作用。二是国子监小学，这可以说是古代小学教育史上重要的创举。北宋关于其的记载不多，直到宋徽宗第三次官方兴学活动，国子监小学教育正式向规范化、制度化发展。三是其他中央设立的学校，有内小学、在京小学等。四是宋代的地方小学，地方小学的建设直接受中央之规定，较唐而言更具稳定性，南宋时期记载不多，但其规模不会逊于北宋。五是除了官方的地方蒙学教育机构之外，还存在由私人设置的小学。后文将会详述。

从蒙学教材上看，宋代基本形成了一套较为完整的蒙学教材体系，这个体系主要表现在六个方面，即教材的六个主要类型：一是识字教育上，在《千字文》基础上，加上了《百家姓》《三字经》，成为"三、百、千"较为固定的一套儿童识字必读"丛书"。二是思想道德教育上，由于理学家的加入，宋代童蒙书籍中渗透了伦理意蕴。三是专门的历史教材（如《史学提要》）出现。四是知识型教材如《名物蒙求》产生。五是阅读类教材，如《书言故事》等。六是读写训练教材，关于属对、作文训练，文章选集与注解点评等。张志公对宋代教材如此评价，他说"宋元以下，可以说只是较小的发展和补充，再没有很大的变动"①。实质上，蒙学教材鼎盛发展主要集中于宋代，元代在其基础上予以完善。

从蒙学教育理论上看，教育者对蒙学教育的目的、内容、方法、手段、形式等皆有更为深入的探讨，这主要与宋代大批理学家开始重视童蒙教育有关，他们不仅有理论的叙述，还有教育践行。以朱熹为例，他论述了小学与大学阶段教育区别及其相互关系，并且构建了从小学到大学的完整的道德教育理论体系；他还编辑了蒙学教育课本，如《小学》《童蒙须知》《训蒙绝句》等。

综上所述，从先秦至宋代，中国古代蒙学教育逐步发展，以下两点值得注意：一是官方教育从皇亲贵胄子弟教育逐渐向平民子弟开放，教育对象由上向下扩展，规模逐渐扩大。特别是到宋代，其社会经济发展发生了转变，在此基础上的教育扩延性更强，使普通子弟有了更多机会接受教育。二是私办性质的小学登上教育舞台，且越来越重要，尽管没有官方教育的政治或制度上的保证，但其办学效果并不逊于官方。正是由于私人儿童教育机构的产生，才使更多的底层乡村儿童能接受普遍的教育。

宋之后，元明清的蒙学教育进入中国古代的黄金时期，小学教育全面面向普通子弟，进入鼎盛发展期。元代的蒙学教育实质是宋代向明清鼎盛发展的过渡阶段，其中特别重要的是"社学"（主要对象是十五岁以下儿童）的普遍设立，并得到官方支持，为其在明清的流行发展奠定了基础。明代的蒙学教育特别是在乡村儿童教育方面取得了巨大的贡献。自明太祖始，几乎各朝皇帝皆颁布过

---

① 张志公：《传统语文教育教材论——暨蒙学书目和书影》，中华书局2013年版，导言第9页。

建立社学的政令，并将其纳入提官学的议程。明代关于"小学"教育政令记载较少，据池小芳推测，在明代社学与小学几乎没有"行政隶属"上的区分。清代的小学集前代各小学之大成，它的类型包括社学、义学、义塾、乡学、家塾等蒙学教育机构，还有专为内府官员子孙和八旗子弟设立的小学。就义学等发展而言，清代不如明代，但清政府对其的政治控制与经济支持却超过前代，故而清代社学与地方府州县学，甚至是中央国子监小学之间有直接联系。1840年鸦片战争失败后，中国沦为半殖民地，中国知识分子将目光转向西方科学技术，加之西方传教士的进入，为中国小学教育打开了另一扇窗户。以传统识字与伦理道德为基本内容的小学教育，逐渐转向近代科学与实用知识的新式小学教育。

自明末西学东渐，西学内容开始进入中国蒙学教育教材，洋务运动后，中西混杂的童蒙教材越来越多，开始于刘曾騄编著的以世界地理知识为内容的《梦园蒙训》。1904年，科举制度废除，维新运动对小学教育制度进行了改革，新式教科书随之出现，如南洋公学《蒙学课本》三编。传统童蒙教材在新式教育中的地位愈来愈低，逐渐退出历史舞台。在民国时期，传统蒙学教材一度又出现，如胡瑞芝《养正录》、佚名《三字良言》、周秉清《养蒙便读》和陈霁辰《新幼学句解》等，但未进入正式学校课堂。不论如何，传统蒙学教材确实为中国古代儿童教育提供了与时代相适应的教育来源，其与现代价值观念或教育理念相违背之处在所难免，然其价值仍值得我们去汲取。

综上所述，宋代的童蒙教育在整体童蒙教育史上具有承上启下之重要作用，这与宋前的各朝代所积累的经验不无关系。宋以后，元明清也依凭宋代打下的"江山"发展童蒙教育，直至近代西式教育进入中国，古代童蒙教育机构、制度与教材等都急剧变化。

第二章
基本载体：宋代蒙学教育的伦理著作

蒙学教材是蒙学伦理教育的重要载体，用于蒙童伦理教育的读物，不严格说来，传统的经史子集皆可充当，但毕竟要考虑"蒙童"这一特殊群体。宋代学者专门为儿童编写了各种类型的著作，它涵括了蒙童成长过程中各种所需的知识，无怪乎有学者称"传统蒙学读物的内容，是中国古代士大夫知识结构的一个缩影"①。宋代开创了相对完整的古代蒙学教材体系，在整个古代蒙学教育发展史中具有承前启后之作用。其他如家训、乡约、劝善书、谕俗文皆对蒙童道德教育有所裨益，但由于对象过于泛化，故而本书只选家训类以增补蒙学教育的伦理教材。

---

① 徐梓：《蒙学读物的历史透视》，湖北教育出版社 1996 年版，第 223 页。

第一节　一般性蒙学教育著作的伦理释读

蒙学读物所反映的整个知识体系极为庞大，其种类十分丰富。本书参考现代各类蒙学著作的分类[①]，并结合三份重要书目：张志公《蒙学书目和书影》、徐梓《中国传统蒙学书目》和韩锡铎《知见存本蒙学书目》，将宋代蒙学读物按其内容分为以下八大类：识字类、道德类、理学类、经学类、历史类、韵对类、文章类和博物类。[②] 上述蒙书的分类标准不可能是单一的，任何蒙学教材总离不开认识新字和巩固旧字的功能，而且不论以上哪类教材，都必然渗透着伦理道德教育。

一、宋以前的蒙学著作

宋代以前所著的蒙学读本，有些尚在宋代社会流行，它们大部分是唐代学者所著，当然亦有先秦、南北朝的著作。有哪些前代蒙学读本在宋代尚在使用呢？具体见表6。

表6　宋代流行的前代蒙学著作表

序列	原文	流行书本	出处
1	古人教童子多用韵语，如今《蒙求》、《千字文》、《太公家教》、《三字训》之类，欲其易记也。《礼记》之《曲礼》，管子之《弟子职》，史游之《急就篇》，其文体皆可见。	《蒙求》、《千字文》、《太公家教》、《三字训》、《礼记》之《曲礼》、《弟子职》、《急就篇》	项安世：《项氏家说》卷七《用韵语》

---

① 参考池小芳《中国古代小学教育研究》，毛礼锐、沈灌群《中国教育通史》，乔卫平、程培杰《中国古代幼儿教育史》，苗春德《宋代教育》，袁征《宋代教育：中国古代教育的历史性转折》等分类。

② 本部分的价值在于将宋代童蒙教育按类分表并加以简要概述，目前而言，尚未有学者做此项工作。事实上，徐目与张目所列表中有些存疑处，不一一列举。试举"历史类"教材中的几例：如刘轲《帝王历数歌》一书，除《宋史艺文志》是标明宋人所著之外，其他如《玉海》《崇文总目》《直斋书录解题》则认为它是唐人所著。再如杨亿《历代纪元录》，据徐目所言来源于《述古堂书目》，笔者查考原籍发现是佚名，且《千顷堂书目》认为作者为明代的郁绍贤，《读书敏求记》认为此书记录的是汉武帝到元顺帝之史，据二书所记载，则不可能为宋人所著，亦不会流行于宋代。这些表中所录著作有"滥"的成分，还需后期进行考证。

序列	原文	流行书本	出处
2	四五岁读李瀚《蒙求》，至龚遂《劝农文》，翁（指刘清之）兴学诵不绝口，父母因语之曰："此二君子教人读书耕田也，人亦不过耕与学。"	《蒙求》	李幼武：《宋名臣言行录续集别集外集》
3	不如鹑结村夫子，惟宝《蒙求》与《孝经》。	《蒙求》	刘克庄：《后村集》卷四二《书画》
4	村夫子挟《兔园册》教得黄鹂解读书，能记《蒙求》中一句，"百般娇姹可怜渠"。	《兔园册》《蒙求》	方岳：《秋崖集》卷四《独立》
5	群儿窗下读《千字文》、《蒙求》。	《千字文》《蒙求》	赵汝鐩：《野谷诗稿》卷三《憩农家》

由表6可清晰发现宋代儿童所使用的前代蒙学书籍，项安世所述书目最多，项氏主要生活在南宋初年到中期（1129—1208），这意味着他所述的书目至少自北宋初一直延续至南宋中期。这些书籍有先秦《弟子职》，此书为《管子》中一篇，这大概是距宋代最久远的读本。宋人张时将此篇列入《小学五书》，后朱熹也十分推崇它，他在《大学章句序》将其与礼记中《曲礼》《少仪》《内则》称为古之小学之支流余裔。①《急就篇》成于汉代，后宋代王应麟对其补注，王氏生活在南宋中后期，可见此篇在宋代尚有市场。《千字文》编于南朝梁代，《蒙求》《太公家教》《兔园策》则是唐人所著。如表6所示，《蒙求》的"出镜率"最高。现将尚在宋代流行的蒙学书籍简要内容叙述于表7。

表7　宋代以前蒙学著作表

序列	书名／篇名	作者	语言形式	内容大要	著录／版本
1	《弟子职》	［春秋］管仲	散文	论述学生尊师重道规范，分为学则、早作、受业、对客、馈馈、乃食、洒扫、执烛、请祍、退习等。	《管子》

---

① 朱熹：《大学章句序》，载《四书章句集注》，中华书局2011年版，第2页。

序列	书名/篇名	作者	语言形式	内容大要	著录/版本
2	《急就篇》	［汉］史游著 ［唐］颜师注 ［宋］王应麟补注	三言四言七言	分为姓氏名字、服器百物、文学法理三部分，共2144字。	《玉海》
3	《千字文》	［梁］周兴嗣	四言韵语	由不重复1000字构成；内容从天象至自然界名物，上古历史到典章人物，涵盖务农、读书、饮食、居住、园林等，还有伦常训诫与人生道理。	《隋书·艺文志》
4	《蒙求》	［唐］李翰	四言韵语	共596句，每句为一则经典故事，包括天文地理、历史神话、医药占卜和动植物等；主要来源经、史、小说、杂书等。	中华书局
5	《兔园册》	［唐］佚名	对偶	分门别类，用偶句写成，文辞古奥。	敦煌卷本
6	《太公家教》	［唐］村落间老校书	四言韵语	辑录民间或儒家经典，主要记录为人处世、安分守己的格谚名句。	敦煌卷本（残本）
7	《开蒙要训》	［唐］佚名	四言韵语	体例、内容与《千字文》相似，但更通俗实用。	敦煌卷本（残本）
8	《咏史诗》	［唐］胡曾	七言绝句	地名为诗名，歌咏此地从春秋到南北朝发生过的历史事件，共596句。	《四库全书》本

以上为宋前一些流传较广的蒙学著作，大部分集中在唐代，原因大概有二：一是由于年代较近，易于保留；二是其内容受儿童塾师之欢迎。以《蒙求》和《千字文》流行时间最长，它们不仅为宋代儿童教育提供了教本，而且其体裁或体例对宋代及后世蒙学教材产生了重要影响。其体例主要有两大类：

其一，"蒙求体"。蒙求体是我国传统蒙学读物中的重要体裁之一，它的特点在于"类而偶之，联而韵之"，即四字押韵，两句对偶。自唐成书后流传至宋代，刮起了一阵"蒙求风"。后世对其注释、增补、续编、改作比比皆是，如徐子光《蒙求补注》、王令《十七史蒙求》、郑德舆《历代蒙求》、佚名《两汉蒙求》《南北史蒙求》。其所涉及的范围不仅是历史，还有道德训诫类，如邵笥《赓韵孝悌蒙求》、徐伯益《训女蒙求》。有些虽无"蒙求"名，却有"蒙求"之实，如黄日新《通鉴韵语》、文济《左氏纲领》、戴迅《晋史属辞》《唐史属辞》等。其具体内容后有详细论述。

其二，"千字文"体，即利用 1000 个不重复的字，编写形式整齐、语义连贯、内容广博丰富的文章。宋代学者对其也十分关注，纷纷为其作注、续编等，如侍其玮《续千文》、葛刚正《三续千字文》、刘绍佑《千文》和胡寅《叙古千文》等。

其三，"咏史诗"体。它是启蒙教育中最早使用诗歌的体裁，后宋代蒙学著作中也常用此体，如胡继宗《诗韵大成》等。

总而言之，宋前所编著的蒙学教材本身并不多，但其流传至宋已经表明其长久的生命力。其中以《千字文》最为著名，它又与宋代《三字经》《百家姓》合称为"三、百、千"，其影响余波至今仍可见。它们不仅为宋代儿童提供了教育读本，而且为教材的编著提供了参考价值。这些读本数量虽不多，但也涉及了识字、道德、人伦规范、历史等内容，故而它们的价值不可忽略。

二、识字类蒙学著作

早期的中国传统蒙学教材基本以识字为主，从西周到隋唐无不如此。识字教育是蒙学教育的重要方面，是儿童启蒙教育的起点，是阅读其他任何类型教材的基础，包括伦理道德类读本。清人王筠在《教童子法》中有言："蒙养之时，识字为先，不必遽读书……能识二千字，乃可读书。"[①] 这意味着 2000 余字的认字数量是儿童阅读书目的最低线，虽然是清代的儿童，大抵也是可以参考（宋代形成的"三、百、千"合计则为 2000 余字）。古人在编写这些教材时下足了工夫，为宋代的识字教育积累了丰富的经验。

关于识字教材分类有两种，一是"三、百、千"类。在《千字文》基础上，宋代补充了《百家姓》和《三字经》，"三、百、千"成为不可分割的一套儿童识字必读书目。二是除"三、百、千"这类通行的官方承认识字教材外，还有一类"杂字"与之并行发展，成为识字教育的另一条路径。

---

① 王筠：《教童子法》，中华书局 1985 年版，第 1 页。

表8　宋代识字类蒙学著作表（"三、百、千"篇）

序列	书名/篇名	作者	语言形式	内容大要	著录/版本
1	《急就篇》			见表7	
2	《千字文》				
3	《续千字文》	侍其玮	四言	续写《千字文》，文词古奥。	《云自在龛丛书》本
4	《重续千字文》	葛刚正	四言	续写《千字文》，文词古奥。	《海源阁丛书》本
5	《千文》	刘绍佑	四言	根据"千字文"体编写，用于军营户籍表。	《小学考》（已佚）
6	《千字文》	智达	四言		《徐目》（已佚）
7	《叙古千文》	吕氏①	四言		《宋史·艺文志》（已佚）
8	《三字训》	佚名	三言		《项氏家说》（已佚）
9	《三字经》	王应麟	三言	内容广泛，包含方名事类、经史诸子等思想。	岳麓书社
10	《千姓编》	采真子	三言四言	撮取《姓苑》《姓源》等书中姓氏，以四字或三字为句，文义互为相属。	《宋史·艺文志》（已佚）
11	《百家姓》	佚名		姓氏集合，约四百余字。	岳麓书社
12	《姓氏急就篇》	王应麟	三言四言七言	以姓氏诸字排纂成章，兼有名物组织典故，文词古雅，意义融贯。	《玉海》
13	《字学撮要》	刘绍祐/王珩	散文体		《宋史·艺文志》（已佚）
14	《字当正讹》			失佚辨别错别字。	《事林广记》

由上表可知，识字教育读本主要以"三、百、千"为主。其他篇目是基于

---

① 宋代胡寅有同名书，见历史类。

三书的重订、续编、增补等，后世还有注释、训解等，或因其形式古奥，或其内容不适等原因从未超越它们。三本书内容性质基本不同，编著形式存在差异，成书年代相距七八百年，然其流传时间长、使用对象分布广、历史影响巨大。我们先从最早的《千字文》说起。

《千字文》由南朝梁周兴嗣所编著，成书时间大概在梁武帝大同（535—543）时间段。《千字文》从内容上来看，它由不重复的 1000 字组成，作者并非随意堆积，而是经过精心编排，使其句子有意义，前后连贯，流畅可读，少有牵强硬凑之迹。清人褚人获称其"为绝妙文章，政谓局于有限之字而能条理贯穿，毫无舛错"①。从语言来看，押韵整齐自然，句子结构简单，便于儿童诵读；所用字皆古书常用字，非生僻字。宋人侍其玮与葛刚正所编《续千文》与《重续千字文》，虽也一时流行过，但无一能与原版抗衡。究其原因，主要有两点：一是周版家喻户晓，深入人心，地位不可撼动；二是它们本身内容晦涩、语言奥古，超出儿童能力接受范围。

《三字经》相传是宋代王应麟所著，对于作者究竟是谁，学界有不少争论，但成书于宋代则毫无异议。清人章炳麟对此书有如下评价：

> 其书先举方名事类，次及经史诸子，所以启导蒙稚者略备。观其分别部居，不相杂厕，以较梁人所集《千字文》，虽字有重复，辞无藻采，其启人知识过之。②

这里章氏将《三字经》与《千字文》作了比较，言语间似乎还是后者更胜一筹。《三字经》的优点是以识字为基础，博物知识与伦理典章具存，其语言辞藻稍逊些。这里值得一提的是其"三言"表达方式。《三字经》之前的蒙书基本以四言或七言为主，全文皆为三言则罕见。三言韵语，虽易于记诵，但也容易产生两个问题：一是牵强附会、生拼硬凑，二是容易枯燥无味，然而《三字经》巧妙躲过了上述问题。自此书以后，发展出一批三言韵语编著的童蒙书籍。总之，不论内容抑或语言来看，《三字经》作为一本启蒙教材相当成功，虽然其中有部分较为落后的思想内容，但对今人仍有借鉴作用。

① 褚人获：《坚瓠集》五集卷四《千字文》，清康熙刻本，第 275 页。
② 施孝峰主编：《三字经古本集成》卷一五《重订三字经序》，辽海出版社 2008 年版，第 564 页。

《百家姓》未知作者，但为宋初人所编则毫无疑问。此书由毫无意义与连贯性的姓氏组合而成。此书篇幅简短，共约 400 余字，它不仅适用于儿童识字启蒙，更为普通民众提供识字教材。

虽然《百家姓》与《三字经》分别成于北宋与南宋，比《千字文》晚了四百余年，但是它们尚未有能力淘汰或替代它，三书相辅相成，配合并用，形成"三、百、千"系列，用今天的话而言则是"系列"课本。明人吕坤曾概述三书各自特点，他说：

> 八岁以下者先读《三字经》，以习见闻；《百家姓》，以便日用；《千字文》亦有义理。①

这里清晰可见三者所长，这个组合并非偶然，而是宋人根据儿童启蒙所需及教学实践经验所制定。根据张志公分析，我们总结如下：一是就字数而言，每一本字数偏少，三本总计 2000 余字（与前述王筠之言相吻合），既符合儿童初步识字需求，又不超出其能力范围。二是三书各有特点，长短不一，形式不一，可以换读，增加趣味。三是不论内容或形式较同类蒙书，简单通俗，易于诵读。②总之，三者结合，既能"见闻"，又切"日用"，还具"义理"。虽然识字为其主要功能，其中又有名物知识涵括，也尚未忽略思想、道德教育，有些学者将三书归为"综合类"读本正是如此。

杂字类识字教材，由于其具有通俗性特点，一般流行于社会中下层，相对于正式的、为官方认可的识字课本，似乎不太登大雅之堂。其编著一般不留姓名，多半是市井中人所编，往往为官方或私人书目所忽略，故而少有人对其考证、续编或收藏刊印，搜集起来十分困难。张志公认为杂字的历史贡献不可估量，因此一并将杂字并入儿童识字教育读本。

---

① 《吕坤全集·实政录卷三民务·兴复社学》，中华书局 2008 年版，第 993 页。
② 张志公：《传统语文教育教材论——暨蒙学书目和书影》，中华书局 2013 年版，第 27 页。

表 9　宋代识字类蒙学著作表（杂字篇）

序列	书名 / 篇名	作者	语言形式	内容大要	著录 / 版本
1	《小杂字》	佚名	四言	多取生活日用器物名字，多隐僻，无义理。	已佚
2	《四言杂字》	佚名	四言	与诉讼词相关，曾流行于江西一带①，绍兴年间被多次禁止；西夏王李元昊曾译此书。	已佚
3	《公理杂字》	佚名	四言	模仿《邓思贤》（教人巧辨谲诈之书），流行江西一带。	已佚
4	《七言杂字》	佚名	七言		已佚
5	南宋本《新编对相四言》②	佚名	图文对照	成书于南宋，经元改删，皆名物日常用字分类，如天象、景物、花草、动物、建筑、日用器具、衣物、五官等无不包，绝少有孔孟儒学或程朱理学气息。③	祝氏蓬园所藏明刻本香港大学出版社
6	《重编详备碎金》	张云翼	分类词汇	日用事物名字分类编排，如乾象、坤仪、人伦、三教、五常、文官、武官、司局、五味、食饵、菜蔬、彩帛、珍宝、服饰、水族、飞禽、畜兽、屋宅、舟船、农器、书籍、兵戈、技乐等41项。	仿宋刻本，影入《天理图书馆善本丛书汉籍之部

　　杂字因年代久远，其所存书目极少，清人所辑或敦煌遗书中尚存一鳞半爪，现存有西夏汉文《杂字》，元初改编宋代的《对相四言》和《重编详备碎金》。杂字作为古代蒙书教材一种，亦是字书的一种体式。以日常生活常用之物与事，编成二、三、四、五、六、七言等，多有韵文。据张志公考证有以下几种类型：一是分类词汇，以词为主，并不联属成文，如《重编详备碎金》《新编对相四言》。二是分类韵语，四言或六言韵语，也不成文。三是分类杂言，编类尽可能连成文，二言、三言、四言、六言交错，也不全押韵，如《小四字》《四言杂字》《七

---

① 宋时江西一带好诉讼。

② 参见李振聚等：《宋元杂字书流行考》，《图书馆理论与实践》2013年第12期，第73-75页。

③ 张志公：《试谈〈新编对相四言〉的来龙去脉》，载《传统语文教育教材论——暨蒙学书目和书影》附录二，中华书局2013年版，第158页。

言杂字》。四是杂字韵文，全书一贯，不分类，四、五、六言韵语。具体如表 10 所示。①

表 10　杂字著作类型表

类型	押韵	成文
分类词汇	否	否
分类韵语	是	否
分类杂字	不确定	是
杂字韵文	是	是

杂字作为识字教材有以下几个特点：一是通俗性，简单易懂；二是日用性，一般能满足日常所需；三是地方性，乡土气息重，有诸多方言类的杂字。这类"土教材"也为宋代蒙童提供了识字读本，特别是社会中下层子弟，同时它们也为村姑、里妇、田夫等提供生活常用字，特别是《新编四言》还是图文对照形式。总之，杂字书自唐代始，在宋代大为发展，为明清确立了基本杂字书体例，其对世俗化的蒙学教育影响不可小觑。现存杂字书中保留了大量的语言、名物、风俗等史料，为了解中下层人民生活提供了较大的参考，不因其为村书而忽视之。朱熹曾劝门人读书广泛涉猎，说"事事书都好看。便是《七言杂字》，也有道理"②。

三、道德类蒙学著作

蒙学教育内容十分广泛，但其教育核心或主要目的在于宣扬儒家的道德价值与伦理观念，这并非言过其实。它与中国传统文化所具有"伦理"属性相关，梁漱溟认为中国文化"道德气氛特重"，且以"伦理为本位"。③历史上的儒家千秋巨作、羽翼经训、垂范方册离不开伦理道德，即使是一些休闲的游艺小作（比如蒙学读物），亦以传播道德为要。现将由宋人所著的有关伦理道德的书籍列于表 11。

---

① 张志公：《试谈〈新编对相四言〉的来龙去脉》，载《传统语文教育教材论——暨蒙学书目和书影》，中华书局 2013 年版，第 30—33 页。
② 黎靖德编：《朱子语类》卷一二〇《训门人八》，王星贤点校，中华书局 1986 年版，第 2887 页。
③ 梁漱溟：《中国文化要义》，上海人民出版社 2011 年版，第 23 页。

表 11　宋代道德类蒙学著作表

序列	书名/篇名	作者	语言形式	内容大要	著录/版本
1	《沧州精舍谕学者》	朱熹	散文体	敬告学者读经史诸子等书，须反复玩索。	《养正遗规》本
2	《白鹿洞书院学规》	朱熹	散文体	主要由五教之目、为学之序、修身之要、处事之要、接物之要五部分组成。	《养正遗规》本
3	《暑示学子》《暑月喻斋生》	陈淳	四言散文体	教导学子衣裳、冠屦、言行等日常规范应符合礼制。	《北溪大全》卷一六
4	《小学》	朱熹 刘清之	散文体	分内外两篇，内篇多摘自儒家典籍，分为立教、明伦、敬身、稽古；外篇有二：圣贤嘉言与善行。	《宋史·艺文志》
5	《家山图书》	佚名	图、散文	将儿童从小至大的各阶段生活，如洒扫应对、孝亲敬长、读书、礼乐射御书术用图与文说明，"文"出自《礼记》，"图"有《小学本旨图》《弟子受业图》《本宗五服图》《加冠图》等48张。	《四库全书》本
6	《童蒙训》	吕本中	散文	吕氏家塾读本，叙述吕公著、吕希哲等与当时人物名流交往、读书、为仕、处世等经历。	《四库全书》本
7	《少仪外传》	吕祖谦	散文	记录宋代名哲之善行与嘉言，以教立身行己、应世为官等。	《四库全书》本
8	《童丱须知》	史浩	五言七言韵语	使童子知事君、事亲、修身、行己之要，共分29篇：君臣、父子、夫妇、长幼、朋友、祭祀、叔妹、娣姒、臧获；敬天、传道、修德、恤民、措刑、声乐、忠恕、疏财、见道、习尚、宫室、舆马、张设、衾褥、玩好、衣服、酒醴、膳馐、梳妆、稻粱。	《鄮峰真隐漫录》卷四九

续表

序列	书名/篇名	作者	语言形式	内容大要	著录/版本
9	《童蒙须知》	朱熹	散文体	儿童生活礼仪，分为五部分：衣服冠履、语言步趋、洒扫涓洁、读书写文字、杂细事宜。	《西京清麓丛书》本
10	《训儿童八首》	陈淳	五言绝句	论述先圣事迹和小学之节，分别为《孔子》《弟子》《颜子》《曾子》《人子》《洒扫》《应对》《进退》。	《北溪大全》卷一六
11	《训蒙雅言》	陈淳	四言	从《诗经》《尚书》《礼记》《周易》《论语》《孟子》《孝经》中摘录与人伦道德、礼制规范、洒扫应对进退等相关内容。	《北溪大全》卷一六
12	《启蒙初诵》	陈淳	三言	比《训蒙雅言》更为简短，二书并为《经训启蒙》，论述了儿童阶段遵循的人伦规范、日常起居、生活杂宜等。	《北溪大全》卷一六
13	《小学诗礼》	陈淳	五言	以《礼记》《论语》等儒家经典为依托，规定儿童在事亲、事长、男女、杂仪中的日常规范。	《五种遗规》本
14	《朱子论定程董学则》	程端蒙董铢	散文体	学堂所规定的日用常仪，分为：朔望之仪、晨昏之令、居处、步立、视听、言语、容貌、衣冠、饮食、出入、读书、写字、几案、堂室、相呼、接见、修业游艺等。	《学海类编》本
15	《训蒙法》	王日休	散文体	规定了儿童最基本的行为仪则：叉手、着衣、祗揖、入学、小儿读书、温书、记训释字、写字、说书、改文字、作诗等。	《养正类编》本

续表

序列	书名/篇名	作者	语言形式	内容大要	著录/版本
16	《教子斋规》①	真德秀	散文体	为家塾儿童所制定的规范，包括学礼、学坐、行、立、言、揖、诵、书。	《养蒙书九种》本
17	《蒙训》	杨简	五言	日常起居言行等规范。	《慈湖遗书》
18	《孝诗》	林同	五言绝句	共300首，记录古人古事之孝行，以圣人与贤者之孝最多，共250首，还有仙佛、妇女、夷狄、禽兽昆虫之孝等。	
19	《毓蒙明训》	程端蒙	散文体	论述国家政治得失、为人处世、人伦规范、官吏职守、忠奸善事恶等。	《养蒙大训》本
20	《仪礼经传通解·学礼》	朱熹	散文体	针对《弟子职》与《礼记》中的《少仪》《曲礼》篇进行解读。	《朱子全书》
21	《小学五书》	张时举	散文体	包括吕大中《乡约》《乡仪》，司马光《家仪》，班昭《女诫》与《弟子职》。	《宋史·艺文志》

我们试图从以下几个方面分析伦理道德类教材：

第一，从读物内容上而言，将其分为三大类。第一类传播正统儒家人伦思想，这类读物内容翔实、篇幅较大、语言枯燥，且多摘自经籍原典，比如《小学》《童蒙训》《少仪外传》。这类教育读本名气响亮，但不太适用初学儿童，对年龄稍大儿童更为适合。其中《童丱须知》涉及内容广泛，用韵语编写，比上述三书要显得实用些。第二类是学规，这类读物为训诫形式，以《沧州精舍谕学者》《白鹿洞书院学规》《暑示学子》《暑月喻斋生》为代表，它们所示对象并不主要针对儿童，由于其言简意赅，易于理解，诸多蒙学读物目录将其列为"蒙书"。第三类是日常生活规范与礼仪。对儿童日常坐、行立言揖、衣服冠履、洒扫涓洁到诵书记等皆杂细事宜一一应俱，教导儿童遵守基本的日常起居礼仪，培养良好的生活习惯，以达到事亲、事长、交友等人伦目的。由于这类读物多用韵语编写，读之琅琅上口，便于记诵，儿童更能适应并依此实践获得认同感。

第二，从读物文体表达形式来看，主要分为两类：一是对偶形式，一般三

---

① 又作《家塾常仪》。

言、四言、五言、七言等；二是对偶且押韵，又以上文所述的"蒙求体"为代表（主要为表 7 佚亡书目）；三是散文体，这种形式多出自篇幅较大，哲理味极浓的相对"正统"的读物中；四是图文并茂形式，以《家山图书》为代表，《四库全书总目》认为此书可与朱子《小学》配合使用，《小学》重"义理"，《家山图书》则是"名物度数"，二者相辅相成①。

第三，从读物内容来源来看，主要分为两类：一是直接从经史子集中摘录原文，如《小学》《少仪外传》；二是依托于经籍原典，在此基础上进行改编，如《小学诗礼》，它是对《礼记》中《曲礼》《少仪》《内则》篇进行韵语改编而成的。总体而言，伦理道德类教材或多或少都以儒家原典为依托，至少也是贯彻儒家教育理念，这点毋庸置疑。

第四，从读物篇幅上来看，一般日常规范礼仪与学规训诫类（本身是篇目）篇幅较短，最长的是《童蒙须知》约 1500 余字；大多在 1000 字以下，如《小学诗礼》860 字，《沧州精舍谕学者》520 字；200 以下的书目中，《教子斋规》180 余字，最短为《暑示学子》仅 48 字。较为"正统"的儒家思想类蒙童专著的数量，则与以上书目不在一个级别上。被视为"正论格言，根本经训"的正论类《小学》有 10 万余字，《童丱须知》在 3 万字以上，《少仪外传》约 2 万余字。

第五，从读物编著者来看。其一，从数量上而言，朱熹与陈淳为最多，各著 5 本，程端蒙著有 2 本，吕氏家族中吕希哲、吕本中、吕祖谦各有编著。朱熹与陈淳所著蒙学读物区别在于，前者倾向尊重经典，多为原文编辑；后者多依经典改编成更适用于儿童阅读的简短形式，但陈氏之书更适合儿童。其二，从作者分派而言，以朱熹为主的弟子为主干，如陈淳、刘清之、程端蒙、真德秀等皆是其门人或后学，又有浙东学派吕祖谦、心学传承者杨简，还有未入派的王日休、史浩、王应麟等。总而言之，理学家是道德类专著编写队伍的"主力军"，详见第五章。其三，从作者生活与成书的年代来看，北宋除吕本中外，其他著者基本活跃在南宋，这或许与理学在南宋重新抬头并成为正统官方意识形态相关。理学蔚然成长带动蒙学著作产量与种类，理学家亦没有放弃"蒙学"这块重要阵地。

值得注意的是，有些书目已亡佚，书目或史志中虽有记载，有些只能依据

① 永瑢等：《四库全书总目》卷九二子部二儒家类《家山图书》，中华书局 1965 年版，第 788 页。

序跋或书名来等来判断，此处我们不作深究，因为毕竟未见原文。有些书目中有错讹或不一致处，选一处较为肯定的，因数量较多，罗列于表 12 以供参考。

表 12　宋代道德类蒙学著作表（已佚）

序列	书名/篇名	作者	著录、版本
1	《孝弟类鉴》	俞观能	《遂初堂书目》
2	《赓韵孝悌蒙求》	邵笃	《宋史·艺文志》
3	《训女蒙求》	徐伯益	《永乐大典》本
4	《家塾蒙求》《宗室蒙求》	赵彦绖	《直斋书录解题》
5	《家塾蒙求》	孙应符	《国史·经籍志》
6	《吕氏家塾广记》	吕希哲	《宋史·艺文志》
7	《塾训》	李新	《宋史·艺文志》
8	《童训统类》	吴并	《宋史·艺文志》
9	《善诱文》	陈录	《宋史·艺文志补》
10	《教童子诀》	汪立义	《烛湖集》卷十
11	《发蒙宏纲》	罗黄裳	《菉竹堂书目》
12	《义训》	窦俨	《宋史·艺文志》
13	《尊幼仪训》	李宗思	《宋史·艺文志》
14	《初学须知》	孙应符	《菉竹堂书目》
15	《蒙训》	王应麟	《宋史·艺文志》
16	《人伦事鉴》	胡一桂	《世善堂藏书目》
17	《小学进业广记》	彭鲁叔	《宋史·艺文志》
18	《芙蓉城张氏训蒙集解》	张氏	《述古堂藏书目录》
19	《达斋告蒙》	虞俊	《宋史·艺文志补》

四、理学类蒙学著作

宋代理学主要阐释义理与性命之学，它既强化了对人们的伦理道德要求，更产生了一批新的概念与命题。陈淳《北溪性理字义》对"命、信、心、情、才、志、意、仁义礼智信、忠信、忠恕、诚、敬、恭敬；道、理、德、太极、皇极、中和、中庸、礼乐、经权、义利、鬼神、佛老"25 个范畴进行剥茧抽丝。

对这些基本命题与概念的实质内涵与意义的理解是对理学思想学习的重要步骤，同时也是实践道德规范的重要前提。在理学被高唱的时代，特别是南宋中后期，理学思想影子投射于儿童启蒙教材中实属势所必然。以朱熹为代表的理学家，编著了一批理学类的童蒙教材，见下表 13。

表 13　宋代理学类蒙学著作表

序列	书名/篇名	作者	语言形式	内容大要	著录/版本
1	《性理字训》①	程端蒙 程若庸	四言	阐释理学基本范畴与概念命题，共分六门：造化、情性、学力、善恶、成德、治德。	《养蒙大训》本
2	《伊洛精义》	王柏	四言	介绍理学精义，解释理学中"太极""阴""阳""气""性""道""德""伦"等抽象名词。	《养蒙大训》本
3	《圣门事业图》	李元纲	图文	图解性理知识，包括传道正统、大本达道，进修伦类、为学之序、存心要法、求仁捷径、聚散常理、传心密旨、一气通感、帅气良方和心性本体等 11 张图。	《编修励守谦家藏》本
4	《训蒙绝句》	朱熹	七言绝句	以《四书》中词组或语句为诗名，并借此阐发理学概念与性命义理之学，约 100 首。	《养蒙九种》本
5	《感兴诗》	朱熹	五言韵语	熊大年将二诗附于《训蒙诗》后，蔡模与刘爚分别为其作跋并认为其以理为诗，阐发性理难奥知识，二者相为表里，是辅助理学知识学习的重要读物。	《养蒙大训》本
6	《武夷棹歌》		七言		

---

① 宋人程端蒙编撰三十条，程若庸增至一百三十三条，明人朱升增一条，共计一百三十四条。

续表

序列	书名/篇名	作者	语言形式	内容大要	著录/版本
7	《训蒙理诗》	饶鲁	五言韵语	叙述基本性理知识，分为七部分：天地、日月、四时、八节、五行、人物、人伦。	《养蒙大训》本
8	《此日不再得示学者》	杨时	五言古风	附《训蒙理诗》后，于含云寺书斋勉励倦怠的学生。	《养蒙大训》本
9	《程子四箴》	程颐	四言	分为四部分："非礼勿视""非礼勿听""非礼勿言""非礼勿动"。	《童蒙必读书》本
10	《敬斋箴》	朱熹	四言韵语	教导儿童衣冠、容貌、言行举止、为人处世要"敬"。	《童蒙必读书》本
11	《心箴》	范浚	四言韵语	主张正心、修身，视听言动皆由心支配。	《童蒙必读书》本
12	《近思录》	朱熹吕祖谦	散文体	集北宋周敦颐、二程、张载之言论，分道体、为学、致知、存养、克治、家道、出处、治体、治法、政事、教学、警戒、辨别异端、总论圣贤等。	《古调粹编》本
13	《朱子读书法》	张洪齐熙	散文体	朱子的读书方法，共六条：循序渐进、熟读精思、虚心涵泳、切己体察、着紧用力、居敬持志。	民国刻本

就表 13 所示，笔者认为这些书目不一定专为儿童所设，对初入理学门者更为适用。因现代重要蒙学书目中均有收录，本书根据实际情况有所选择。对上表分析如下：

第一，从其内容上看，主要有以下几种类型：一是理学基本命题、概念的阐释。如《性理字训》《伊洛精义》《圣门事业图》《训蒙绝句》《训蒙理诗》等。二是理学要义及理学修身之法的阐释，如《近思录》《程子四箴》《敬斋箴》《心箴》等。三是其他如《感兴诗》《武夷棹歌》《观书有感》《此日不再得》

等，元代熊大年将其纳入《养蒙大训》，虽然也反映出与理学相关的内容，但并不显著，姑且列入。

第二，从形式上看，基本属于对偶或韵语形式，多为四言，亦有五言与七言，也有散文体。书目篇幅上除《近思录》（不属于专门蒙学读物）与《训蒙诗百首》较长之外，其他相对简短。要注意的是，《圣门事业图》以"图文并茂"形式向初学者传授理学知识，若配合理学专用书，激发读者兴趣，教学效果更佳。

其实理学类童蒙读物与道德类读物的区分也不是很严格，本身理学的探究内容与伦理道德相关，这里主要侧重为"理学特征"较明显的抽象义理、概念方面论著。针对理学类读物与上文部分道德类教材，我们总结以下几点：

一是不论是晦涩难懂的理学命题或概念，抑或深奥繁杂的理学大义，就儿童心理特点与其知识的累积程度，进入理学领域实质上较为困难。以朱熹为代表的理学家将理学知识化繁为简，将深邃的理学宇宙观、自然观、人生观分解成便于记诵与流传的诗句，读之琅琅上口，简单明了，为其后期进入理学正统书目的学习提供了基础。

二是理学类的读本不仅适用于儿童启蒙，也适应于初入理学之道的成年人。实质上，笔者认为可能更适合成年初学者。故此，此类蒙学读本对象的成人化，一定程度上意味着理学的传播范围扩大，不论其初衷是否如此。理学思想通过这些蒙学类读物（包括道德类与理学类以及后面的经学类）渗透到社会教化中，制定伦理规范，涵养道德习惯，培植道德情操，并用以指导社会生活似乎成为可能。不论结果如何，理学家们自觉推动理学影响社会的责任意识值得肯定。

然而，这类童蒙教材也存在一定问题。它们相对于流传较广的"三、百、千"而言，虽然形式上也采用了对仗或押韵，也不同于纯粹说教篇目，但毕竟是以宣扬理学基本概念与思想为基点。天理、人欲、纲常、修身、养性等内容，与"人之初，性本善"相较，显然枯燥晦暗。即使经过了简化，也不能为所有年龄段的儿童所接受。故而笔者认为这类读物如果以蒙童为对象，那么处于大龄期的儿童更适合成为阅读群体。不论是被动灌输还是自觉学习，这类教材都成为宋代童蒙教材（抑或是古代蒙学读物）中一道特别亮丽的风景线。在宋代理学家参与童蒙读物编写影响下，元明清学者如骖之有靳，编著了一系列理学化浓厚的蒙学读本。

五、经学类蒙学著作

经学是中国传统学术中的显学，儒家经典一直是中国启蒙教学中的重要读本。然而，以儒学经典书目为基础，专门撰写蒙学读物，并将其施之于启蒙教学，则是宋代以后的事。在众多现代蒙学读物的分类中，只有徐梓强调了经学类的蒙学读物，他认为此类读物主要分为两类：一是将儒家经书作为整体进行粗略介绍，二是详尽介绍某一经书。事实上，在实际的启蒙教育中，它们运用得并不是特别普遍。《书目答问》对清人檀萃的《仪礼韵言》有段评价：

> 通行本《仪礼》难读，因之乡塾遂不知有此经。檀氏此编，约取经义节次，编为四言韵语，注解明白。童蒙于未读经典之先，令熟此编，他日读《仪礼》亦较易，即不读亦知梗概矣。岂不胜于读村书《杂字》、《百家姓》万万耶！①

由此可见，这类读物为今后正统儒家经典学习打下基础，更何况对于参加科举考试（其内容主要是以儒家经典为核心）的儿童来说，事先了解、熟知儒学原典并非完全没有益处。故而，这类读物不能完全忽略，详见表 14。

表 14 宋代经学类蒙学著作表

序列	书名 / 篇目名	作者	语言形式	内容大要	著录 / 版本
1	《九经对语》	佚名	韵语	使用集句法，即从九经中摘录原句未增减，从宋代流行。	《宋史·艺文志》（已佚）
2	《仕途经史类对》	僧道蒙	四言韵语	共 8 卷，编集经书与史籍中故事。	《宋史·艺文志》（已佚）
3	《子史语对拾遗》	佚名	对偶	集诸子典籍与史书，编以韵语。	《宋史·艺文志》（已佚）
4	《刊误孝经》	朱熹	语录体	将《古文孝经》分为经 1 章，传 14 章，删减 220 字经文。	《养蒙大训》本

---

① 张之洞编，范希曾补正，孙文泱增订：《增订书目答问补正》附一别录目《童蒙幼学各书》，中华书局 2011 年版，第 567 页。

续表

序列	书名/篇目名	作者	语言形式	内容大要	著录/版本
5	《春秋蒙求》	王邹彦	蒙求体	将《春秋》内容改编成蒙求体。	《宋史·艺文志》（已佚）
6	《左氏纲领》	文济道	蒙求体	对《春秋左传》进行提纲挈领。	《宋史·艺文志》（已佚）
7	《左氏蒙求》	王舜俞	蒙求体	《郡斋读书志》认为其过于《左氏纲领》。	《宋史·艺文志》（已佚）
8	《左氏广诲蒙》	李浹	—	—	《宋史·艺文志》（已佚）
9	《班左诲蒙》	程俱	散文	对《汉书》与《左传》每一条目进行释意。	《宋史·艺文志》（已佚）
10	《东莱左氏博议》	吕祖谦	散文	选《左传》66篇进行分析，"为诸生课试之作"，颇有真知灼见。	《四库全书》本
11	《易童子问》	欧阳修	问答式	采用与童子问答形式，《系辞》、《文言》、《说卦》而下皆非圣人所作，是《周易》考辨之作。	《欧阳文忠公全集》
12	《易学启蒙》	朱熹	散文	阐发周易九图的哲学意义。	《朱子全书》
13	《论语训蒙口义》	朱熹	—	—	《朱子全书》只存序（已佚）
14	《论语小学》	薛季宣	—	通解论语字义。	《国史·经籍志》（已佚）
15	《论语记蒙》	陈耆卿	—	—	《宋史·艺文志》（已佚）
16	《孟子记蒙》	陈耆卿	—	—	《宋史·艺文志》（已佚）
17	《训蒙正谬》	计子真	—	"同郡计子真乃能勤学好问，随事订正，不肯浮沉俗嗜。岁有所纂辑，命其书曰《训蒙正谬》，将以传之子孙"。	《鹤山集》卷五十五（已佚）
18	《课历》	许氏	—	经史子集诗文编条。	《碧梧玩芳集》卷一五（已佚）

表14所录的经学类的蒙学读物，主要围绕儒家经书的解读与改编，如《春

秋》《周易》《论语》《孟子》，采用类似对语、押韵、对偶等方式。由于绝大部分的著作原文已经散佚，只能通过书目或序、跋略窥一二。如程俱在《班左诲蒙》自序中表明其著此书的目的："以谓成学之士当易而哂之，髫齓之童将以一二诲之，则或有取焉。"①就程氏所言，成人学者认为以"诲蒙"目的的注释书过于简易而不受重视，对于"髫齓之童"或许更有益处。值得注意的是，所谓"启蒙"不一定单指儿童初学启蒙，就有限的资料来看，可能更多倾向于成人学习经典入门。虽然篇目名称有"童子""启蒙""训蒙""记蒙""诲蒙"等字眼，因亡佚较多无法辨识，但就现存的《易童子问》《易学启蒙》《东莱左氏博议》等可知其对象并非只为蒙童初学者所用（或许处于儿童中年龄较大者）。其中使用"蒙求"体或其他韵语、对偶等形式对经诗子集内容的改编，一定程度上对初学者（包括儿童与成年人）学习经典有帮助。元代戴表元为同时代吴化龙所著《春秋蒙求》一书作《序》有言："惟《左氏传》，自其少时即已精熟，盖尝取义对偶之相洽者，韵为蒙求，以便学者。余读之如，斲泥之斤，鸣镝之射，百发百返而不少差。"②宋代有同名书，不知其效果是否如此。

　　总之，经学类的童蒙读物在各类现代蒙学研究者中尚未成为一个普遍的门类（除徐梓外），或者说儒家经书本是当时社会受教育者必读书目，故而无需单列。况且"蒙"这些字眼以"经书"作为判断的二重标准的话，其读本数不胜数，也非仅此表所列。事实上，大部分儒家经书本不太适用毫无经学知识基础的儿童，因为这些著作并非为儿童所著。宋代儿童的经学教育除了直接阅读原著外，以及上述有经学启蒙书外，还渗透于其他读物中。比如《小学》一书搜录原典来源于"十三经、十七史"，《小学诗礼》等对《礼记》中《少仪》《内则》《曲礼》的改编，《训蒙诗百首》实际是对"四书"的诗歌化解读。

六、历史类蒙学著作

　　从数量上而言，历史类的蒙学著作并不在伦理道德类著作之下，二者皆是传统蒙学读物的大宗。中国历史悠久，有文字记载即达四千余年，内容繁杂，

① 程俱：《班左诲蒙序》，载曾枣庄主编：《宋代序跋全编》卷二二，齐鲁书社2015年版，第588页。
② 戴表元：《左氏蒙求序》，载李修生编：《全元文》卷四一六，江苏古籍出版社1998年版，第92页。

儿童学习起来颇费时间。历史中诸多掌故知识和人物典型事迹对儿童颇具教育与启发意义，故而将此类知识编写成适合儿童阅读的读本则显得十分重要。这类教材大量出现是从宋代开始，并且在当时达到较高的水平，宋之后更为盛行。它们数量众多，形式多样，有通史、断代史；有古代史、当代史；体裁丰富，有蒙求体、韵语体、千字文体。当然这些教材中亦渗透着伦理道德的思想与理学色彩。总之，它们是卷帙浩繁的中国史籍的一个缩影，这也反映了宋代史学的重大成就。本书从宋代"史抄""史评""编年"中择拣一些历史蒙学读本，见表15。①

表15　宋代历史类蒙学著作表

序列	书名/篇目名	作者	语言形式	内容大要	著录/版本
1	《历代诗》	杨简	五言七言韵诗	从三皇五帝至宋的主要人物和事件的简述，共计19首。	《慈湖遗书》卷六
2	《叙古千文》	胡寅	四言韵语	从上古至宋历史，共1000字。	中华书局
3	《史学提要》	黄继善	四言韵语	以帝王世系人时间轴，交错各类历史人物和事件。	《小四书》本
4	《小学史断》	南宫靖一	散文体	从周平王到五代史事，并择拣《读史管见》《说斋讲义》《通鉴》《程朱语录》《吕祖谦集》等书中论断。	《四库全书》本
5	《十七史蒙求》	王令	蒙求体	基于《史记》《新五代史》《宋史》，每句记录一则历史人物故事，其中夹杂《左传》《国语》等内容。	岳麓书社
6	《史咏集》	徐钧	—	摘录《资质通鉴》中关于君相事实人为，共计1530首。	宛委别藏本

---

① 关于历史类蒙学读本的选要标准，此章开头已论述，这里再重申一下。大部分是参考了张志公与徐梓"蒙学目录"。徐梓在编此目时认为因原书所存不多，目录学中记载亦不翔实，故而"今只能从'史抄''史评''编年'中选拣一些。其中固然多'滥'的成分，但或许'缺'得更多"。参见徐梓、王雪梅编：《蒙学要义》，山西教育出版社1991年版，第279页。

续表

序列	书名/篇目名	作者	语言形式	内容大要	著录/版本
7	《历代纪元赋》	杨备	赋	从汉至五代正统年号作赋1首，另有宋颂4章。	《四库全书》本
8	《历代纪年》	晁公迈	—	从尧舜到北宋年号、国号、僭据附藩镇、盗贼外夷、总录年号，共计10卷。	北京图书馆
9	《历代统纪》	章宴①	四言韵语	从三皇到南宋末的史实。	《宋史·艺文志》（已佚）
10	《历代备览》	何澹	—	—	《宋史·艺文志》（已佚）
11	《历代年号》	李昉	—	—	《宋史·艺文志》（已佚）
12	《金陵六朝帝王统纪》	杭晔	—	三国至隋朝的南方的六个朝代的总括。	《宋史·艺文志》（已佚）
13	《历代帝王纂要谱括》	孙应符	—	简叙历代帝王代帝王世系、年号、岁数及其贤否。	《述古堂书目》（已佚）
14	《诸史撮要》	沈越	—	—	《绛云楼书目》（已佚）
15	《叙古蒙求》	胡宏	蒙求体	从羲农至五代周之事，共计33章。	《郡斋读书志》（已佚）
16	《历代蒙求》	郑德舆	蒙求体	从伏羲以至大宋事类。	《宋史·艺文志》（已佚）
17	《羲宋》	陈氏	—	伏羲至赵宋之历史。	《安雅堂集》
18	《敏求机要》	刘芳实 刘茂实	七言	以历代故实编为歌括，包括历代帝王、历代圣贤群辅，诸子，官制沿革、文武制度、法禁，经书、历史、天文、律吕，地理山泽、纲常、德行、道；物产、服食、器用等，共16卷。	《千顷堂书目》（已佚）

① 《续文献通考》认为作者是陈著。

续表

序列	书名/篇目名	作者	语言形式	内容大要	著录/版本
19	《通鉴韵语》	黄日新	韵语	以《资质通鉴》为底本改编。	《宋史·艺文志》（已佚）
20	《西汉蒙求》	侯彦明	蒙求体	以《汉书》为底本改编。	《宋史·艺文志》（已佚）
21	《两汉蒙求》	刘珏[①]	蒙求体	断取两汉史实。	永乐大典本（已佚）
22	《汉臣蒙求》	—	蒙求体	汉代大臣之掌故。	《宋史·艺文志》（已佚）
23	《三国蒙求》	—	蒙求体	三国史事。	《宋史·艺文志》（已佚）
24	《晋史属辞》	戴迅	蒙求体	晋代史事。	《直斋书录解题》（已佚）
25	《南史摭实韵句》	—	韵语	南朝史事。	《宋史·艺文志》（已佚）
26	《南北史蒙求》	戴迅	蒙求体	南北朝史事。	《国史·经籍志》（已佚）
27	《庐陵蒙求》	胡谦	蒙求体	—	《缘督集》（已佚）
28	《五代纂要赋》	—	赋	五代史事。	《宋史·艺文志》（已佚）
29	《唐史属辞》	程鹏	蒙求体	唐代史事。	《直斋书录解题》（已佚）
30	《国史对韵》	范镇	韵语	从宋太祖到北宋仁宗，择取可作为规矩借鉴者，共12卷。	《郡斋读书志》（已佚）
31	《国朝撮要》	—	括要	宋代史事。	《宋史·艺文志》（已佚）
32	《宋蒙求》	范镇	蒙求体	宋代史事	《国史经籍志》（已佚）

---

① 一说为刘班。

续表

序列	书名/篇目名	作者	语言形式	内容大要	著录/版本
33	《圣宋蒙求》	徐子复	蒙求体	从太祖建隆至神宗熙宁年的六位皇帝间的历史，共6卷。	《楳野集》卷十（已佚）
34	《李翰蒙求补注》	徐子光	—	对李翰《蒙求》注解。	《宋史·艺文志》（已佚）
35	《事类蒙求》	黎献	蒙求体	取经史子集与《埤雅》（训诂书）、小说、释老之言。	《国史·经籍志》（已佚）

上表所列书目或篇目大部分散佚，现存全文或片断为杨简《历代诗》、胡寅《叙古千文》、黄继善《史学提要》、南宫靖一《小学史断》、王令《十七史蒙求》、徐钧《史咏集》、杨备《历代纪元赋》、晁公迈《历代纪年》。其他只能通过篇名和序、跋得知其体裁或内容，特别是断代史因流传不广，多亡佚。我们试图分析上表：

第一，从历史年代来看，分为两类：一是通史，如《历代统纪》《历代备览》《诸史撮要》《羲宋》《叙古蒙求》等。二是断代史，春秋史最多，如《春秋蒙求》《左氏蒙求》《两汉蒙求》《三国蒙求》《南北史蒙求》《五代纂要赋》。其中有古代史即宋之前，也有当代史指宋代，如《宋蒙求》《圣宋蒙求》《国朝撮要》等。第二，从历史书目体裁上而言，首先以蒙求体为主，这与唐代李瀚的《蒙求》相关，宋人徐子光还对其进行了补注，同时代王殷范、邵舒津对其进行了续编成《续蒙求》、洪迈《次李翰蒙求》、叶才老《和李翰蒙求》（上表未列出）。其次为韵对类，蒙求体本就含在内，如《历代统纪》《国史对韵》《南史撮实韵句》等。再次是散文体，如《历代帝王纂要谱括》《诸史撮要》《国朝撮要》等形式。《历代纪元赋》的"赋"类也是其一，还有《叙古千文》的"千字文"体。第三，从其内容上而言，主要以历史人物和事件为核心，还有如年号、国号、帝王世系等。

宋代编写历史类蒙学读物或说以蒙求体编写的原因是什么呢？徐元杰在《题圣宋蒙求后》说得极为明确，他说：

> 若夫国史之《会要》，名臣之言行，与夫《长编》《系年》之类……然窃慨夫藏书之家未必观，无书可藏者不及观，幼而学之者又未容以骤观。至于士习之专意举业者，又不过掇拾事类以便搜阅而已……学者苟未暇读《长编》，能求此读之，犹愈于已，是岂可以《蒙求》为童习之书而忽之哉！

不然，泛泛悠悠，望洋传记，困蒙而吝，童习而荒，有书不如无书，虽多亦奚以为？①

由上观之，原因大概有以下两点：一是方便幼童或成年人学习历史知识，中国古代历史悠久，一般史书篇幅较长，别说宋代以前之历史，就宋代当朝历史，《宋会要》《续资质通鉴长编》《建炎以来系年要录》三本书，时人观之皆少，其内容繁杂，对于成人皆艰难，何况对蒙童呢？故而韵语类历史读物方便时人阅读历史。杨万里为黄日新《通鉴韵语》一书作序，指出史籍阅读之困难，他说：

司马文正公《资治通鉴》之书，学者读之，孰不有席卷篇帙，包举事辞，囊括百代，并吞千载之心。然其涯也浩，则其记览也艰，其绪也纷，则其诵数也苦，此学者通病也。②

第二个原因是当世学子对历史知识的涉猎主要围绕科举考试，"掇拾事类"以便作文时搜阅，故而学子历史知识水平不高。不论宋代科举考试如何改革，其基本的参考书目是儒家经典，核心的内容为儒家经义，故而学生自幼专以经书为务，学生知识日趋狭隘。宋人朱弁举了当时读书人历史知识缺乏的例子：

尝言臣于元丰初差对读举人试卷，其程文中或有云"古有董仲舒，不知何代人"，当时传者莫不以为笑。此与定陵时省试，举子于帘前上请云："尧、舜是一事，是两事"绝相类，亦可怪也。③

朱氏所举的两例或许十分极端，但它们反映了当时学子的历史水平。明人曹学佺对范镇所编《国史对韵》简介中称"景仁悯诸后学，虽涉书传而问以今代典故，则懵然不知，乃自太祖开基迄于仁宗朝，摭取事实可为规矩鉴戒者，

---

① 徐元杰：《题〈圣宋蒙求〉后》，载曾枣庄主编：《宋代序跋全编》卷一八七，齐鲁书社2015年版，第5332—5333页。

② 杨万里：《杨万里集笺校》卷八一《通鉴韵语序》，辛更儒笺校，中华书局2007年版，第3291页。

③ 朱弁：《曲洧旧闻》卷三《举人不知董仲舒》，孔凡礼点校，中华书局2002年版，第116页。

用韵编次之即此书也"①。宋代部分学子汲汲于科章词句，对于历史知识、人物掌故等也围绕科举进行选择性学习，闹出了不少笑话。为了促使学子自幼能系统学习历史知识，故而编写此类书籍。以上是宋代学者编写历史类蒙学读物的两个主要原因。

既然本章的内容设定为"伦理性"的蒙学教材，这里介绍历史类是何缘故？就总体上而言，中国经史子集充斥着伦理道德，这一点无需多言，所谓"经以载道，史以载事"，道与事是同一件事。历史类教材固然能提高历史知识水平，但其中无不渗透着伦理说教与道德品评。如王献可在《十七史蒙求序》所言"其间圣君、贤相、忠臣、义士、文人、武夫、孝子、烈妇功业事实以类纂集"②，编纂集合的历史人物，本身是儒家正统道德评价观念"过滤"后的结果，他们是历史筛选出的道德典范，是孩童学习的道德榜样。再举一例，南宫靖一自序《小学史断》将其编辑此书的原则讲得极为明白，他说：

> 余读史，抚卷而叹，因与儿辈论之，取先儒之说与前史之文，其合于道者收焉，离于道者削焉，区区一得之说，亦窃附其间，题之曰《小学史断》，亦欲使儿辈读不差其所向云。③

南宫靖一认为历史内容或"收"或"削"的标准为是否符合"道"，此"道"为儒家之伦理之道，更是将历史中的"道学"思想溢于言表。

《叙古千文》大概是宋代历史类蒙学读物中影响力最大的一本，它的作者胡寅本是理学家，编写蒙学读物时传播理学思想实属正常。开篇即是"太和氤氲，二仪肇分。清浊奠位，乾坤为门"④，一股浓浓的理学气息扑面而来，其文还有对理学家业绩的褒扬与对佛道批判等，鼓励儿童学习理学的意图也昭然若揭。此书流传至今与理学大家朱熹的大力推广相关，朱子曾对其评价：

---

① 曹学伶：《蜀中广记》卷九二，《四库全书》本，第1059页。
② 王献可：《〈十七史蒙求〉序》，载曾枣庄主编：《宋代序跋全编》卷一五，齐鲁书社2015年版，第380页。
③ 南宫靖一：《〈小学史断〉序》，载曾枣庄主编：《宋代序跋全编》卷五六，齐鲁书社2015年版，第1508页。
④ 胡寅：《叙古千文》，岳麓书社2006年版，第65页。

其叙事立言，昭示法戒，实有《春秋》经世之志。至于发明大统，开示正途，则又于卒章深致意焉，新学小童朝夕讽之而问其义，亦足以养正于蒙矣。①

朱熹认为此书竟有《春秋》之志，虽不免有些夸大，这在一定程度上也表现了理学家在扩大理学思想影响所作的努力，也深刻影响了蒙学教育领域。

七、韵对类蒙学著作

儿童在集中识字后，开始学习伦理道德类读物，阅读正统儒家"四书五经"的同时，也读些诗歌。在诗歌阅读过程中学习作属对与韵对，并且增加语言、音韵知识，这也是蒙学教育的重要内容。诗歌韵对类教材一般是对前人所著诗歌的编类合集，仅从书名或许无法显现其蒙学性质。这类教材具有复合蒙学教育功能，既能帮助蒙童识字、写诗、作对，亦能通过有趣的形式对其进行伦理道德教育，培养道德情操。具体书目如下表16。

表16　宋代诗歌、韵对类蒙学著作表

序列	书名／篇目名	作者	内容大要	著录／版本
1	《诗韵大成》	胡继宗	又称《增广事吟料诗韵集大成》，是"类书"，附于宋人毛直方《诗学大成》中。该书由事对与诗联构成，共31门528事。	《中国古籍善本书目》
2	《训蒙省题诗》	周子益	用于儿童省题诗训练，省题诗是唐宋时，尚书省举行考试时所作的试帖诗。	《诚斋集》卷八三（已佚）
3	《王状元集注分类东坡诗》	王十朋集，刘辰翁评注	将苏轼诗集分为78个主题，搜集百家之注释，化繁为简，共25卷。	《百川书志》（已佚）

① 朱熹:《跋〈叙古千文〉》，载曾枣庄主编:《宋代序跋全编》卷一五一，齐鲁书社2015年版，第4315页。

续表

序列	书名/篇目名	作者	内容大要	著录/版本
4	《后村千家诗》	刘克庄	选取500余位唐宋诗人，选诗歌1000余首。主题有时令、节候、气候、昼夜、百花、竹木、天文、地理、宫室、器用、音乐、禽兽、昆虫、人品等14类。	《楝亭十二种》本
5	《千字诗》	谢枋得	现存书目共收录唐宋诗人227首，七言绝句95首，七言律诗48首，五言绝句39首，五言律诗45首。其中谢氏所编143首，后84首为清人王相所选。	《四库全书》本
6	《神童诗》	汪洙	全篇为五言绝句，共35首，《劝学》为15首，其他如忠君爱国4首，时令节气20首，非皆出自汪氏之手。	上海文华书局
7	《曾神童对属》	曾子戬	作者曾中童子科，专门用于教授写属对之书。	《缘督集》卷一八（已佚）
8	《群书类句》	叶仪凤	在方龟年《群书新语》（汇集六经传记百家之言，字句分门为类）基础上，将其编成五字到九字对偶，共751门。	《直斋书录解题》（已佚）
9	《群书类句》	詹光大	大抵与上同，分为1500门。	《续文献通考》（已佚）

据表16所示，韵对类蒙学教材其与儿童学习作诗、作属对、作文相关，分为两个步骤：

第一步读诗。上表基本属于选取前人诗集而后分类完成，主要集中于唐代与宋代的诗人。如王十朋的《王状元集注分类东坡诗》、刘克庄《后村千家诗》与谢枋得《千家诗》[①]皆是此类。孔子言"不学诗，无以言"（《论语·季氏》），诗歌教育是宋代启蒙教育中重要内容。这类教材选材标准是什么呢？笔者认为有四点：一是思想内容健康，即其内容符合时代需求。换言之，符合时代正统

---

① 可参见傅刚：《略说〈千家诗〉》，载《学林漫录》第15辑，中华书局2001年版，第204—208页。

价值观念，其中亦有伦理道德、规范训诫类。二是内容与儿童日常生活密切相关。既有普及知识作用，又能陶冶情操，如时令气候、百花竹木、器用昆虫等。三是语言优美，琅琅上口，古奥或拙劣者皆不符合蒙童所学。四是诗选数量篇幅要合适，过长过短皆不行。《神童诗》（35首）过短，刘克庄《后村千家诗》（1000余首）则过长，谢枋得《千家诗》（140余首）较合适。综上所述，选诗标准可用四个字概括，即简、短、好、正。

第二步学作诗，分为作属对与作韵对。属对，通俗说即"作对子"，这是古代文化知识学习的必备"技能"之一，它是作诗、作赋、作骈体文以及作科举考试的"八股文"的基础。作为一项基本功，它需要从小训练与培养，故而，这是古代启蒙教育中不可或缺的环节。具体而言，作对子就是把两句缀成对偶，名词对名词、动词对动词，词的品性还须相近。它是一项严格的工作，但对于蒙童而言，若纯粹授之实字虚字、死活句眼或四声平仄等，效果不会十分理想。因此，经学者删减过的诗选名对，让他们熟背，打下基础，以便运用，不失为一项好的方法。如《曾神童对属》则是针对蒙童作属对之作，宋代著作流传可考并不多，元代《对类》、明代《时古对类》、清代《千金裘》等则较有影响力。学会基本作属对之后，蒙童还需要学习将属对与声韵结合起来，即既要学会对偶，又要学习押韵。宋代此类读物可考的也并不多，但后世如元代《声律启蒙》、明代的《训蒙骈句》《声律发蒙》、清代的《笠翁对韵》可参考。这类教材中不乏专为儿童以后进入科举准备的"省题诗"类型，如周子益的《训蒙省题诗》。

不论读诗，或者作诗，某种意义上而言，皆是为今后的作文、作诗，参加科举考试打基础。除此，它们对儿童道德品性、道德情操上培养亦有效果。第一，诗歌中蕴含伦理教化内容，其切于纲常伦理，符合当世时代道德观。如《神童诗》其主要内容为宣扬"万般皆下品，惟有读书高"[1]的读书获功名思想，但于劝学立志而言也无不道理，如"自小多才学，平生志气高；别人怀宝剑，我有笔如刀"[2]，"古有千文义，须知学后通；圣贤俱间出，以此发蒙童"[3]等。第二，诗歌类教材能激发儿童学习兴趣，同时培养儿童情操。儿童识字后即开始阅读，倘若一开始读经书，会挫其兴致。诗歌正好能启发想象力，开阔视野，培养语

---

① 汪洙：《神童诗》，载韩锡铎主编：《中华蒙学集成》，辽宁出版社1993年版，第42页。
② 汪洙：《神童诗》，载韩锡铎主编：《中华蒙学集成》，辽宁出版社1993年版，第42页。
③ 汪洙：《神童诗》，载韩锡铎主编：《中华蒙学集成》，辽宁出版社1993年版，第42页。

感。尤其是诗歌语言多精练，字词优美，结构严密。我们以谢氏《千家诗》为例，其有《春宵》《元日》《清明》《社日》《七夕》《中秋》《冬至》等传统节日，有《春夜》《霜月》《寒夜》《秋月》《冬景》等四季美景，亦有《海棠》《梅花》《新竹》等常见花木，这些无不具有培养儿童道德情操的功用。①

总之，诗歌作为启蒙教育教材，具有复合功能，既能加强识字能力，辅助学诗、作对、写文的作用，还能学习与日常生活紧密联系的名物知识，亦能帮助领会传统伦理道德观念，徜徉在优美的诗词世界中感受其中的美景、美物，以达到培养审美情趣之目的。

八、写作类蒙学著作

儿童在有一定读写基础训练后，进入阅读训练和作属对、作文训练。上文已述作对，针对阅读与作文教学，古文选注评点则是较为重要的教材。虽然文选非滥觞于宋代，然而专门为初学者阅读与写作编选，且有注释点评，篇幅也非很长的读物，则是自宋代开始大量出现。宋代以下，此种选编之风一直盛行，比如清中叶出现的《古文观止》《古文释义》《古文笔法百篇》，皆是受宋代文选之影响。

表 17　宋代写作类蒙学著作表

序列	书名/篇目名	作者	内容大要	著录/版本
1	《古文关键》	吕祖谦	选自唐宋八大家文章，共 60 余篇，其中以韩愈（14 篇）为最多。点评简略，旁注关键词句，夹注标明掌故出处等。	《四库全书》本
2	《文章正宗》	真德秀	选录《左传》《国语》至唐末文章，分为辞令、议论、叙事、诗歌四类；续集至北宋末，仅叙事与议论两类。每段原文间有评注，共有 987 篇。	《四库全书》本
3	《崇古文诀》	楼昉	选辑秦汉至宋代之文，篇目完备，每篇文前评语，言简意赅，发明特尤精，共 200 余篇	《四库全书》本

---

① 谢枋得、王相等编：《千家诗》，王岩峻、赵娟、姜剑云注析，山西古籍出版社 2003 年版。

序列	书名/篇目名	作者	内容大要	著录/版本
4	《文章轨范》	谢枋得	选取从汉至宋15位文人之著，韩愈居半；前二卷为"放胆文"，后5卷为"小心文"，并批注圈点，共69篇。	《四库全书》本
5	《论学绳尺》	魏应天撰林子长注	收录南宋科场130位举子论文，共计156篇，有笺注、批注、点评。	《四库全书》本
6	《大学新编黼藻文章百段锦》	方颐孙	搜录从汉至唐宋20位名家论文章，共计100余篇，宋人文章居多；教授文章作法技巧，如造句格、遣文格、用事格等，每格又列外目，每目下选一至数篇文章进行点评。	《四库全书》本
7	《古文传灯》	朱熹		《存诚堂》刊（已佚）

　　就表17所列的文选而言，其收录了古文（宋前）与时文（宋代），单从文章本身来看，难度超过了一般儿童所能接受之范围，故而收入童蒙教材似乎有些不妥当。然而，蒙馆私塾确实也使用这类教材，毕竟很多蒙童将来要踏上写科举之"程式化"文章道路。此类文选在宋代大量产生，明清"程文墨卷"更是数不胜数。当然，其中固然有编著好坏，此处选辑适合初学者的文选，其标准如下：一是通贯历代，二是篇幅不长。

　　就其篇幅而言，以《文章正宗》987篇为最多，这类选本过于庞大，显然不太适合蒙童直接阅读，一般是塾师从中挑选若干篇供学生使用。100篇以下者，如《文章轨范》、《古文关键》（60余篇），塾师选用此类读本较多。然而往往又嫌其过少，可能再会从其他选本中挑选。100篇至300篇之间者，如《崇古文诀》（200余篇）、《论学绳尺》（150余篇）、《大学新编黼藻文章百段锦》（100篇）。按张志公所言，这类篇幅的文选最受师生欢迎。

　　就所选文章及其年代来看，从秦汉到宋皆有，以《崇古文诀》《文章轨范》《文章正宗》为代表，《古文关键》与《大学新编黼藻文章百段锦》以唐宋为主，《王状元集注唐文类》专论唐代，《论学绳尺》专论南宋。总体而言，以唐宋文人著录为最多，其中韩愈文章最受欢迎，原因大致与年代相近相关，亦受唐中叶至宋初所倡古文运动之影响。

　　就选文的标注而言，大部分以简略点评为主，或一至数条旁注或夹注。但亦有特别详细，如《论学绳尺》，有笺注、批注、点评等，这类选集的出现，主要是为了教导学子如何写一篇符合要求（基本的语法、逻辑）的文章，有点类似现代"名家点评"选著，其最终目的在于科举大业，试举几例：

（《崇古文诀》）凡其用意之精深，立言之警拔，皆探索而表章之，盖昔人所以为文之法备矣。①

（《文章轨范》）标揭其篇章句字之法……盖古文之奥不止于是，是独为举业者设耳。②

（《论学绳尺》）且其破题、接题、小讲、大讲、入题、原题诸式，实后来八比之滥觞，亦足以见制举之文源流所自出焉。③

（《大学新编黼藻文章百段锦》）取唐宋名人之文、标其作法、分十七格。每格缀文数段、每段缀评于其下、盖当时科举之学。④

总之，"为文之法""独为举业者"乃"当时科举之学"已经是赤裸裸了，更别说直接来源于"场屋"优秀文章选集的《论学绳尺》了，它类似于现代的"高考满分作文选"，甚至被视为"八股之滥觞"。

九、博物类蒙学著作

传统蒙学读物内容包罗万象，徐梓认为传统蒙学知识体系实质是"中国古代士大夫知识结构的一个缩影"⑤。这里不仅有伦理道德、理学、经学、历史、诗歌、文选等内容，还介绍了自然名物、科学、医学等知识，虽然这类性质的蒙书不多，但亦不能忽略。表18列举了自然名物、科技知识、算术、医学等蒙学教材。

---

① 陈振孙：《迂斋先生标注〈崇古文诀〉序》，载曾枣庄主编：《宋代序跋全编》卷五四，齐鲁书社 2015 年版，第 1465 页。
② 《阳明先生集要》文章编卷一《重刊〈文章轨范〉序》，中华书局 2008 年版，第 818 页。
③ 祝尚书：《宋人总集叙录》卷八《论学绳尺》，中华书局 2004 年版，第 367 页。
④ 永瑢等：《四库全书总目》卷一九七集部五〇诗文评类《大学新编黼藻文章百段锦》，中华书局 1965 年版，第 1798 页。
⑤ 徐梓：《蒙学读物的历史透视》，武湖北教育出版社 1996 年版，第 223 页。

表 18　宋代博物类蒙学著作表

序列	书名/篇名	作者	语言形式	内容大要	著录/版本
1	《小学绀珠》	王应麟	散文体	以数为纲，如三达尊、三策等，内容极为丰富，包括天道、律历、地理、人伦、性理、人事、艺文、历代、圣贤、名臣、氏族、职官、治道、制度、器用（饮食）、儆戒、动植等 17 个门类，共 10 卷。	《玉海》
2	《名物蒙求》	方逢辰	蒙求体	介绍自然和社会知识，从天文地理、鸟兽花草、日用器物，至社会与家庭关系名称等，共 680 句。	《小四书》本
3	《州名急就章》	欧阳修	四言七言	利用"急就"体，介绍当时州名与地理知识。	《欧阳文忠公集》卷五八
4	《发蒙算经》	谢察微	—	主要介绍算术中用字，大小数名、度量衡单位，九章名义或一般算术名词的例义。	《宋史·艺文志》（已佚）
5	《历代名医蒙求》	周守忠	蒙求体	记录从三皇到宋代的名医以药愈疾、救死扶伤、妙手回春之事 200 余件。	上海古籍出版社
6	《卫生歌》	真德秀	七言	从人之心、形、神、气讨论养生长寿之道。明代周履靖编集，此书作为唐代孙思邈《卫生歌》续集。	《穀诒汇》卷一二
7	《书言故事大全》	胡继宗	—	介绍常用的典故与成语中所涵括的故事为主，以十二干支为序，分为 12 集，共有 225 类，包举颇广，有天文、时令、地理等知识。	上海古籍出版社

　　就表 18 所示，博物类蒙学著作主要包括两类：一是通识类，即包含自然、日常生活、社会等各类知识，以《小学绀珠》和《名物蒙求》为代表，天文地理、饮食器用、治道制度、人伦性理、圣贤名臣、飞禽走兽等无所不包。二是分类知识。

如地理类知识《州名急就章》，专门介绍州名与基本地理常识。算术类知识《发蒙算经》（已佚），明代陈耀文《天中记》存有片断，可供参考："问云'度，度之起，起于何？'答曰：'度之起，起于忽，忽是神虫口中吐丝名也。十忽为一丝，十丝为一毫'。"① 不知是否为儿童所用，但为初学算术者掌握基本算术用语、定义等大有益处。另有医学类，如介绍名医故事的《历代名医蒙求》，涉及养生的《卫生歌》，由于真氏之作收入众多现代蒙学读物列表，故将此列入。

虽然本书所列的博物类蒙学著作并不多，但值得一提的是，宋代不论是在何领域都十分关注儿童教育。上文有些作者生平虽无从考证，但大抵是本领域内有些成就或从事教育的工作者。比如方逢辰是状元，专以授徒讲学为业；谢察微作《算经》，首次使用"算盘"用语；周守忠是医学大家，著有《类篆诸家养生至宝》等书。这在宋以前是少有的现象。虽然由于种种原因，诸多书籍并没有流传下来，甚至在书目中都未曾有身影，但它们对后世的影响是长远的。元、明、清的大部分教材在此基础上进行了改编、续扩或重新按体例编著等，比如元末明初王祎作《急就章》三种（《禹贡山川名急就章》《诗草木鸟兽名急就章》《周官官名急就章》），元代朱世杰著《算学启蒙》，清代徐继高著《算学歌略》等。

针对上述宋代蒙学读物的八大类，我们对其特点和历史贡献做几点总结。在之前，我们先看现代学者对宋代蒙学教材地位的评价。一则来自张志公先生：

> 宋代继唐代的道路，又有了新的发展，从宋到元，基本上完成了一套蒙学体系，产生了大批新的蒙书，这套体系和教材，成为此后蒙学的基础。宋元以下，可以说只有较小的发展和补充，再没有很大的变动。②

另一则来自苗春德：

> 自北宋以后，蒙养教材就有了分门专写的倾向，产生了大批新的蒙书。并且内容更为丰富，形式更为多样化，无论是数量上，还是质量上，都比以前有所提高，基本上形成了一套蒙学教材体系。③

---

① 陈耀文：《天中记》卷四一《数》，《四库全书》本，第1597页。
② 张志公：《传统语文教育教材论——暨蒙学书目和书影》，中华书局2013年版，导言第9页。
③ 苗春德：《宋代教育》，河南大学出版社1992年版，第136页。

就上述所言，宋代童蒙教材的贡献在于形成了古代童蒙教材的基本体系，它具有承前启后之历史作用。元明清三代，虽然有补充与发展，亦是受益于宋代开创的蒙学教材体系。宋人为对儿童进行启蒙教育所编写的各种教材究竟有何特点呢？

第一，蒙学教材种类丰富，有专门化分类趋势。早在两千年前，古人即注重编写儿童教材，但主要围绕识字，如《史籀篇》《仓颉篇》等。《急就篇》是流传至今的汉代识字教育读本。魏晋南北朝、隋唐时期蒙童教材种类逐渐增多，但偏向综合性，即识字教育、道德伦理、历史知识结合起来，如《千字文》《蒙求》等，专门性的教材或读本尚未定型。至北宋，蒙养教育读本有了专门化编写的趋势，产生了大量的新的内容或新题材读本，内容愈发丰富，种类愈发齐全，伦理道德、理学知识、历史知识、博物类知识、诗歌韵对、写作逐渐发展，天地山川、名物典章、历法算术、医学科技等知识体系逐渐形成。蒙学教材的编写形式多种多样，多以对偶、韵语等简短形式，符合儿童诵读的心理特点，如蒙求体、千字文体、歌诀体，一般的语录型、格言诗型，甚至有图文对照形式等。

从古代书目所著录的蒙学读物来看，根据四部分类法则，其中一部分在"经部"的"小学类"，主要用于识字教育的书本；一部分在"子部"的"儒家类"，这一般是伦理性教材；另在"子部"的"类书类"，一般是综合性的读物。就此分类而言，宋代的蒙学著作皆含在内。无论数量抑或质量，宋代蒙学书籍都超越前代，大体上形成了一套较为完整的蒙学教材体系。

宋代蒙学著作以已有教材为基础，对其内容和形式进行改造、创新和发展，适应了新的时代发展需求。这与宋代的经济、政治、文化等发展密切相关，特别是教育制度的"平民化"，使得教育不再限于贵胄之家儿童，一般工农商家庭出身的幼童亦有追求文化知识的资格。故而，针对不同阶层的受教育者的学习需求，不同种类的蒙学读物大量涌现。当然，造成这种发展局面原因众多，无论如何，蒙学教材繁荣发展是不争的事实。

第二，伦理道德性教材的逐渐增多。从整个中国蒙学教育发展来看，我们虽然不能狭隘地将蒙学教育归为伦理道德教育，但其核心内容是为了传播儒家道德观念、伦理价值，这点毫无疑问。由于本书的立论点为"伦理教育"，故此类教材是我们关注的重点，而宋代学者在儿童道德教育上所投入的精力比以往都要多得多。宋前虽亦有《弟子职》《太公家教》等相关道德教育课本，也有渗透道德说教和处世之道的识字课本。然而大规模、大批量的道德教育类蒙学读本的产生，自宋代才开始，特别到南宋得到了长足发展。儿童道德教材的增多，表明宋代加强了对儿童阶段的伦理道德思想教育，其中影响力较大的几乎都是理学家的著作，这与理学在南宋的长盛发展（特别是理宗执政开始）密切相关。当然，值得提出的是，此种伦理道德教育不是单纯通过专门课本来传播，它的特点在于识字、历史、博物、诗歌、文章教育中无不渗透着道德教化和性理知识。总之，宋代蒙学道德教育思想贯穿于各类蒙学著作中。

大批传播性理知识与伦理道德思想的蒙学教材在南宋的产生，在整个中国古代教育史上亦是值得注意的现象。一方面，它促使儿童更早接触儒学经典，不论是对自身修养磨炼或参加科举考试都有裨益；另一方面，其形式上更接近于"语录体"，与便于儿童记诵的韵语类教材有所区别。故而，此类课本虽在官方正统教育中具有较高地位，但在实际儿童教学中，其普及率并不高，后文将重点论述。

第三，宋代著名学者参与编写蒙学教材。就宋以前编写儿童启蒙教材的"人物"身份来看，其地位并不如宋代编著者。我们试举几例：《千字文》作者周兴嗣，曾是员外散骑侍郎；《蒙求》作者李翰，曾任唐玄宗仓参军；《太公家教》作者为唐村落间老校书；《兔园册府》作者为虞世南，曾担任唐太宗太子中舍人。他们大抵为当时社会有学问之人，但他们并非著名学者，也绝非居政治高位之人，他们甚至只是村落谋生的失意士人，著书不过是为了教育家中小儿或私塾幼童。

反观宋代，大批著名学者，如理学家吕本中、吕祖谦、朱熹、陈淳、真德秀，史学家楼昉，大诗人刘克庄，经史学家王应麟与王日休等，纷纷加入编写儿童教育读本的行列。扛起这面大旗的是以朱熹为代表的"理学家"，朱熹在《题小学》中表述其作《小学》这本童蒙读本的原因，大抵是为了补充当时小学教育理念之缺失，为进入大学阶段学习打下基础，最终服务于他自身道德教化理论体系。其道德教化的基点在于"存天理、去人欲"，与其成人后费力剥除，不如在童蒙时将其扼杀，从根基处抑制私欲。儒家学说实质上就是关于教化的学说，它的最终目的在于化民成俗，也就是使人们养成良好的道德习惯，自觉地接受儒家的伦理规范并体现在日常生活之中，以形成良好的社会风气。

由于这批"大人物"的参与，蒙学读物的质量不仅得到基本的保证与提高，而且借助他们的威望，吸引了社会人士对蒙学读物与蒙童教育的重视，不会因其"浅陋"或"鄙俚"而付之一哂、嗤之以鼻。大批学者为儿童编写教材，这是宋前不曾发生的现象，对后世也产生了深远影响，一批史载人物纷纷加入到编写蒙学著作的队伍中来。元代的许衡、程端礼、刘因，明代吕得胜、吕坤、王守仁、方孝孺、袁了凡，清代的陆世仪、张履祥、张伯行、陈宏谋、李渔、车万育等人，甚至民国时期的章太炎等也亲自参与编写蒙学课本。

第二节　家训蒙学教育著作的伦理释读

　　家庭教育是蒙学教育的重要组成部分，它是处于个人教育的最初始、最基础、最重要的阶段。即在儿童"习与智长、化与心成"之时，对其进行道德教育、习惯养成、品质培养，待其成长后为人处世有诸多裨益。家庭教育的载体是家训，严格意义上讲，家训并不属于蒙学教材①，但其主要以家族子弟为教育对象，虽然没有区分年龄，作为蒙学教育的参考书亦无妨。中国自古就极为重视家庭教育，甚至将家庭的盛衰与子孙的贤愚联系起来。

　　中国古代家训自五帝开始萌芽，西周产生，两汉成形，隋唐成熟，宋元繁荣，清代鼎盛转衰落。宋代是中国古代家训发展的历史高峰时段，家训专著是宋前任何朝代都无法超越的。宋代家训资料卷帙浩繁，思想内容广博，涵括领域广泛，训诫对象众多。我们选取相关家训作为童蒙教育读本有两个标准：一是与主要教育子弟（尽可能是儿童）为对象，由于论著中并未明确指出区分年龄，故而选取与家庭蒙童所能处理人伦关系、家庭事务之道的内容；二是与道德训诫联系较为密切的资料，诸如"治生"原则等不予参考。

一、家训蒙学专著

　　家训主要以"训"为体，还有以"仪""范""制""法"命名的著作，用以规范子弟日常行为。根据家训体例不同可分为以下两类：一是篇幅较长、内容完整系统的专著类；二是篇幅较短、内容单一的散文、诗歌类型。专著类家训内容比较全面，其涵括如孝亲敬长、睦亲齐家、励志勉学、谨言慎行、亲善远恶、和睦乡邻等内容，见表19。

---

① 郑阿财对敦煌蒙书分类时，将家训视为德行类的一种。具体参见郑阿财、朱凤玉：《敦煌蒙书研究》，甘肃教育出版社2002版，第8页。

表 19　宋代家训蒙学著作表（专著篇）

序列	书名	作者	内容大要	著录/版本
1	《苏氏家谱》	苏洵	包括族谱、后录上下篇、《大宗谱法》和《苏氏族谱亭记》。	《苏洵全集》嘉祐集卷一四
2	《袁氏世范》	袁采	共分睦亲、处己、治家三类，每类有若干条，共计 200 余条，叙述家庭人伦关系处理，治家之道、为人处世之则等。	《养正丛编》本
3	《温公家范》	司马光	摘录儒家经典，按人伦关系排列：祖、父、母、子女、孙、伯叔父、侄、兄弟、姑姊妹、夫、妻、舅甥、舅、姑、妇、妾、乳母等之 19 篇，简述如何处理伦理关系、治家规范、修身处事。	明万历七年刻本
4	《涑水家仪》	司马光	共 20 则，卷一为表奏、公文、私书等写作要点之外，其他针对《仪礼》冠、昏、丧、祭四礼进行简化与调整，用于家庭实践。	《五种遗规》本
5	《石林家训》	叶梦得	阐述个人修身、为人处世、读书治言、治家之道等，共计 12 条。	《石林遗书》本
6	《石林治生家训要略》	叶梦得	主要论述家庭治生的重要性、原则和方法，共计 14 条。	《石林遗书》本
7	《家训笔录》	赵鼎	论述祖父辈与自身仕宦经历，关于品德教育与道德规诫，家族内部事务处理和治生。	《丛书集成初编》社会科学类
8	《放翁家训》	陆游	论述家族家风与学风，劝子为善、读书立志等。	《水东日记》本
9	《陆氏家制》	陆九韶	分为两部分，《居家正本》为道德训诫，《居家制用》为家庭经济管理、致用之道。	《训俗遗规》本
10	《陆氏家规》	陆九韶	规定饮食、接待宾客、晨礼等家庭规范。	《鹤林玉露》卷五

续表

序列	书名	作者	内容大要	著录/版本
11	《戒子通录》	刘清之	现存第一部家训总集,搜集从先秦到两宋的家训其 171 篇,父训 136 篇、母训 35 篇。每篇前有小注或作者生平或写作背景。但编排杂乱,过于冗杂。	《四库全书》本
12	《训儿录》	曹洪	共 18 条,叙述为人处世、治家教子之道。	《曹氏传芳录》本
13	《经鉏堂杂志》	倪思	包括时政轶事、修身养性、治家教子、为官处事等内容,多是其随感杂想,共计 300 余条。	明万历二十八年刻本
14	《续家训》	董正功	对《颜氏家训》增续。	《续四库全书》本
15	《魏公谭训》	苏象先	追述其祖父苏颂生言行与平素之教诲,收录包括家世、家学、行己、师友、知人、善言等 26 个主题。	《全宋笔记》本
16	《省心杂言》	李邦献	教导立身、治家、处事等,共收录 228 条。	《全宋笔记》
17	《家政集》	王十朋	分为本祖、继志、奉母、夫妇、兄弟 5 篇。	《王十朋全集》
18	《家礼》	朱熹	分通礼、冠礼、婚礼、丧礼和祭礼五部分,对日常生活中相关礼事活动所需的程序、器用、陈设等简化规定。	《朱子全书》本
19	《家范》	吕祖谦	关于宗法、婚礼、葬仪、祭礼、学规、官箴六部分,其《学规》有关于道德教育、惩处性条例等。	《吕祖谦全集》
20	《纪先训》	杨简	以格言警句形式,论述作者个人生经验与生平感悟,与为修身治家之要相关,共计 200 余条。	《慈湖遗书》卷一七
21	《集事诗鉴》	方昕	搜集古代史籍中关于各种可供学习效仿的楷模事迹,共计 30 则,先辑录原文,夹杂评论,后用七言绝句作诗。	知不足斋丛书
22	《文正遗训》	王旦	家庭成员应当遵循的行为规范与家庭仪节,共计 27 条。	《宋元学案补遗》

专著类的家训相对单篇散文和诗歌类的家训而言，篇幅较长，内容较为系统和完整。根据专著性质可分为两类：一是根据先祖或自生经历所阐发的为人处世与持家治生之道，大部分的专著类皆属这种性质。二是"家训集体"式，即将诸多他人家训或家教理念集合成篇。《戒子通录》是我国第一部家训总集，它搜集了宋代 39 位名人家训，其中包括《童蒙训》与《少仪外传》。每篇文前均有小注与作者生平介绍，现代家训目录中，通常将其单篇录出，表 20 主要根据其目录编成。司马光《温公家范》也是这一类形式，与《戒子通录》不同的是，它以家庭人伦关系为主线，如祖、父、母、子女、孙、伯叔父、侄、兄弟、姑姊妹、夫、妻等，从儒家经典中摘录相关原文。还有《集事诗鉴》从古代经史子集中搜集可供效仿的道德楷模事迹以鼓励子弟。

专著类按内容可分三类：一是家规类，即家族成员应遵守的如治家做人等规范，列之以条目事项形式，具有较高的强制性。如赵鼎《家训笔录》、王旦的《文正遗训》、陆九韶《陆氏家规》等。二是家仪类，家族成员应遵守的日常起居及冠、婚、丧、祭等礼节、仪式，具有一般强制性。如宋代司马光的《涑水家仪》、朱熹的《家礼》。三是家诚类，对家庭成员的一般教诫，强调劝谕和训诫，基本不具有强制性，大部分的家训专著，包括表 20 的家训书信与家庭训诫诗皆是此类。这三种类型的家训，占主导地位的是家诚类。

二、家训蒙学散文、诗歌

散文式或诗歌类家训，篇幅较短，主要以训诫、劝导为主。由于其简短精练，涉及内容比较单薄，特别是训诫诗类，大多为随性而发，具有较强的个人情感色彩。就目前现存的家训书集中的单篇篇目，据笔者统计发现大多出自《戒子通录》一书，本书以《四库全书》本为底本，将其中篇幅甚短，或只有寥寥数语以及与儿童训诫不相符合的篇目删去，再补充常见的家训篇目形成表 20。

表 20　宋代家训蒙学著作表（散文、诗歌篇）

序列	篇名	作者	序列	篇名	作者
1	《戒子孙》	邵雍	18	《家庭谈训》	梁焘
2	《为学十戒》	陈师德	19	《孝义篇》	唐子滂
3	《遗训》	胡瑗	20	《皇考戒》	柳开

续表

序列	篇名	作者	序列	篇名	作者
4	《遗令》	张浚	21	《戒子孙》	贾昌朝
5	《戒从子诗》	范质	22	《告诸子及弟侄》	范仲淹
6	《献与兄书》	晏殊	23	《戒子弟言》	范纯仁
7	《戒子侄诗》	韩琦	24	《与子寅书》	胡安国
8	《示子》《与十二侄》	欧阳修	25	《教子语》	家颐
9	《与子书》	韩亿	26	《示子辞》	何耕
10	《名二子说》	苏洵	27	《包孝肃公家训》	包拯
11	《训子孙文》	司马光	28	《朱子训子帖》	朱熹
12	《戒子弟言》	王旦	29	《教子学父》	欧阳修之母
13	《家训》	杨亿	30	《示孙文》（诗歌）	李光
14	《家诫》	江端友	31	《示秬秸》	张耒
15	《庭戒》	宋祁	32	《教子孙读书》	郑侠
16	《家戒》	黄庭坚	33	《寄小儿》	李觏
17	《训子孙诗》《与侄千之书》《与侄孙元老书》《与侄书》《付迈》	苏轼	34	《五更读书示子》《示元礼》《冬夜读书示子聿》两首《示儿》《示儿敏》《病中示儿辈》	陆游

　　散文式的家训也有内容相对完整、篇幅较长的类型，如范质《戒从子诗》、司马光《训子孙文》、宋祁《庭戒》、柳开《皇考戒》、贾昌朝《戒子孙》等，这类篇目流传较广。此类家训中包括一种家庭书信形式，一般是长辈写给晚辈的信件，家信一般围绕日常生活事情展开训导，故而更具实用性。

　　诗歌类家训从唐代开始流行，主要与唐诗的发展相关，以诗歌形式来训诫子孙大概是时代推进的产物。它的特点是用简短精练的形式、琅琅上口的语言，使枯燥或严肃的家长训导转向具有生动性、丰富情感的诗句规劝与勉励，或许更能有效达到预期训导和诲诫之目的。其内容大多为立志、修身、勉学以及家族人伦关系处理。可以说，家训诗是极好的训蒙材料，然其数量众多，不能一一列举。比如南宋诗人陆游热衷于撰写家训诗，据今人对其所作 930 余首诗的统计与分析，其中有 140 多首与对子孙道德教诲相关。① 钱钟书于《谈艺录》提及陆游诗有二"痴事"，其一即"好誉儿"。②

不论是散文式或诗歌类的家训，训诫色彩相对而言不像专著形式那般古板严肃，极具个人情感色彩。综观家训类童蒙教材，主要内容有两项：一是为人处世，二是齐家治业，即和"做人"与"治家"相关的规范和准则，其包括作者自身的实际人生经验与其全部的学术思想。这两方面内容都涉及伦理道德内涵，一是道德教育，二是道德修养。

家训类作为童蒙教育的载体之一，其具有两点优势：一是可操作性强。虽然家训中不乏枯燥严肃的理论说教，但其中大部分论著将道德说教通俗化、日常化，特别是诗训类，使之更切合儿童生活本身，具有可操作性。家规类以条目形式将训导事项一一列之，并附有违规的惩罚条款；家仪类是家庭成员日常所需实践的基本礼仪；家诫类更是结合自身的实际生活经验所提炼出的人生规劝。有些家训书甚至比童蒙书更明白切要，更适合训蒙实际。如有学者将司马光的《涑水家仪》《温公家范》分别与朱熹《小学》作对比，前者"堪与《小学》并传"③，后者"似较《小学》更切于日用"。二是社会化程度高。一般而言，家训著作只限于家族或家庭内部，具有较强的排他性。原本是依据家庭结构进行的道德规诫与劝导，在传播与使用过程中，表现出了普遍适用性，从而脱离家族内部，具有了社会影响力。多种童蒙教育读本即来自家训，如《童蒙训》《少仪外传》《教子斋规》《家山图书》等都是极好的证明。

从宽泛意义上看，凡与童蒙道德教育相关的书籍皆可纳入蒙学教材，然经史子集卷帙浩繁，无穷无尽，又如乡约、劝农文、圣谕文、劝善书，甚至小说等著作皆涉及童蒙道德教育，因其对象过于泛化，此不赘述，本书第五章将有详论。

---

① 刘欣：《宋代家训研究》，云南大学博士学位论文 2010 年，第 113 页。
② 钱钟书：《谈艺录》，中华书局 1984 年版，第 132 页。
③ 陈宏谋辑：《五种遗规》，线装书局 2015 年版，第 159 页。

第三章

价值依托：宋代蒙学教育的伦理目的与原则

宋代蒙童教育的目的与前代相比发生了转变，主要从科举与道德两条路线展开。从中央选拔人才的角度来看，科举制度为国家输送了大批符合统治需求的士人，其考试内容与程序决定了启蒙教育的重点。从宋代家庭角度来看，科举入仕是维持或提高家庭社会与政治地位的重要途径，幼儿自小背负着通过读书应举为官的重大责任。然而，一批学者反对蒙学科举化或功利化倾向，他们编著了大量的道德教材，提倡蒙童伦理道德教育，试图在蒙童阶段打造"圣贤坯璞"。围绕蒙学教育的目的，宋代学者提出了诸多蒙学教育原则，主要有及时教育原则、激发兴趣原则、循序渐进原则、严宽相持原则和道德榜样原则。它们互相配合，为宋代儿童启蒙教育提供了有效的手段与方法。

第一节 蒙学教育的伦理目的

蒙学教育的目的指明了蒙童学习的基本方向。本节立足三个角度论述：一是从国家政治选才角度，促使蒙童自幼围绕科举考试基本内容开展学习。二是从家族利益出发，光宗耀祖、光耀门楣是宋代蒙童背负的重要职责，以勤苦读书、参加科举、登第入仕为基本教育路线。三是以打造圣贤坯模为目的。前两种目的是围绕科举展开，使蒙童自幼沉浸于科章辞句中，忽略了其德行培养与情操熏陶，故而宋代学者对此进行了批判并提出加强蒙童的道德教育的第三种目的。这三种教育目的并非绝对矛盾，"圣贤"之径与"利禄"之道亦不绝对冲突，问题在于平衡二者之间的关系。

一、政治选才：济世

政治选才，即为朝廷输送人才之意，人才选拔的重要方式之一是科举制度。科举制度兴于隋唐，至宋代得到长足的发展与完善。宋代科举制度在人才选拔上，相较于隋唐，有三个更为吸引人的优势。

一是参加科举考试人员的资格门槛降低。总体上而言，宋代科举向全社会各阶层人士开放，不论是官宦之家、书香门第，还是力田之家，甚至是工商杂类，亦有资格参加，这在宋前几乎是无法想象的。孙国栋对《旧唐书》与《宋史》所录取的"举人"身份进行了对比分析，见表21。

表21 《旧唐书》与《宋史》所载举人身份对比表 [1]

时间段	举人总数（人）	阶层分析（人数/比例）		
		名族公卿	中等家庭	寒族
唐肃宗至唐末（756—903）	301	229（76.4%）	441（14.3%）	28（9.3%）
宋太祖至宋钦宗（960—1127）	632	81（13.0%）	182（28.6%）	369（58.4%）

由表21可知，中唐至唐末的录取人数仅为整个北宋的一半，数量悬殊。录

---

[1] 孙国栋：《唐宋史论丛》，中华书局2010年版，第337页。

取人员为名族公卿的比率由 76.4% 下降至 13.0%，可以说贵族家庭进入仕途的比率直线下降，中等家庭子弟中举比率上升了近一倍。其中最引人注目的是寒族录取比率，由 9.3% 上升至 58.4%，这是飞跃式的上升。经过唐末及五代一百多年的变化，唐与南北朝高门大族实力日趋消解，至北宋几乎消失殆尽。孙国栋总结：唐代以大族世胄为政治与社会中坚力量，五代以军校或行伍出身寒人为核心，而北宋则以科举上达贫寒子弟为中坚。这是其一。①

其二，科举取士人数增加。宋代科举录取的人数亦十分惊人，虽然关于跨越三百余年的两宋究竟有多少人登第，尚不清楚。据今人张希清不完全统计：两宋科举取士约 11542 人，平均每年取士 361 人，年平均数约为唐代的 5 倍、元代的 30 倍、明代的 4 倍、清代的 3.4 倍。② 若数据可靠的话，宋代科举录取人数为自科举制度实施以来人数最多的朝代，用"空前绝后"形容亦不为过。

其三，授官比例增加。科举考试在宋之前仅是一种为官的资格考试，至宋则成为直接任官考试。升迁速度快于恩荫，特别是进士高科，可用"飞黄腾达"形容。仁宗朝举行了 13 次科举，录取进士 4570 人，"其甲第之三人，凡三十有九，其后不至公卿者，五人而已"③。另据统计，《宋史宰辅表》133 名宰相中，科举出身达 123 名之多，高官比例达至 92%。

总之，相较唐代，宋代科举的"低门槛""高录取率""入仕快""授官高"对当时社会之人，特别是普通家庭和贫寒家庭的父母与子弟而言，诱惑力是巨大的。这也是统治者为吸引政治人才设定的手段，事实证明这种手段极为有效。欧阳修认为宋代科举制度是相当公正，对此他有如下评价：

> 窃以国家取士之制，比于前世，最号至公。盖累圣留心，讲求曲尽，以谓王者无外，天下一家，故不问东西南北之人，尽聚诸路贡士，混合为

---

① 孙国栋：《唐宋史论丛》，中华书局 2010 年版，第 337 页。

② 北宋贡举（包括徽宗朝上舍贡士）共开科考试 81 榜，其所取士有具体数字记载者为：正奏名进士 19595 人，诸科 16366 人，合计 35961 人；特奏名进士、诸科合计 16035 人；正、特奏名总计为 51996 人。南宋贡举开科取士共有 49 榜，其登科人数，有具体数字记载者为：正奏名进士 23198 人（含新科明法 2 人）；特奏名进士 19087 人，共计 42285 人。具体参见张希清：《论宋代科举取士之多与冗官问题》，《北京大学学报（哲学与社会科学版）》1987 年第 5 期，第 107–118 页。

③ 《宋史》卷一五五《选举一》

一，而惟材是择。又糊名誊录而考之，使主司莫知为何方之人，谁氏之子，不得有所憎爱薄厚于其间。①

科举制度对社会影响至深，一方面它是统治者为选取符合他们标准与需求的人才之手段；另一方面，社会上下为了能入仕，几乎皆要经过科举之路（虽然亦有恩荫制度，但他们所授官职较低，不受重视，且升迁较慢，即使有恩荫机会的子弟，亦更愿意通过科举入仕）。当全社会笼罩在科举氛围中，可以毫不夸张地说，教育的目的无不是围绕它展开。事实上，这正是统治者选才目的的体现。

童子举便是科举制度对于蒙学教育的影响结果之一。"童子科"起于汉代，宋宁宗前此科未成为定制。一是对童子科考试的年龄规定。宋真宗时规定如下："凡童子十五岁以下，能通经作诗赋，州升诸朝，而天子亲试之。"② 一般而言，十五岁以下儿童皆可参加童子举，看起来似乎向全社会开放。事实上，周愚文对两宋参加童子举考试的儿童的家庭成分作了统计分析，他们基本出身于官宦之家。由此可知，并不是所有儿童都有资格参加这项考试，它需要从小接受经义、诗赋的学习，只有具备相当条件的家庭才能赋予儿童这种机会。二是童子举的考试内容。童子科本身不是定制，其内容亦无具体规定，一般为背诵经书，真宗时加入诗赋，高宗时诵读范围除了经书之外，还增加了史、子、集。宋孝宗淳熙八年（1181）的规定较为具体，见表22：

表22　南宋孝宗淳熙八年（1181）"童子科"覆试等级表③

等级	考试要求	奖励
上等	一是能诵书："六经"、《孝经》、《论语》、《孟子》；二是能解经文："六经"经义三道、《论语》、《孟子》义各一道；三是作赋一道、作诗一首（二、三选其一）。	推恩入仕
中等	一是能诵书；二是通一经。	免文解④ 两次
下等	只能诵书。	免文解一次
不合格		赐帛

---

① 欧阳修：《欧阳修全集》卷一一三《论逐路取人札子》，李逸安点校，中华书局2001年版，第1716页。

② 《宋史》卷一五六《选举二》

③ 《宗史》卷一五六《选举二》

④ 不需经过乡试，直接参加中央考试。

将童子的实际能力分为三等，具有一定的合理性，其奖励也十分吸引人。宋代童子科考试内容主要有三项：一是诵读经、史、子、集，主要有"六经"、《孝经》、《论语》、《孟子》；二是通达经义，即对经或书有所理解，知晓其文义；三是作赋或诗。虽然宋代科举考试内容屡次变动，但总体上离不开四项内容：一是经义，二是诗赋，三是策，四是论。由童子科考试内容观之，它是围绕一般科举考试展开的，这点毫无疑问。对于儿童而言，策论可能难度比较大，不适合用于童子举。

总之，童子举作为一种特科，且无定制，因时而异，时罢时起。录取人数十分有限，又因其门槛之高，童子科并不适合广大普通民众子弟。童子科的出现原因诸多，其一，应是提早选拔适合统治要求的儿童，类似于"人才储备"；其二，大概是为了加强儿童读书求仕的理想信念，为科举考试"造势"。总之，童子科的设立是统治者选拔有利于国家治理的人才在启蒙教育中的映现。

笼罩在科举制度氛围中的蒙学教育之目的不得不受其影响。首先，蒙童读物中渗透出浓烈的科举求仕的功名利禄观。比如真宗《劝学篇》中"千钟粟""黄金屋""颜如玉"皆可从读书入仕此条路径而得到。再如《神童诗》中"满朝朱贵紫，尽是读书人""万般皆下品，惟有读书高"的标语更是诱惑蒙童参加科举。当然，这类"标语"本身强调读书的重要性并无可指责，但自幼灌输此类功利化思想，只是一味追求科举中第后的风光，对懵懂的学童而言，总不是件有益之事。宋代政府动员全社会人员通过科举改变命运，掀起了社会读书求功名之风，为广大读书人开启了"求学—科举—入仕"的人生模式。统治者利用科举制度将读书人笼络起来，比如"殿试"则成为皇帝之门生，何来反抗与动乱呢？这大概是统治者所期望之场景，宋代内部政治结构的高度稳定，不能不说与科举制度相关。

其次，蒙童学在校所学的课程或考试科目内容基本围绕科举考试展开。宋仁宗至和元年（1054），由府学教授、学官等颁布的《京兆府小学规》为例：

> 教授每日讲说经书三两纸，授诸生所诵经书文句音义，题所学书字样，出所课诗赋题目，撰所对属诗句，择所记故事。[1]

---

[1] 王昶：《金石萃编》卷一三四《京兆府小学规》，清嘉庆十年刻同治钱宝传等补修本，第 2019 页。

由上可知，教师教授之内容有：一是说解经书，并详解经书文辞、章句、读音、涵义；二是学写字；三是学诗、作赋、作属对；四是记故事。经义与诗赋学习是策论之前提，所授之内容无疑是围绕述科举考试设定。再如宋徽宗政和四年（1114）京师小学即规定小学考试内容：

> 能通经为文者为上；日诵本经二百字、《论语》或《孟子》一百字以上为中；若本经一百字、《论语》或《孟子》五十字者为下……①

这与上述孝宗童子举考试内容有点类似，也不知是否借鉴于此段，这里的考试内容主要是以"经"书为主的诵读或理解，这与科举考试以儒家经典为中心的方向是一致的。总之，为了满足统治者选拔人才的标准，参与其设定的招士程式，有一部分童蒙们在接受一般的启蒙识字教育之后，不论进入官办或私办学校中，授学与课业内容均围绕科举考试展开。

最后，专门为童蒙编著科举考试内容的书籍。其一是经学类教材，它们虽大部分散佚，但其价值不容忽视，如用"九经"内容编成韵语的《九经对语》，《仕途经史类对》则将"科举"参考书性质表露无遗，《子史语对拾遗》《课历》均是辅助经史学习的参考书。另有专门方便经书学习的材料，如针对《左传》的《左氏蒙求》《左氏纲领》《左氏广诲蒙》，针对《论语》的《论语训蒙口义》《论语小学》，针对《孟子》的《孟子记蒙》等。其二，作诗作对类教材。自唐以来，诗赋是科举考试重要内容，应试童子很早便学习诗赋写作，尽管宋代诗赋在科举中时罢时举，但也是科举试题中"常备项"。儿童在集中识字后，学习作属对、作韵对、试写诗歌，为科举考试作准备。周子益《训蒙省题诗》、状元王十朋《王状元集注唐文类》和神童曾子载所编《曾神童对属》，都是此类作品。"省题""状元""神童"这些字眼本身即具有浓厚的科举色彩。其三，文章类教材。专门训练儿童的阅读和作文能力，编此类书的主要之目的即为举业，所选的文章中还有南宋"场屋"示范文章，一定程度上也是应和了科举市场的需求。

曾从龙曾上疏宋宁宗，将各项考试内容欲选拔的人之能力解释得极为明确，他说："国家以科目网罗天下之英隽，义以观其通经，赋以观其博古，论以观其

---

① 徐松：《宋会要辑稿·崇儒二》，刘琳等校点，上海古籍出版社2014年版，第2198页。

识，策以观其才。"①经、赋、论、策在于考察应试者的通经、博古、见识和才能。我们不禁要问，国家设置的考试内容与标准究竟是否可以选拔出真正符合统治需求的人才。如果可以，即使是蒙童教育围绕它展开，倒也无妨。

通过科举入仕后的士人能否胜任为政期间的工作，大概是检验是否符合统治需求的一种方式。刘建军指出，宋代是中国胥吏制度史上的重要时期，但产生一个奇怪现象：一方面，实际参与政务的吏员地位不如官员；但另一方面吏员"名低实高"，在基层单位，吏员的实际治理能力一般优于官员。②也就是说，很大一部分通过科举选拔的官员成为一个没有实际治理能力的群体。李弘祺对在科举考试影响下，自幼习经、赋、策论的读书人形象描述得极为精彩，也解释了他们为政实践能力差的原因：

> 在这种多重防患，注重诗文背诵的死板方法之下，考生自然被窒碍压迫到显出又呆板、又木讷的样子。而因为专意读书，把人生最富学习能力的青年时代都花在背书及习声律之上，因此这些人常常是对世事十分融阔，身无长技的标准"读书人"。③

通过科举考试选拔的人才纵然不全是无用之人，以诗赋工而为名臣、经义通而为硕学者不乏其人，虽一部分不尽如人意，但不能一竿子打翻。按《中国教育通史》的观点来看，能否选拔出人才在于清明的政治制度与敦厚的社会风气，对此我们不具体展开。④统治者按此法选拔纵然与稳定社会相关，科举取士是"皇帝对天下读书人的政治收购"。对于统治者而言，这样的读书人"好用极了"，他们一生皆为仕途效力，将考试制度与仕途完全联系起来，报酬如此之高，不得不维持政治稳定，否则无生存技能。总之，依靠科举制度的政治选才的根本目的在于保证政治结构的稳定和江山社稷的安稳。

客观分析，虽然蒙学教育之目的直接与科举考试挂钩，孩童一味沉浸于辞章末节，汲汲于追求仕途利禄，弄得毫无生气与活力，入仕后为政能力也弱，确实值得我们反思。但我们也应发现，对于绝大多数的普通子弟，特别是出身

---

① 《宋史》卷四一九《传一七八》

② 刘建军：《古代中国政治制度十六讲》，上海人民出版社 2009 年版，第 198 页。

③ 李弘祺：《宋代教育散论》，东升出版事业公司 1980 年版，第 42 页。

④ 毛礼锐等：《中国教育通史》第三卷，山东教育出版社 1987 年版，第 95 页。

于贫寒家庭的孩童而言，科举考试几乎是他们唯一改变命运的出路。蒙学教育不可能生活在蓬莱仙境之中，蒙童也并非不食人间烟火，蒙学教育之目的不可能只是加强学生道德修养，有希望的前途也是蒙童勤苦读书的基本动力。

二、家族培育：耀世

宋代家庭对于儿童教育极为重视，宋代家训不论数量与质量在历代都是佼佼者。家庭教育成功与否决定着蒙童的发展前途是否光明，它更意味着家庭或家族的兴衰。故而，蒙童背负着来自家庭赋予的重大责任。梁漱溟在《中国文化要义》一文中引用其友王鸿一的观点：

> 鸟兽但知有现在，人类乃更有过去未来概念，故人生不能以现在为止……中国人则以一家之三世—祖先、本身、儿孙为三世。过去信仰，寄于祖先父母，现在安慰寄于家室和合，将来希望寄于儿孙后代。①

王氏之观点原是基于中国以道德代替宗教解决过于现在未来之事，此处用来阐释子孙的前程与家族命运的紧密结合倒也贴切。梁氏又说"中国是职业社会而不是阶级社会"，为了一家的前途而共同努力：一是他们是在共同努力中；二是所努力者，不是一己之事，而是为了老少全家，乃至为了先人为了后代；三是在他们面前都有一远景，常常在鼓励他们工作。② 这里引用王、梁二人的观点，旨在强调蒙童的个体成长与家庭或家族发展的密切关系。

故而，一般蒙童的父母无不期望其长大后可光耀门楣。对于处于上层的家族而言，希望子孙能继续保持或提升政治与社会地位；处于中下层的家庭，更是期待依靠家中童子成年后借助更多机会摆脱现状，向更高地位攀爬。这就是所谓的"望子成龙"。成"龙"的表现形式纵然许多，高尚的品节、渊博的学识、高超的手艺等，然而最耀眼、最显著的莫过于"金榜题名"，谁不向往穿"朱紫"列于天子面前呢？在科举时代，"朝为田舍郎，暮登天子堂"③并非一句空话，"金榜题名"伴随着"黄金屋"与"颜如玉"，这些都激发了全社会"向上"的力量。

---

① 梁漱溟：《中国文化要义》，上海人民出版社 2011 年版，第 85 页脚注。
② 梁漱溟：《中国文化要义》，上海人民出版社 2011 年版，第 85 页。
③ 汪洙：《神童诗》，载韩锡铎主编：《中华蒙学集成》，辽宁出版社 1993 年版，第 42 页。

这种力量对于整个家族而言影响至深，子孙尚幼时即被灌输了承担家族命运的责任意识，"科举入仕"则是大部分家庭或家族为子孙设定的基本路线。

当然这也并不意味着家长们完全否认"以德行世"的重要性，然而"十年寒窗无人问，一举成名天下知"的心态最具诱惑力。家长对子孙寄予的厚望与期盼，以光宗耀祖为旨，换取家庭的政治与社会地位的"飞跃"。例如苏颂牙齿尚未长全，即预备投身于举业，他自述"我昔就学初，髫童齿未龀……始时授章句，次第教篇韵"①，这大概是大家族教育儿孙的普遍形式。科举制度成为儿童读书入仕的唯一中介，它调动了来自不同阶级的家长，鼓励孩童投身于举业，求仕以耀祖。试举宋代家训中例子：

> 昔先猷以子弟喻芝兰玉干生于阶庭者，欲其质之美也；又谓之龙驹鸿鹄者，欲其才之俊也。质既美矣，光耀我族，才既俊矣，荣显我家……②
> 童年志于学，不敢堕箕裘。二十中甲科，赭尾化为虬。三十入翰苑，步武向瀛洲。四十登辅佐，貂冠侍冕旒。备位行一纪，将何助帝猷？③
> 退惟愚小子，未老膺旌斧，顾已胡能然，世德大门户，思为后嗣戒，永永著家矩。④

为什么说科举是最为耀祖的形式？因为最高统治者及社会给予了它鲜亮的外在形态，具体表现为金榜题名时一系列风光无限的庆典活动。家族培养子孙读书需要耗费大量的经济、时间与精神成本，这些痛苦与艰辛在"耀世"面前则显得微不足道，并得到最有力的消解。我们试看这一系列中最后的外在表现。

一是传胪大典，又称唱名赐第，它是对新科进士的极高规格的礼仪待遇。始于宋太宗雍熙二年（985），皇帝亲莅崇政殿，殿试官、省试官及宰臣等人位

---

① 苏颂：《训子孙诗》，载刘清之：《戒子通录》，《四库全书》本，第 43 页。
② 黄庭坚：《家诫》，载包东波选注：《中国历代名人家训荟萃》，安徽文艺出版社 2000 年版，第 141 页。
③ 范质：《戒从子诗》，载包东波选注：《中国历代名人家训荟萃》，安徽文艺出版社 2000 年版，第 112 页。
④ 韩琦：《戒子侄诗》，载包东波选注：《中国历代名人家训荟萃》，安徽文艺出版社 2000 年版，第 123 页。

于殿旁，军头司依次传唱在殿外等候的新科士人。① 宰相、卫兵齐声高呼，这是多么激动人心的时刻。杨万里曾如此描述过该风光的场面："殿上胪传第一声，殿前拭目万人惊。名登龙虎黄金榜，人在烟霄白玉京。"②

二是"琼林宴"。唱名后，新科进士在卫兵的引导下，向期集所参加登第人员的集宴活动，一路万众夹道观看欢呼。北宋进士出身的田况对此有如下描述："观者拥塞通衢，人摩肩不可过，锦鞯绣毂，角逐争先，至有登屋而下瞰者。"③ 甚至有人说："状元登第，虽将兵数十万，恢复幽蓟，逐强虏于穷漠，凯歌劳还，献捷太庙，其荣亦不可及也。"④ 这是描述状元登第之风光场面。

三是除唱名赐第与琼林宴之外，京师活动中还有谢恩、谒先圣先师、编登科录、刻题名碑等一系列活动。京师活动结束后，中第者就荣归故里，衣锦还乡，对于家族而言，这是莫大的荣耀。北宋初给予登第者喜报，用于归报其家乡，大约长五寸、宽二寸半的黄花笺书姓名，外套大帖，是称"泥金帖子"。北宋士人彭汝砺于中治平二年（1065）中状元，当及第的喜报送至家乡时，"太守即谕其父罢役，且以所乘马为导从，并命郡吏送之还家，乡间以为荣"⑤，真是"青春登甲科，动地闻香名"⑥。中第者归至家乡，乡亲尽贺，置酒相迎，令人艳羡，对于其家族而言这是何等之荣耀。这一切光环都是科举制度给予的，也是政府与社会舆论促成的。

宋人洪迈曾言人之四大喜，"久旱逢甘雨，他乡见故知，洞房花烛夜，金榜挂名时"⑦，其所言不虚。与登第中举者形成鲜明对比的是洪氏另四句："寡妇携儿泣，将军被敌擒，失恩宫女面，下第举子心"⑧，这表现了失意者的酸楚与痛苦。对于家族而言，他们为士子耗费了大量物质、精神和时间成本，屡次

---

① 叶梦得：《石林燕语》卷八《宇文绍奕考异》，中华书局 1984 年版，第 114 页。
② 杨万里：《杨万里集笺校》卷二二《四月十七日侍立集英殿、观进士唱名》，辛更儒笺校，中华书局 2007 年版，第 1131 页。
③ 丁传靖辑：《宋人轶事汇编》卷九，中华书局 2003 年版，第 406 页。
④ 丁传靖辑：《宋人轶事汇编》卷九，中华书局 2003 年版，第 406 页。
⑤ 朱弁：《曲洧旧闻》卷一〇《鄱阳彭器资魁天下熊伯通摧上第》，孔凡礼点校，中华书局 2002 年版，第 224 页。
⑥ 岑参：《岑嘉州诗笺注》卷一《送许子擢第归江宁拜亲因寄王大昌龄》，中华书局 2004 年版，第 15 页。
⑦ 洪迈：《容斋随笔》卷八《得意失意诗》，孔凡礼点校，中华书局 2005 年版，第 720 页。
⑧ 洪迈：《容斋随笔》卷八《得意失意诗》，孔凡礼点校，中华书局 2005 年版，第 720 页。

落第将会给他们带来莫大的耻辱，故而许多落第者回乡后闭门不出，其背后的艰辛与失落和中第的得意与欢愉形成鲜明对比。可见，举业之途是否顺畅与家族是否荣耀有着必然的联系。

中第后各种典礼与表彰活动，极大地满足了举子与家族的心理需求，而入仕为官则是收回成本的最直接方式，特别是对于普通或贫寒家庭而言，他们付出的物质与精神成本比中上阶层的家庭要更多。这种回报具体表现为丰厚的俸禄与恩荫制度。

一是宋代官员的俸禄为中国历代最高。据彭信威考证，宋代无论大官小官，与汉代相比，俸禄增长了近 10 倍；与唐代相比，亦有 2 至 6 倍的增加。[1] 汪圣铎指出宋代官中俸主要有以下几项：正式俸禄包括俸钱（料钱）、衣赐和禄粟；其他名目繁多，有钱、粮、杂物三等区别。钱币形态有添支钱、职钱、贴职钱、食钱、折食钱、茶汤钱、赁宅钱等。粮米形态有差遣添支粮、贴职添支粮、厨料米面、特支米及职田租等。杂物享受钱币、绢帛、粮食的颁给外，还有不少实物颁给，主要是羊酒茶盐薪炭纸刍藁的颁给；还有傔人衣粮和驿券的颁给。另有例赐，如郊赐、生日恩赐、初除、见辞恩赐、节序支赐、时服、赙赠；还有公使钱物与公使供给。但他亦指出宋代用于官员给养是丰厚的，然总体官员平均收入并不高，特别是中下级官员。有两类人最高：一是宰执大臣，二是高级武臣，可见俸禄厚薄与官位高低直接相关，故而这大概是入仕者千方百计向高位攀爬的主要原因之一。[2]

二是宋代官员具有一项政治特权，即恩荫制度，它是"根据皇亲贵戚、文武官员的门第或官阶，为其子孙亲属乃至门客仆人等补授官阶的一种选官制度"[3]。宋代称任子、恩荫、荫补、奏补、恩补、门荫、荫子等等。宋代恩荫名目繁多，对象范围广泛，资格限制较少。宋代一般中高级官僚可恩荫本宗五服以内的子弟，还能补外姓，甚至是门客、旧吏、医生等。一般文臣正七品、武臣从七品可大礼恩补资格，文武正八品以上，致仕荫补资格，从九品以上死于王事亦可。而唐代五品以上的官才有资格荫补，可见宋代恩荫资格范围广泛。故而，宋代恩荫补官年平均数甚至超过科举取士之数，据张希清先生估算，宋

---

① 彭信威：《中国货币史》，上海人民出版社 1958 年版，第 304 页。

② 汪圣铎：《宋代官员俸禄和其他颁给分项考析》，载中华书局编辑部：《中华同人学术论集》，中华书局 2002 年版，第 132—153 页。

③ 苗书梅：《宋代官员选任和管理制度》，河南大学出版社 1996 年版，第 54 页。

代平均每年恩荫补官者不低于 500 人，而科举取士约 361 人。① 当然，恩荫入仕补授品阶低，他们一般只能从事最低级官职，比如偏远小州县的主簿、县尉等，升迁也十分缓慢。这与宋代重用进士及第出身人，而不重用恩荫任子为官者相关，此不赘述。这里主要表明符合恩荫资格的官员家的子弟，凭借家世门第或父兄功业，仍能获得一官半职，这更加促使其通过科举取得功名，日后尚可为家族子弟谋一条生路。

从事举业显然是一项经年累月的巨大工程，没有足够的财富与坚定的意志作为支撑很难获得最后的成功。对于那些仅靠出卖劳动力维生的普通家庭子弟而言，通过读书走向仕途并借此改变社会阶层并非想象的那么容易，但不能说完全没有机会。故而家庭富裕者因其占有财富优势，在改变社会阶层上，要比既无财富又无政治优势的贫寒子弟更具"蟾宫折桂"的能力。尽管如此，也丝毫不能阻挡家长们"望子成龙"的心态，延续家族兴旺与长久是子弟所必须承担的义务和责任。

值得提出的是，不是所有家庭对蒙童的期望都停留在"富贵"层面，以德行世亦为重要。早在春秋即有人提出行世"三不朽"："立德、立功、立言"②，立"德"为不朽之首要内容。古语有言，以"道德传家"可延续十代以上，"耕读传家""诗书传家"次之，而以"富贵传家"不超过三代，可见将"道德"教育列为家庭教育的首位。宋代诸多家训，以传统礼制为道德标准的导向，以伦理关系作为行为训练的基本原则，教导子弟为人处世之道，比如孝亲敬长、勤俭持家、和亲睦邻、助人为乐等。家庭教育虽以道德教养为重要前提，但并没有因此而忽略对光宗耀祖的期待。

总之，科举考试如社会之指挥棒，几乎整个社会活动围绕其转动，世人皆对其崇拜、称道且经久不衰。科场功名与利禄提升了无数家族的经济与政治地位，转变了诸多家庭的命运。家长训蒙，不论其采用循循善诱、积极引导，或是鞭楚相加、严厉苛刻的教育方式；不论是否以中举为根本教育目的；不论是以文章辞句诗赋，还是以为人处世、治家之道为主要教育内容；他们最终的目标是希冀子孙后代延续家族兴旺与长久，能耀世群雄、光耀门楣，这些都是他们对

---

① 张希清：《论宋代科举取士之多与冗官问题》，《北京大学学报（哲学社会科学版）》1987
　　年第 5 期，第 107-118 页。

② 《左传·襄公二十四年》

子孙培养所期待的最佳回报。

三、圣贤坯模：行世

以政治选才和荣耀家族为蒙养目的皆是围绕科举展开，国家选拔人才的途径是科举，家族改变或提高社会地位依傍科举，故而统治者宣扬"朱紫贵"，这可以用"唯科举论"概括。站在不同的立场，考量不同的利益，上述的教育目的没有好坏之分，它们是社会环境的结果，是社会发展前进过程中的产物。它既是国家制度带来的，又是社会氛围给予的，科举制度在其存在的 1300 余年间，尽管受到了大量的批判，但也从未消殆过。

蒙童自识字起就抱有极高的读书热情与应举的勇气，他们在社会与家庭的鼓励与督促下竞相投身于举业，即使终身奉献于"场屋"亦不罢休。朱熹无奈地说："居今之世，使孔子复生，也不免应举，然岂能累孔子邪！"[1]针对蒙童教育的"唯科举论"倾向，有些社会人士颇为不满，特别是理学家的反应尤为"激烈"，他们毅然扛起反蒙学功利化的旗帜，宣扬童蒙教育应以"道德"为主题，以打造"圣贤坯模"为主要目的。反对幼时汲于科名功利的例子比比皆是，以下是长辈告诫子孙之语，试举几例：

> 读书意或在名利，则失圣人之意。[2]
> 欲教龆龀从师学，只恐文章误尔身。[3]
> 求师问友，急于教子弟者，始于章句，中于文彩，终于科第。所谓入孝出弟，泛爱亲仁，则懵然如冥行，岂不违吾宣圣之言乎？[4]

理学家们也立于反蒙学科举化阵营中，他们提出的问题更尖锐，同时也提出了教育小儿应以道德为重要任务：

> 古之士者自十五入学，至四十方仕，中间自有二十五年学，又无利可趋，

---

① 黎靖德编：《朱子语类》卷一三《力行》，王星贤点校，中华书局 1986 年版，第 246 页。

② 杨简：《慈湖先生遗书》卷一七《纪先训》，董平校点，浙江大学出版社 2016 年版，第 2236 页。

③ 李觏：《李觏集》卷三七《寄小儿》，王国轩点校，中华书局 2011 年版，第 446 页。

④ 李邦献：《省心杂言》，载上海师范大学古籍整理研究所编：《全宋笔记》第六编第三册，大象出版社 2013 年版，第 60 页。

则所志可知，须去趋善，便自此成德。后之人自童稚间已有汲汲趋利之意，何由得向善？①

古人小学教之以事，便自养得他心，不知不觉自好了……今人既无本领，只去理会许多闲汩董，百方措置思索，反以害心。②

自婴孩便专学缀缉，为取科名之具，至白首不休，切身义理全无一点，或有早登科第，便又专事杂文，为干求迁转之计，一生学问，全是脱空。③

由上观之，理学家对于儿童尚懵懂时就将科举之业为毕生追求的理想，将读书作为上达的重要途径表示强烈不满。"千钟粟""黄金屋""如簇车马""颜如玉"这些不过是科举制度所带来的诱惑，他们认为这些"麻沙时文册子""闲汩董"之类"虚诞之文"皆败坏儿童之本性，所以当余正叔感叹时世俗"不善教子弟"时，朱熹感叹"风俗弄得到这里，可哀"。理学家一面对当世蒙童教育目的提出批评，一面向往古之儿童教育，其主要倾向于伦理道德方面，如"先教以恭谨，不轻忽，不躐等"（吕本中）；"须去趋善，便自成德"（程颐）；"做一小学规，使人自小教之便有法"（陆九韶）；"便自养得他心，不知不觉自好"（朱熹）；等等。

宋代家庭训诫也十分注重科名之外的道德教育，本书第五章将会详细论述，这里试举几例：

子弟之职，孝弟第一，谨畏第二，俭约第三，学问第四，才名第五，干蛊第六，不坠门风第七，粗守家业第八，能训子孙第九，不伐松楸第十。④

愚谓人之爱子，但当教以孝悌忠信，所读须六经论孟，明父子、君臣、夫妇、昆弟、朋友之节，知正心、修身、齐家、治国、平天下之道。以事父母，以和兄弟，以睦族党，以交朋友；次读史，知历代兴衰，治平措置之方。⑤

吾家当行七事：好善、平直、谦虚、容物、长厚、质朴、俭约。此可

---

① 程颢、程颐：《程氏遗书》卷一五《入关语录》，华东师范大学出版社 2010 年版，第 210 页。

② 黎靖德编：《朱子语类》卷七《小学》，王星贤点校，中华书局 1986 年版，第 125 页。

③ 陈淳：《北溪字义》卷下《义利》，中华书局 1983 年版，第 56 页。

④ 倪思：《经鉏堂杂志》，邓子勉校点，辽宁教育出版社 2001 年版，第 93 页。

⑤ 陆九韶：《居家正本制用》，载包东波选注：《中国历代名人家训荟萃》，安徽文艺出版社 2000 年版，第 183 页。

以成身，可以成家，而道在其中。①

理学家与家长皆强调儿童道德教育之重要性，其教育之目的是期待儿童成为"圣人""贤者"，即使不能成为"圣贤"，亦能成为无过或寡过之人。关于儿童道德教育之目的，朱熹说得最为透彻，他认为在小学阶段需要将儿童打造成"圣贤坯璞""圣贤坯模"，使其具有"圣贤之质"，待其进入大学阶段接受成为"圣贤"的正式教育。对此，他屡次强调：

> 古者，小学已自暗养成了，到长来，已自有圣贤坯模，只就上面加光饰。如今全失了小学工夫，只得教人且把敬为主，收敛身心，却方可下工夫。②
> 古人于小学存养已熟，根基已深厚，到大学，只就上面点化出些精彩。古人自能食能言，便已教了，一岁有一岁工夫。到二十时，圣人资质已自有十分。③

在朱子看来，蒙养教育阶段主要是对儿童进行道德品质的培养、道德规范的训练、道德情操的熏陶。待其进入大学阶段学习，只需在此基础上"加些光饰"或"点化出些精彩"，即可正式迈向圣贤之道。总之，儿童阶段的道德教育是入圣之阶梯或入圣之门庭。如果说大学阶段教导如何成圣贤，那么小学阶段则是为儿童指明了成圣成贤的基本方向。

宋代蒙学教材强调蒙童教育以"入圣成贤"为目的的观点有很多，比如《童蒙训》《小学》《少仪外传》三书中记录了许多圣贤的嘉言与善行，这些无疑激励儿童以这些圣贤为榜样，激发他们向善之心。无怪乎程颐说："在多闻前古圣贤之言与行，考迹以观其用，察言以求其心，识而得之，以畜成其德。"④可见圣贤的榜样力量是巨大的。

在理学思想浸润的宋代，儿童道德修养提升、道德品质培养、道德规范训练得到了充分的重视，南宋后这一趋向更为明显。这与理学家本身所构建的道德理论体系发展相关，他们认为人性被赋予了本体自足的特性，"复性与明心见性"

---

① 杨简：《慈湖先生遗书》卷一七《纪先训》，董平校点，浙江大学出版社2016年版，第2265页。
② 黎靖德：《朱子语类》卷七《小学》，王星贤点校，中华书局1986年版，第125页。
③ 黎靖德：《朱子语类》卷七《小学》，王星贤点校，中华书局1986年版，第125页。
④ 《二程集·周易程氏传卷二》，中华书局2004年版，第828页。

成为个人修养的追求。儿童阶段是人生起始阶段，在这一阶段使儿童之本性或天性不受污染，对今后其道德发展，或向圣贤之路迈进具有重要影响。如朱熹所言："必使其讲而习之于幼稚之时，欲其习与知长、化与心成，而无扞格不胜之患也。"① 若错过最佳道德教育时期，一待成人，性情既定，再去改变则十分困难。

当然，儒家的圣人贤人设定是一种崇高的个人理想，用周敦颐的话而言那是"希圣""希贤"，此种理想并非人人所能及。综观古今之儒者，可视作圣人或贤人又有几何，尧舜、孔颜、程朱又有多少？对于天赋平庸的儿童而言，即使再多努力恐怕也难以企及圣贤。故而儒家的圣贤观只是一种社会理想，至于能否真的成为圣贤或许并不那么重要，只要相信圣贤之语皆是实语，行动以圣贤之语为标准，尊其之言语为圣典，个人生活上自是无不透露着圣贤气象。换言之，以"圣贤"作为毕生之理想，在精神上或许就是圣贤了。总之，塑造"圣贤坯模"是儒家对理想人格期望的一种表征，即使不能成为圣贤之人，退一步亦能成为"不失为寡过""不失于令名""不至于不肖""不失为端正人士"。

不论是政治选才、家族培育，还是圣贤坯模塑造的教育目的，三者之间本身并非矛盾，只是站立角度不同。科举之功名与道德之培养也非冲突，二者同时并行也无不可。如陈师德在《为学十戒》中说得极好，他说：

> 经当潜心以终身，勿作经生……科目不可不勉应，勿作举子。②

陆九韶分析科举之业与修身为孝悌者亦不冲突，他说：

> 科举之业，志在荐举登科，难莫难如此，所谓求在外者，得之有命是也。至通经知古今，修身为孝弟之人，此有何难？况既通经知古今，而应今之科举，亦无难者。又道德仁义在我，以之事君临民，皆合于义理。③

儒家"圣贤"具有积极的治世热情，然而若无政治地位，或说治世的现实力量，

---

① 朱熹：《题小学》，载朱杰人等主编：《朱子全书》第十三册，上海古籍出版社 2010 年版，第 393 页。

② 刘清之：《戒子通录》，《四库全书》本，第 44 页。

③ 陆九韶：《居家正本制用》，载包东波选注：《中国历代名人家训荟萃》，安徽文艺出版社 2000 年版，第 183 页。

若想恢复"圣贤之世"亦十分困难。位高者不一定德高,德高者也不一定位高,"德"与"位"并行势必为儒家治世的理想状态。参与宋代社会改革的范仲淹与王安石,若未参加科举考试登第,恐怕难言为皇帝所重用,又谈何改革?再观宋代其他著名学者,几乎都有功名。程颢、张载、苏轼、苏辙同时登仁宗嘉祐二年(1057)进士榜;朱熹19岁即登高宗绍兴十八年(1148)进士榜,可谓少年得意;吕祖谦于宋孝宗隆兴元年(1163)同时中博学宏词科与进士科。陆九龄和杨简为宋孝宗乾道五年(1169)进士;陆九渊为孝宗乾道八年(1172)进士;叶适为孝宗淳熙五年(1178)进士;魏了翁与真德秀为宋宁宗庆元五年(1199)进士;陈亮为光宗绍熙四年(1193)状元。

上述学者虽不能称为"圣人",但称"贤者"亦无妨,其中大部分人德行为人所称道,他们本身借助伦理道德理论欲救治人心、教化社会。然而,这并不妨碍他们参加科举,求取功名,入仕为官,一展政治抱负。他们并不直接反对科举,而是反对蒙学的过于功利化倾向。①

最后,我们用余英时的一段见解结束本节,他讲到科举制度带来的"异化"现象时说这一论断只是"针对作为社会阶层的整体而说,并不意味着每个读经之士参加考试必然为个人功利之念所驱,因而是与儒的理想绝缘的。科举制度本身在价值上是中立的,它既可以是一般经生的利禄之阶,也未尝不能成为杰出之士实现其理想的跳板"②。

---

① 比如朱熹有言:"非是科举累人,自是人累科举。若高见远识之士,读圣贤之书,据吾所见而为文以应之,得失利害置之度外,虽日日应举,亦不累也。"(见《朱子语类》卷十三《力行》)。关于反科举问题,以朱熹为例,他一面激烈反对科举取士,一面又在女婿黄榦欲弃科举时不断鼓励,可见他对科举的态度前后矛盾。日本学者近藤一成对此评价称"反而成为朱熹想以此来掩盖自己言行矛盾的隐性表现"。参见近藤一成:《宋代的士大夫与社会》——黄榦的礼世界和判词世界,载《宋元史学的基本问题》,中华书局 2010年版,第 223 页。

② 余英时:《朱熹的历史世界——宋代士大夫政治文化的研究》,生活·读书·新知三联书店 2004 年版,第 296 页。

第二节　蒙学教育的伦理原则

蒙学教育原则是训蒙伦理教育的重要保证。儿童训蒙及时教育原则最早可推至胎儿教育和乳母教育，家庭、学校、社会道德教育皆重视此原则。一味伦理灌输、道德说教并不能激发儿童学习兴趣，以童蒙教材编写角度切入，通过故事、诗歌与图文并茂三种形式，引导蒙童进入道德之域。训蒙亦遵循序渐进原则，根据儿童知识接受程度与能力，由浅至深，由易至难，达到可观的教育效果。宽严结合原则亦是训蒙的重要手段，既要有鼓舞、慈爱的柔性劝导，又要有严肃、严厉的刚性教育，协调二者关系，达到宽严相济。通过历史道德典范，激励儿童将之作为学习的楷模，而儿童周围人物的言传身教，特别是父母，向儿童传递出更有效的榜样教育力量。

一、道德训蒙及早原则

及早训蒙原则是宋代蒙童教育的重要原则之一，家庭教育、学校教育、社会教化皆围绕这个原则展开。家庭是儿童接受教育的起始点，家长秉持此原则毫无疑问。最早的家庭道德启蒙教育甚至可推到儿童尚在母亲妊娠期间，即所谓的"胎教"。古人胎教具体有哪些原则呢？

> 古人重胎教，自妇人妊子之时，谨寝食，肃视听，夜则令瞽诵诗，道正事。凡以慎所感，谓感于善则善，为生子计也。[1]
>
> 古人妊子，胎教有则，不听淫声，不视恶色。坐立不倚，邪味不尝，如此生子，端正异常。[2]

作为孕育胎儿的母亲是胎教的主体，她在饮食、起卧、言行、读书上必须

---

[1] 陈宏谋辑：《养正遗规译注》，《五种遗规》译注小组译注，中国华侨出版社2012年版，第56页。

[2] 罗泽南：《小学韵语》，载徐梓、王雪梅编：《蒙学歌诗》，山西教育出版社1991年版，第91页。此书虽为清人所编，但其主要依据朱熹《小学》而作，为方便使用，故引用此书。

处处谨慎。视与听须严肃，诗歌诵读内容须合正道，其所行之事须为善事。按古人之意，婴儿尚在腹中已能与其母亲感同身受，母亲所视听者善，其能感受为善，恶则感受为恶。总之，母亲必须在视、听、坐、立上皆符合正道，才能保证婴儿接受了"正确"的胎教。暂且不论这种胎教观念是否符合现代科学依据，但这里强调的是宋人对于儿童早教原则的重视。

婴儿自出生后，家长立马为其选择"乳母"，乳母的任务不仅仅是哺乳，对其的选择以道德为标准，"凡子始生，若为之求乳母，必择良家妇人稍温谨者"①。乳母须出自清白之家，同时具有温和、恭谨、和淑、谨慎等道德品质，从而保证了儿童一出生即可在正统的胎教基础上继续保持良好的乳母教育，故而对乳母的选择极为重要。

待儿童能食能言就该对其进行道德教化，"子能食饲之，教以右手，子能言，教之自名及唱喏万福安置。稍有知，则教之以恭敬尊长，有不识尊卑长幼者，则严诃禁之"②，使之知晓基本的日常问候应答之语，教之尊亲敬长，训之基本生活礼节，若不相符合则应严肃禁之。当然，胎教、乳母之教以及家庭早期道德教育可能更适合大家族，一般家庭并不适用。

一般而言，宋代儿童十岁左右要外出就傅，即去学校上课，学校教育亦提倡早教原则，作为学校教育规章的《朱子论定程董学则》亦贯彻此原则。朱熹为其作序："道不远人，理不外事。故古人之教者，自其能食能言，而所以训导整齐之者，莫不有法，而况家塾党庠术序之间乎。"③此学则规定了儿童在学校所应遵守的日常规矩，自儿童能食能言起就进行"道"与"理"之训诫与引导，家塾、党、庠、术、序无不如此。

社会教化对儿童而言，是较为泛化的教育形式，但亦不能忽略。从社会整体教化原则上看，儿童当然是其首要的教育对象。陈宏谋认为："人才之成，自儿童始。大易以山下出泉，其象为蒙。而君子之所以果行育德者，于是乎在？

---

① 司马光：《涑水家仪》，载包东波选注：《中国历代名人家训荟萃》，安徽文艺出版社2000年版，第134页。

② 司马光：《涑水家仪》，载包东波选注：《中国历代名人家训荟萃》，安徽文艺出版社2000年版，第134页。

③ 陈宏谋辑：《养正遗规译注》，《五种遗规》译注小组译注，中国华侨出版社2012年版，第34页。

故蒙以养正，是为圣功。"①陈氏将及时训蒙原则与《周易》中"蒙"卦相联系，认为人才之培养的起点对象为蒙童，圣贤君子施行德行之教化，皆是从儿童开始，这就是所谓的"蒙以养正"之意。

社会道德教化、学校道德教育、家庭道德教导，皆提倡儿童及早教育原则，其目的何在？程颐说：

> 古人生子，能食能言而教之小学之法，以豫为先。人之幼也，知思未有所主，便当以格言至论日陈于前。虽未晓知，且当薰聒，使盈耳充腹，久自安习，若固有之，虽以他言惑之，不能入也。若为之不豫，及乎稍长，私意偏好生于内，众口辩言铄于外，欲其纯完，不可得也。故所急在先入，岂有太早者乎？②

就伊川所言，小学之教以"豫"为主，若以符合儒家正统之"格言至论"每日呈于前，即使不知所云，亦能使之日益熏陶，视、听、言、动皆能按照所言实行。长久之后则能安于习惯，即使异端之语、不正之言渗入与诱惑，亦能分辨是非与善恶，不能随入其心。反之，不从幼时进行道德教导，未有良好的思想与行为基础为此屏蔽与遮挡恶意，则无法保持至纯至德。这与儿童天性相关，此时人之精神与性情皆未固定，四周人的一言一笑、一举一动皆会对其产生潜移默化的影响。正如《颜氏家训》描述的那般"与善人居，如入芝兰之室，久而自芳也；与恶人居，如人鲍鱼之肆，久而自臭也"③。可见后天环境对于儿童善恶是非辨别的影响。故而，在婴孩时即要灌输"正确"的、符合"正统"的道德观，预防恶道、非善之事对其产生负面影响。程颐甚至将"养子"与"养犬"相类：

> 如养犬者，不欲其升堂，则时其升堂而扑之。若既扑其升堂，又复食

---

① 陈宏谋辑：《养正遗规译注》，《五种遗规》译注小组译注，中国华侨出版社 2012 年版，序言第 1 页。
② 《二程集》卷六《上太皇太后书》，中华书局 2004 年版，第 543 页。
③ 吕祖谦：《少仪外传》，载徐梓、王雪梅编：《蒙学须知》，山西教育出版社 1991 年版，第 118 页。

之于堂,则使埶从。虽日挞而求其不升,不可得也。养异类且尔,况人乎。①

养子如养犬,这个生动的比喻即在说明孩童自身缺乏善恶判断与是非分别,在其具有不良行为或错误思想时,应及时阻止并加以矫正,使之有意识去预防。司马光批评时人因过于溺爱其子,而放纵其骄纵的行为,他说这是"犹养恶木之萌芽",待稍长再教其分辨是非善恶,改正错误行为,好比"开笼纵鸟而捕之,解缰放马而逐之"②。幼时放纵行为,如养恶之萌芽,长时若欲收解之,则已无可能。

对幼儿进行及早道德训蒙,一方面是为了预防其"恶行",另一方面是促进其"善行"。正如上文所言,诸多童蒙教材的编写是为了训蒙自家子孙,比如陈淳《训蒙雅言》即是其为三岁的儿子所制定。他自序:

> 人自婴孩,圣人之质已具,皆可以为尧舜,如其禁之以豫而养之以正,无交俚谈邪语,日专以格,言至论薰聒于前,使盈耳充腹,久焉安习,自与中情融贯。若固有之,则所主定而发不差,何患圣途之不可适乎?③

陈淳之意与程颐之意基本相同,旨在表明圣人之质自婴儿孩童时即已具备,及早教导、训诫,使嘉言善行充其耳目,为进入圣贤之境作铺垫。

总之,宋代在家庭教育、学校教育、社会教育中皆实行及早训蒙原则,以预防恶行、培养善行为目的,使儿童在蒙昧期明辨是非善恶,知晓基本的伦理原则,遵守基本的行为规范,待其长成之后向"圣贤"之域迈进。

二、道德兴趣激发原则

儿童处于低龄阶段,有其特殊的生理与心理特点,对其传授道德知识、伦道关系、日常规范等,与成人教育有很大差异。比如他们缺乏耐心,做事难以持久,同时又富有好奇心,对新鲜事物抱有极大的兴趣。故而,一味对儿童进行道德说教、持续灌输的方法不能说起不到效果,但肯定不如更符合儿童天性的方法

---

① 张伯行辑:《小学》,载徐梓、王雪梅编:《蒙学要义》,山西教育出版社1991年版,第14页。
② 吕祖谦:《少仪外传》,载徐梓、王雪梅编:《蒙学须知》,山西教育出版社1991年版,第127页。
③ 陈淳:《北溪大全集》卷一六《训蒙雅言》序,《四库全书》本,第95页。

或原则有效。激发儿童学习道德知识方法或原则纵然许多，我们回归到童蒙教材本身，发现几种有效的形式：一是故事论述，二是诗歌韵语，三是图文并茂。

一般而言，家庭教导要比学校教育或其他教育形式，更具亲密性、针对性、有效性，因为家长更了解儿童习性。宋代杨亿训诫子弟时，即根据蒙童学习特点，提出用故事方法使其知晓道理，他说：

> 童稚之学，不止记诵。养其良知良能，当以先入之言为主。日记故事，不拘今古，必先以孝悌忠信，礼义廉耻等事，如黄香扇枕，陆绩怀橘、叔敖阴德，子路负米之类。只如俗说，便晓此道理，久久成熟，德性若自然矣。[①]

"故事"所具情节内容能引起儿童兴趣，激起与主人公的情感共鸣。正面故事能起到激励作用，反面故事能起到警戒效果。通过故事对儿童进行道德启蒙，教导其"孝悌忠性""礼义廉耻"，实质效果应该说更为理想。

我们试图以教授儿童"孝"为例，"孝"德作为人伦道德中极为重要的品德之一。若只是纯粹通过理论说教强调孝的重要性，或以此为基础提出严格的日常孝行规范，虽然也是重要的教育形式，但相对来说仍具有抽象性，缺乏生动性。如果将宋前广泛流传的孝行故事搜集起来，通过各种具体孝行故事来感化儿童，一面使其知晓如何做才是"行孝"，使孝的抽象意义转化为具体的行为；一面又树立"道德楷模"作为先行的指导。宋人林同所著的《孝诗》则是极好的例子，此书撷取 300 个古人古事及动物的孝道行为，其中关于圣人孝行有 10 首，仙佛 10 首，妇女 20 首，夷狄 20 首，禽兽昆虫 10 首，最多的历代贤者故事 240 首。它内容涵括广泛，其中以圣贤为主，这与前面教导儿童目的相符合。

除了《孝诗》之外，宋人方昕作的《集事诗鉴》也是极好的例子。方氏搜集古代史籍中关于各种可供学习和效仿的道德楷模事迹，共计 30 则，主要围绕"五伦"关系搜集的历史故事，其中有 5 条与"孝"德相关："子之于父当鉴顾恺""子之于母当鉴陈遗""子之于继母当鉴王延""子之在官无贻父母之忧当鉴陶侃、陈尧咨""子之在家宜安父母之贫当鉴韩康伯"。这些故事有些距宋代较久远，非宋代儿童能实行，但其故事中所表现的感涕之情能对儿童起到感化作用。他在自"跋"中讲得极明白：

---

① 刘清之：《戒子通录》卷五，《四库全书》本，第 53 页。

姑为择善而从者设，勿谓今之俗不能行古之道，其闻之也久，其渐之也深，童而习之，知古人有是事，虽不能尽效古人所不可及之迹，仰事俯育，心所同然，稍有戾于名教，独无愧于心乎？①

《孝诗》与《集事诗鉴》激发儿童道德兴趣的特点不仅在于其以故事为主线，还因为它们采用韵语、对偶的形式，更易儿童阅读。如《孝诗》采用五言对偶，举一例《孔子》："事亲良不易，战战复兢兢。学得如夫子，犹言邱（按：丘）未能"②。在每一则诗前，还有原文出处或典故的解释，比如此诗前即有"子曰：'所求乎子，以事父未能也'"③。《集氏诗鉴》体例是先辑录故事原文，并杂以自己的评论，后用"七言绝句"概括此故事。就两书的体例而言，不仅论述、评议故事，更重要的是用易于儿童记诵的句式吸引蒙童，二者的结合使它们更适用于儿童道德启蒙。

林氏用五言古诗，方氏用七言绝句，二者皆将纯粹理论说教变得更具易读性。唐人所著的《蒙求》亦是历史故事集合体，它的最大特点是创立了儿童教材的体裁"蒙求体"，并对后世产生了重要影响，蒙求体的特点即是四言韵语形式。总体而言，这类诗歌形式更符合儿童有限的知识水平，生动活泼、琅琅上口；相反，那些枯燥乏味、艰难奥涩的长篇大论对儿童道德启蒙教育的效果要差得多。

宋人早就意识到诗歌教育对于道德义理的促进作用。比如宋人蔡模评价朱熹《感兴诗》中说：

古今之书，惟《诗》入人最易，感人最深。三百篇之后，非无能诗者，不过咏物陶情，舒其萧散间雅之趣而已。独朱子奋然千有余载之后，不徒以诗为诗，而以理为诗……④

又说：

盖以理义之奥难明，诗章之言易晓，难明者难入而难感，易晓者易入

---

① 方昕：《集事诗鉴跋》，载《袁氏世范》附录，天津古籍出版社1995年版，第185页。

② 林同：《孝诗》，商务印书馆1937年版，第1页。

③ 林同：《孝诗》，商务印书馆1937年版，第1页。

④ 林同：《孝诗》，商务印书馆1937年版，第87页

而易感也。①

　　蔡氏认为：一是诗最易感化人心，最能使读者产生情感共鸣，不论是咏叹或是陶情，皆极具雅趣，儿童长期受诗歌熏陶，不能不受之感化。二是诗歌本身承载着义理，不只是以诗作诗，而是以理为诗。蔡模以稍浅显的故事作成诗歌算是"锦上添花"，但对于其他较难的义理，如朱子《训蒙诗百首》（以正统道德概念和理学抽象名词为主线）则为"雪中送炭"了。

　　程颐早就有此观点，并且明确提出诗歌教育对儿童启蒙之作用。他说：

　　　　教人未见意趣，必不乐学，欲且教之歌舞。如古《诗》三百篇，皆古人作之……此等诗，其言简奥，今人未易晓。欲别作诗，略言教童子洒扫应对事长之节，令朝夕歌之，似当有助。②

　　利用小儿之意志与兴趣，激发他们学习的热情，诗歌是极好的教育手段。当然程颐本人并未完成将蒙童小学阶段的洒扫应对事长之节编为诗歌，完成此项任务的是陈淳，并以《小学诗礼》作为成果呈现。陈宏谋在《养正遗规》中说：

　　　　北溪陈氏，复辑《曲礼》、《少仪》、《内则》诸书，择其要且切者集为五言，次以韵语，俾童子时时讽诵，而服习焉，题之曰《小学诗礼》。盖歌咏所以养性情，而步趋因以谨仪节。③

　　《小学诗礼》利用五言韵语，集《礼记》有助于儿童学习之内容，一面通过诗歌形式陶冶儿童性情，一面以事亲、事长、男女、杂仪等规范教导儿童所应遵守之仪节，其效果可想而知。相比较陈淳，朱熹所编的十万余字的《小学》，其教育效果高下立判。故而清人罗泽南在《小学》基础上编写《小学韵语》，大概亦是依托于诗歌能激发儿童学习兴趣的特点。朱熹的另一本著作《童蒙须知》

---

① 林同：《孝诗》，商务印书馆 1937 年版，第 87 页。

② 程颢、程颐：《程氏遗书》第二《元丰己未吕与叔东见二先生语》，华东师范大学出版社 2010 年版，第 37 页。

③ 陈宏谋辑：《养正遗规译注》，《五种遗规》译注小组译注，中国华侨出版社 2012 年版，第 38 页。

内容相对较为简单，清人万斛泉将其改编成《童蒙须知韵语》大概是对此最好的回应。

除了故事与诗歌两种激发儿童学习兴趣的方法，利用图文并茂的形式来训蒙似乎也是不错的选择。当然，这样的蒙学著作并不多，目前笔者所搜集到的主要有佚名《家山图书》与李纲《圣门事业图》二书。由于李纲之图主要是用于阐释抽象的性理知识与修身养性之法，对一般蒙童并不适合，但这里所强调的是其"图文"的方式，如配合理学正统书籍，一定程度上为初涉理学者提供了便利。《家山图书》则是一部极有意思的童蒙书籍，它摘录《礼记》《中庸》等关于古代教育与礼制典籍的原文，每段原文配图加以说明，比如子事父母图、妇事舅姑图、世子问寝图、子妇尝药图等 48 张图。可以说将儿童从小至大的各阶段生活，如洒扫应对、孝亲敬长、读书、礼乐射御书术等重要内容都描述了出来。《四库全书》认为此书可以配合《小学》共同使用，朱子《小学》重"义理"，《家山图书》则是重"名物度数"，二者相辅相成，能起到更好的教育效果。元代《二十四孝图》大概是至今影响最大的一本"图文"蒙学书籍，它可能一定程度上受宋代之影响。

总而言之，充分利用儿童的学习兴趣与乐趣，使用以故事、诗歌、图画等形式编写著作教育儿童，使其在活泼生动的环境中，将原是枯燥乏味、艰深奥古的伦理知识与道德说教变得简易明白，切于生活，这完全符合儿童的身心特点。

三、道德教导循序原则

循序渐进原则是传统蒙学教育中的重要原则之一。儿童所学知识难易程度不同，深浅不一，孰先孰后不可错乱。倘若超出其年龄与能力所接受的学习内容，包括伦理道德知识在内，脱离蒙童实际能力，其效果势必不会十分理想。关于道德教育循序原则，诸多学者持此观点：

> 先传后倦，君子教人有序。先传以小者近者，而后教以大者远者，非是先传以近小，而后不教以远大也。[①]
>
> 蒙养从入之门，则必自易知而易从者始。故朱子既尝编次《小学》，尤择其切于日用，便于耳提面命者，著为《童蒙须知》，使其由是而循循焉。

---

① 程颢、程颐：《程氏遗书》第八《元丰己未吕与叔东见二先生语》，华东师范大学出版社 2010 年版，第 135 页。

凡一物一则，一事一宜，虽至织至悉。皆以闲其放心，养其德性，为异日进修上达之阶，即此而在矣。①

道德训蒙需要根据所授内容之由易到难、由小及大、由浅至深的先后次序传授，这遵从了儿童心理与智力发展客观规律，从最适合其理解的内容去教授。陈宏谋认为朱熹在编写《小学》与《童蒙须知》亦是遵守循序渐进原则，他说《小学》从经史子集中摘录了便于儿童学习的切于日用之事，《童蒙须知》又是对日用之事的实际引导，衣服冠履、言语步趋、洒扫涓洁、读书写文字、杂细事宜则是其具体展现。

循序渐进之原则首要体现在"小学"与"大学"两个学习阶段，二者一般以15岁为年龄界限，8岁至15岁为"小学"阶段，15岁及以上进入"大学"阶段，此种界限在宋代并没有严格的规定。这两个学习阶段有先后顺序，关于此种区别，吕大临对此进行了区分，他说：

> 盖古之学者，有小学，有大学。小学之教，艺也，行也；大学之教，道也，德也。礼乐、射御、书数，艺也；孝友、睦姻、任恤，行也；自致知至于修身，德也；所以治天下国家，道也。古之教者，学不躐等，必由小学，然后进于大学。自学者言之，不至于大学所止则不进；自成德者言之，不尽乎小学之事则不成。②

就吕氏之言，完成小学阶段的学习之后尚能进入大学。如果从知识获取角度而言，未经过浅显知识学习作为基础，很难进入大学阶段进行较难知识的学习。从道德教育角度而言，未经过小学成德之事塑造"圣贤坯模"，很难进入大学修身养性达到"圣贤之域"。同时他又区分了大、小学两阶段的学习内容：小学教育侧重于艺（礼乐射御术数）和行（孝友睦姻任恤），大学教育倾向德（致知至于修身）和道（治天下国家）。就其内容上看，两阶段内容确实由浅至深，由易至难。

---

① 陈宏谋辑：《养正遗规译注》，《五种遗规》译注小组译注，中国华侨出版社2012年版，第10页。
② 吕大临等：《蓝田吕氏遗著辑校》，陈俊民辑校，中华书局1993年版，第370-371页。

朱熹则较系统、完整地区分小学与大学两个教育阶段，并专门对《大学》一书对应作了《小学》这本著作。他对两阶段的学习内容说得更为具体：

> 小学是直理会那事；大学是穷究那理，因甚恁地。①
> 小学者，学其事；大学者，学其小学所学之事之所以。②

朱熹认为"小学"之教重点在于"事"，"大学"之教在于"理"，二阶段所授内容区别即在于此。那"事"有哪些？"理"又有哪些呢？

> 古者初年入小学，只是教之以事，如礼乐射御书数及孝弟忠信之事。自十六七入大学，然后教之以理，如致知、格物及所以为忠信孝弟者。③
> 小学是事，如事君，事父，事兄，处友等事，只是教他依此规矩做去。大学是发明此事之理。④

朱熹之观点与吕大临的小学与大学所学之事、所学之理，大致是相同的。

小学之事，即吕氏的"艺"与"行"，大概是儿童一般掌握的自然、社会知识，包括道德知识、一般礼仪诗歌技能、洒扫应对进退之节、孝悌忠信人伦之事，这类"事"重点在于其可操作性、可实践性强。大学之事，即吕氏的"德"与"道"，大概就是《大学》所论的由"格物"到"平天下"八条目。小学阶段学习了这些"事"，进入大学教其做这些事的"理"。简要之，从小学"洒扫应对"到大学"穷理尽性"，即道德规范具体实践到道德性理知识认知的转向，二者由近及远，循循有序。

当然，这种区分也不是绝对的，也有些蒙童天赋异禀，提前进入大学阶段学习。值得提出的是，宋代蒙童生活在浓厚的科举制度氛围下，他们所授内容不得不围绕科举的经义、诗赋、策论等考试展开。对此我们当然不能否认，因为这毕竟也是宋代蒙童想要出人头地的重要途径之一。倘若过于汲汲于举业，忽略了儿童所应遵循的道德知识与人伦原则的学习，则值得警醒。朱熹作《小学》并提出小学至大学的道德教化的理论体系，原因纵然很多（详见第五章），

---

① 黎靖德编：《朱子语类》卷七《小学》，王星贤点校，中华书局 1986 年版，第 124 页。
② 黎靖德编：《朱子语类》卷七《小学》，王星贤点校，中华书局 1986 年版，第 124 页。
③ 黎靖德编：《朱子语类》卷七《小学》，王星贤点校，中华书局 1986 年版，第 124 页。
④ 黎靖德编：《朱子语类》卷七《小学》，王星贤点校，中华书局 1986 年版，第 125 页。

其中主要原因与反对蒙学教育功利化和拔苗助长（童子科则是一例）的教育模式相关。

道德教育是一个长期积累的过程，不可能一蹴而就，它需要考虑到儿童本身认知阶段的高低与道德知识难易程度，逐步提高道德学习的难度，量资循序。小学与大学阶段道德教育的侧重点意味着道德教化的阶段性，也要注重二者的连续性，二者内容是个体学习的连贯过程。朱熹认为它们并非"截然为二"，"只是一个事"，他说：

> 是则学之大小所以不同，特以少长所习之异宜，而有高下浅深先后缓急之殊，非若古今之辨，义利之分，判然如薰莸冰炭之相反，而不可以相入也。①

按朱子之意，小学与大学所授道德知识、所要求的道德规范，只存在先后、缓急、高下、深浅之别，是一件事的两个不同而连贯的阶段。

四、道德教育宽严原则

"宽"与"严"是童蒙道德教育中一对互相矛盾的原则。所谓"宽"，即在社会、学校、家庭对儿童实施教育时，考虑其年龄与心智尚不成熟，教育手段不能太过严厉，而采取友善、慈爱、鼓舞等手段，循循善诱，教导基本的伦理常识或日常规范。所谓"严"，即蒙童性情未定，缺乏辨别是非善恶的能力，自我约束力与控制力较弱，倘若一味放纵，则发挥不出训蒙效果，故采取严厉态度，它可以是严肃的言语或严格的惩罚措施等。值得提出的是，过于宽慈或过于严苛都会起到反作用，重点在于平衡二者的度，达到宽严相持、宽猛相济。

"宽"的教育原则表现出鼓舞或鼓励，增强儿童的自信，促进其积极向上，这是正面教育的表现。如王日休《训蒙法》中所言：

> 若改小儿文字，纵做得未是，亦须留少许，不得尽改，若尽改，则沮挫其才思，不敢道也。直待做得十分是了，方可尽改作十分，若只随他立

---

① 张伯行：《小学辑说》，载徐梓、王雪梅编：《蒙学要义》，山西教育出版社1991年版，第24页。

意而改，亦是一法。①

王日休认为儿童刚学会写文章，不足之处比比皆是，若按成人标准加以修订，则"面目全非"，如此则会打击儿童的信心。故而，修改幼童文字，须保留其优势之处，加以鼓励，促进其进步，这符合儿童实际的心理需求。虽然这里只用"改小儿文字"为例，用以对其的道德教导同理。

宋代宰相王旦对其桀骜不驯、不遵守礼规的弟弟所采取的教育原则，即是以宽容、慈爱去感化之，并取得了实质效果。

> 一日遇冬至，祀家庙，列百壶于堂前，弟皆击破之，家人惶骇。文正忽自外入，见酒流满路不可行，默无一言，但摄衣步入堂。其后弟忽感悟，而复为善，终亦不言。②

王旦面对其弟弟之"不善"行为，既没有耳提面命训斥一番，也无利用家法鞭笞惩罚，而是出其不意采取"沉默"手段，使其弟自惭形秽，反思自己的过失，重归为善之路。虽然这则故事的真实性有待考察，但王旦采用的看似"无声"似"有声"的非典型手段，也很好说明了"宽教"的道德训诫效果。王宰相十分注重家族子孙的教育，常常鼓励他们多读书，并且用物质奖励来鼓舞他们。《文正遗训》记录王氏"子孙有读书守分者，胙肉多分与之"③之事，胙肉是祭祀之肉，它的分配有相对严格的规定，以此奖励勤苦读书、遵守道德仪节、守本分的子孙，则又是较好的宽教例子。

训蒙采取宽容、轻松、慈爱原则，一面能以激发其向上之信心，鼓励其遵守道德规范，一面又能引起羞愧之心，从而改正错失。然而，对儿童道德教育中过于怜爱、宽容，容易造成"溺爱"。这种现象在家庭教育中极易产生，由于家庭长幼之间具有天然的血缘关系，则更多倾向于疼爱。袁采的《世范》将父母溺爱子女的表现及危害描述得极为详细：

---

① 王日休：《训蒙法》，载徐梓、王雪梅编：《蒙学要义》，山西教育出版社1991年版，第159页。

② 吕祖谦：《少仪外传》，载徐梓、王雪梅编：《蒙学须知》，山西教育出版社1991年版，第126页。

③ 王梓材、冯云濠：《宋元学案补遗》卷三《高平学案补遗·文正遗训》，沈芝盈、梁运华点校，中华书局2012年版，第275页。

人之有子，多于婴孺之时，爱忘其丑，恣其所求，恣其所为，无故叫号，不知禁止，而以罪保母。陵轹同辈，不知戒约，而以咎他人。或言其不然，则曰："小未可责。"日积月渍，养成其恶，此父母曲爱之过也。①

父母因过于爱怜子女，尽量满足其所求，放纵其所为，对其过失视而不见，不加禁止，美其名曰小过失罢了。倘若在此种包庇下成长，小错失日积月累，终成恶果，性情固化后难以改变，故而为父母者须详察于此。

蒙童萌幼之时尚未定性，其性喜好嬉戏游玩，恣意所为，不受拘束，用严格的手段"收其心"。一是为儿童制定严格的日常行为规范。如朱熹《童蒙须知》：衣服冠履、言语步趋、洒扫涓洁、读书写文字、杂细事宜；陈淳《小学诗礼》：朔望之仪、谨晨昏之令、居处、步立、视听、言语、容貌、衣冠、饮食、出入、读书、洒扫、相呼、接见等；《程董二先生学则》：事亲、事长、男女、杂仪。以上皆是通过日常约束儿童日行为来表现的"严教"（详见第四章）。二是对于蒙童所犯学规和家规处理，则是蒙教严格的另一表现。如仁宗至和元年（1054）所颁的《京兆府小学规》第五条规定了犯反学规所规定的惩罚措施，具体见表23。

表23　《京兆府小学规》违反学规惩罚措施表②

年龄	相应处罚措施	违反学规之行为
十五岁以下	行朴挞之法	一是行止逾违；二是盗搏斗讼；三是不告出入；四是毁弃书籍；五是画书窗壁；六是损坏器物；七是互相往来；八是课试不了；九是戏玩喧哗。
十五岁及以上	罚钱充公 令学长上薄、学官教授通押	

这大概可作为北宋地方官学一般学规之缩影，论述了违反学规的行为细目、相应行罚措施，惩罚条目的原则有二：一是根据年龄大小，二是根据所犯之事严重程度。15岁以下的学生是本书的研究对象，对不遵守学规的学生行"朴挞"之法，这是古代常见的体罚形式，它对幼童而言具有威慑作用，对于15岁以上的学童估计无效。再观其九条具体违规行为，依据今人之眼光似乎有些还比较

① 袁采：《袁氏世范》，天津古籍出版社1995年版，第12页。
② 王昶：《金石萃编》卷一三四《京兆府小学规》，清嘉庆十年刻同治钱宝传等补修本，第2019页。

严苛，旨在教导学童遵守基本的规矩，做一个"小大人"。

除了相对严格的学规处罚之外，宋代家训中还有对违反家规责罚条例，试举几例：

> 子弟有过，家长会众子弟责而训之；不改，则挞之；终不改，度不可容，则告于官，屏之远方。①

> 子孙所为不肖，败坏家风，仰主家者集诸位子弟，堂前训饬，俾其改过。甚者影堂前庭训，再犯再庭训。②

以上两条是陆九韶与赵鼎所举针对子孙违反家规的处罚。违反《陆氏家规》者，需要集子弟在"堂前"训斥、告诫、责备，严重者与再犯者进行"庭训"。相比起陆氏家规处罚力度，赵家似乎程度轻微些，主要以言语训诫为主。陆氏责罚，首先是聚众批评；若不改，则实行鞭挞；再不改，则告官屏弃他，不可谓不严。总之，不能一味放纵儿童玩乐嬉游的性情，不加任何拘检，使之心粗气浮，轻扬佻达，狂诞胡为。

综上，由于儿童本身具有"乐嬉游而惮拘检"心理特点，故而对其进行道德教育不能过于严苛、督责，亦不能过于放纵、溺爱，必须宽严有节。以"严"收其心，以"慈"得其心，如"父母威严而有慈，则子女畏慎而生孝矣"③所示，既有威严，又有慈爱，这才是有效的道德训蒙原则。

五、道德教化榜样原则

榜样原则是蒙童道德教育中较为重要的原则之一。"榜样"可以是教育者本人，可以是历史典型道德人物，也可以是学术名流等。他们因具有某种为人称道的品质与操行，具有令人瞩目的某个领域的成就，可促使儿童对其产生敬仰之情，并以这些历史正面人物激励自己，以效仿并靠拢之。榜样原则的有效性更多体现在儿童周边现实人物的言传与身教，如父母、兄长、老师、朋友、

---

① 罗大经：《鹤林玉露》卷五《陆氏义门》，明刻本，第36页。
② 赵鼎：《家训笔录》，载包东波选注：《中国历代名人家训荟萃》，安徽文艺出版社2000年版，第148页。
③ 吕祖谦：《少仪外传》，载徐梓、王雪梅编：《蒙学须知》，山西教育出版社1991年版，第116页。

通过他们日常生活中一言一行、一举一动，传递出正面的榜样力量。家庭成员是儿童接触最早与最密切的人物，故而他们本身所具有的道德品性、道德情操、道德行为将会对儿童道德教育产生重要影响。

关于历史与时代典型道德模范人物的教育，在宋代童蒙教材中反复出现。流行于宋代的《蒙求》记录了 620 余则典故，它不仅包括有可供学习的正面榜样，还包括用以警戒的反面教材，其主要偏向以人伦道德劝诫为主。《三字经》树立了诸多耳熟能详的历史道德典范，如"孝"者：九岁为父母温床的黄香；"悌"者：四岁让梨与长的孔融；勤苦读书："披蒲编，削竹简"的温舒与公孙弘，"头悬梁，锥刺股"的苏秦与孙敬，"如囊萤，如映雪"的车胤与孙康。[1] 林同《孝诗》为宋代儿童树立了典型的孝行 300 条，它不仅有历史人物道德榜样，还有超出现实人物的仙佛与禽兽昆虫，它不仅跨时代，还跨种族、跨族群甚至超越世俗。类似的还有方昕《集事诗鉴》，亦为儿童树立了 30 位道德典范。《童蒙训》记录吕本中的曾祖、祖父、父亲[2] 与宋代当时名流贤士交往的典型事迹，人物总计约 110 余人。朱熹《小学》内篇中《稽古》与外篇中《嘉言》与《善行》分别记录了三代圣人贤者之行迹，以及汉至宋代的历史人物的嘉言与善行，此三篇的纲目皆以立教、明伦、敬身为主。《少仪外传》是吕祖谦将先哲的懿行嘉言搜揖起来作为道德垂范之作用，所涉及人物虽有宋前，但大部分仍以当时社会名流贤者为主，涉及人物亦达百余人。

不论是历史道德典范抑或当时代（宋）名流，他们的懿行与嘉言对儿童产生了重要的激励作用。然而，这些历史典型与时代标杆，毕竟与儿童日常生活存在时间与空间的差距。故而，儿童在生活中所能接触到、交往最为密切的应是家庭成员，特别是长辈的言传身教为儿童发挥出最佳的道德示范作用。

"言传"有两张方式：一是用口头言语训诫儿童，一般的表现形式是长辈日常生活中直接训导，"耳提面命"将道德说教描述得极为形象。有些宋代家规要求全体家族成员每日早晨朗诵长辈制定的训诫语，如陆九韶制定家规要求

---

[1] 王应麟：《三字经》，载韩锡铎主编：《中华蒙学集成》，辽宁出版社 1993 年版，第 271 页。
[2] 吕本中曾祖父吕公著（正献公）、祖父吕希哲（荥阳公）、父亲吕好问（东莱公）。

每日清晨全家一起听训诫之语的仪式①。二是长辈将日常训诫言语形成文字流传子孙后代，宋代的各类家训、家书、家书即是最好的证明。如袁采《袁氏世范》、司马光《温公家范》《涑水家仪》、陆游《放翁家训》均是宋代广泛流传的家训著作，它们不仅流传于家族内部，因其内容与形式的普适性，广流于社会，其所发挥的"言传"影响力扩大了。原是家庭或家塾道德教育的家训专著，亦成为广泛流传的童蒙教材，《童蒙训》《少仪外传》《家山图书》等即是例证。

"身教"是训蒙者利用自身行为去感染儿童，这种教育可以是无意识，也可以是有意识的。特别是父母，作为人生的首位教导者，即使一个眼神、一种手势、一个神态，都会对儿童的言行举止潜移默化。总之，对儿童道德人格的塑造、行为规范的养成、道德情操的陶冶，家庭长辈具有重要的榜样作用。

袁采论述父辈对子女身教的重要性，举例兄弟失和的原因，他认为：

> 人有数子，无所不爱，而于兄弟则视如仇雠，往往其子因父之意遂不礼于伯父、叔父者，殊不知己之兄弟即父之诸子，己之诸子，即他日之兄弟。我于兄弟不和，则我之诸子更相视效，能禁其不乖戾否？子不礼于伯叔父，则不孝于父亦其渐也。②

袁采分析兄弟不和主要由父辈之间的不和导致，这种不良"示范"极易造成幼辈之间与兄弟失和，更严重还造成不孝之恶果。正确的榜样示范应是父亲与其兄弟和睦相处，以正面榜样教导兄弟之和，其子才有可能与其兄弟和睦相处。可以说，父兄长辈是幼儿成长过程中极为重要的道德启蒙老师，是他们最为密切的道德榜样。

宋人汪汲为鼓励其子勤苦读书，以示身范：

---

① "晨揖，击鼓三叠，子弟一人唱云：'听听听听听听听，劳我以生无理定。若还惰懒必饥寒，莫到饥寒方怨命。虚空自有神明听。'又唱云：'听听听听听听听，衣食生身天付定。酒肉贪多折人寿，经营太甚违天命。定定定定定定定。'又唱云：'听听听听听听听，好将孝悌酬身命。更将勤俭答天心，莫把妄思损真性。定定定定定定定，早猛省。'食后会茶，击磬三声，子弟一人唱云：'凡闻声，须有省，照自心，察前境，若方驰骛速回光，悟得昨非由一项，昔人五观一时领。'"（参见罗大经：《鹤林玉露》卷五《陆氏义门》，明刻本。）

② 袁采：《袁氏世范》，天津古籍出版社 1995 年版，第 29 页。

尤急于教子，以身率之。鸡鸣而起，盥颒诵书有程。点勘讹舛，手自亲之，心所未安，质之同志。笔其格言大训，朝夕对之，勉自警策，至老而不倦，以故诸子皆知务学。①

汪汲坚持每日早起读书，养成日常阅读的良好习惯，至老不变，其子无不受其影响，学习务实认真。

陆游为劝其子勤学苦读，作《五更读书示子》一首，其诗曰：

近村远村鸡续鸣，大星已高天未明。床头瓦檠灯煜熺，老夫冻坐书纵横。②

此时陆游已六十岁，五更天尚未亮时，早起读书，以身作则，劝勉儿子读书；亦表达暮年的读书心得，劝子专心读书，不要汲于科场名利。总之，最佳榜样力量不能是一种超越于现实人物生活的力量，它应该与孩童实际生活相联系，不能与之隔离开来。

---

① 袁燮：《絜斋集》卷一九《从仕郎汪君墓志铭》，清武英殿聚珍版丛书本，第206页。
② 钱钟联、马亚中主编：《剑南诗稿校注》，涂小马校注，浙江教育出版社2011年版，第442页。

第四章
道德内涵：宋代蒙学教育的伦理内容

伦理训蒙内容是宋代蒙学教育的核心与重点。古代社会若要实现人生志向莫过于勤苦读书，圣贤所编著的"经史子集"无所不读，亦须按循序渐进、熟读精思、虚心涵泳、切己体察、著紧用力和居敬持志等读书方法，以此提高读书效果。贯穿于整个古代蒙学教育内容的核心为人伦道德的训诫，虽不为宋代独有，却最为其重视。以父子、君臣、兄弟、夫妇、朋友"五伦"为主线，侧重于与儿童实际生活需求相关的道德要点论述，以促使其施行孝悌之道，遵守长幼之序，明确男女之别，熟悉交友之准，知晓为官之道等内容。在引导蒙童立志读书与"五伦"道德训诫基础上，对其进行日常行为道德规范的训导，从衣裳冠履、言坐行立揖、饮食起居、洒扫室堂、读书写字等与儿童日常学习与生活密切相关的规范教起，促使其养成良好的生活习惯，遵守基本的社会交往规范，成为一个懂道理、守规矩的"小大人"。

第一节　立志读书之引导

对于处于蒙昧阶段的儿童而言，树立志向即明确其人生基本方向，志向的标准要依据蒙童的天资与生活实际而定。以"圣贤"为旨趣的人生目标是宋儒们对孩童期望的理想状态，但也不能忽略蒙童现实需求，倘若以"举业"为志向，须平衡"利禄"与"德行"之关系。古代实现人生之志向的重要途径之一为读书，宋代皇帝、公卿、学者、教师、家长等无不劝导子孙珍惜光阴、勤苦读书、孜孜不倦，以实现平生之志。所读之书主要为儒家的"圣贤"之书，包括"四书"、"十三经"、百家诸子、史类等书目。读圣贤之书的方法有循序渐进、熟读精思、虚心涵泳、切己体察、著紧用力和居敬持志等。

一、树立志向为起点

立志对于个人意义十分重大，特别是对孩童而言，因为它很大程度上决定了其人生方向和理想抱负。蒙学教育十分强调对儿童树立正确志向的引导，当然所谓的"正确"方向并没有一个明确的标准，它取决于教育者自身的人生态度。

宋代学者十分注重儿童志向的树立，如陆九渊所言"人惟患无志，有志无有不成者"，若不立人之根本的志向，即无立人之地，若志有所立，有成则有希望。对于儿童而言，"根本须是先培壅，然后或立趋向也。趋向既正，所造浅深，则由勉与不勉也"①，确立了基本的人生方向，其深造程度或浅或深则取决于个体付出的努力。总之，教育儿童树立确定的人生志向，未来才有"立功"之可能。

《蒙求》中诸多典故无不是在勉励儿童向远大志向前进，如"梁竦庙食""赵温雄飞""邓艾大志""相如题柱""终军弃繻""祖逖誓江"等。用这些具有远大志向的历史典型人物激励蒙童，是十分有效的选择。在父辈长上的眼中，树立的志向应当是远志、大志，这是孩童趋正的方向，试举几例：

> 人若志趣不远，心不在焉，虽学无成。人之于进道，无自得达。自非

---

① 程颢、程颐：《程氏遗书》卷六《二先生语六》，华东师范大学出版社2010年版，第119页。

成德君子，必勉勉，至从心所欲不逾矩，方可放下。①

若夫立志不高，则其学皆常人之事，语及颜、孟，则曰："我为孩童，岂敢学也！"此人不可以语上矣。先生长者见其卑下，必不肯与语，则其所与语皆下等人也。②

学者们认为，不能以儿童年龄尚小作为无远大理想与抱负之借口，如此其人生大抵与常人无异，何来"出人头地"呢？可见高远的志趣决定着人生的高度。此种远大、不落俗套的理想大概是大儒们所述的"颜孟之志""圣贤之志"，与世间所倡导的以"科举"作为事业，以"利禄"作为目标，以"富贵"作为方向的俗志不同。倘若于此"声色富贵间"流连忘返，人之为人之良心与善心即会受蒙蔽。对此，学者无不提出批评：

学莫先于立志，固人尽知之。但世人所谓立志，志科名耳，志利禄耳。每子弟发蒙，即便以此相诱。故所夸材隽，不过泛滥于记诵词章，而不复知孝悌忠信为何事。③

后之人自童稚间已有汲汲趋利之意，何由得向善？故古人必使四十而仕，然后志定。只营衣食却无害，惟利禄之诱最害人。④

忧子弟之轻俊者。只教以经学念书，不得令作文字。子弟凡百玩好皆夺志。至于书札，于儒者事最近，然一向好著，亦自丧志……平生精力一用于此，非惟徒废时日，于道便有妨处，足知丧志也。⑤

如上述所指，以功名利禄引导幼童，其人生目标只会汲汲于词章作文，无视于孝悌忠义，即使在圣贤之书中遨游，仍一无所获，可谓志之低劣，这是丧志的

① 张载：《张载集·经学理窟·义理》，章锡琛点校，中华书局1978年版，第273页。

② 黄宗羲原撰，全祖望补修：《宋元学案》卷三五《陈邹诸儒学案》，陈金生、梁运华点校，中华书局1986年版，第1208页。

③ 陈宏谋辑：《养正遗规译注》，《五种遗规》译注小组译注，中国华侨出版社2012年版，第7页。

④ 程颢、程颐：《程氏遗书》第一五《入关语录》，华东师范大学出版社2010年版，第210页

⑤ 程颢、程颐：《程氏遗书》第一《端伯传师说》，华东师范大学出版社2010年版，第22页。

表现。那应如何立志？立什么志呢？朱熹在《沧州精舍谕学者》中讲得极明白：

> 惟有志不立，直是无著力处。只如而今，贪利禄而不贪道义，要作贵人而不要作好人，皆是志不立之病。直须反复思量，究见病痛起处，勇猛奋跃，不伏作此等人。一跃跃出，见得圣贤所说千言万语，都无一事不是实话，方始立得此志。就此积累工夫，迤逦向上去，大有事在，诸君勉旃，不是小事。①

在朱子看来，"利禄"与"道义"，"贵人"与"好人"，如何选择是立志与否的标准，择"利"弃"义"，择"富贵"舍"善好"，则是志不立。他的立志趋向在于"圣贤"，即以圣贤志向为基本定向。他又说：

> 有求为圣人之志，然后可与共学。②
> 莫说道将第一等让于别人，且做第二等。才如此说，便是自弃。虽与不能居仁由义者差等不同，其自小则一也。言学便以道为志，言人便以圣为志。③

总之，圣人、贤者大抵有一个共同的特点，即以"道德"为尚。教导儿童所立之志应是以为善、为德为目标，故而陈文龙《训幼说》有言：

> 幼学之士，先要分别人品之上下。何者是圣贤所为之事，何者是下愚所为之事。向善背恶，去彼存此，此幼学所当先也。④

引导儿童树立远大、高尚的志趣与志向，这是大儒们所期待的理想状态。然

---

① 陈宏谋辑：《养正遗规译注》，《五种遗规》译注小组译注，中国华侨出版社 2012 年版，第 8 页。
② 程颢、程颐：《程氏遗书》第二五《畅潜道本》，华东师范大学出版社 2010 年版，第 403 页。
③ 黄宗羲原撰，全祖望补修：《宋元学案》卷一五《伊川学案上》，陈金生、梁运华点校，中华书局 1986 年版，第 622 页。
④ 黄宗羲原撰，全祖望补修：《宋元学案》卷三五《陈邹诸儒学案》，陈金生、梁运华点校，中华书局 1986 年版，第 1208 页。

而个体出身有富贵与贫贱之差，个人资质亦有聪颖与愚笨之分，并不是每个儿童都能树立这种理想志趣。朱熹在《小学》赞赏范仲淹其以"天下"为志的名节情操：

> 范文正公，少有大节，其于富贵贫贱，毁誉欢戚，不一动其心，而慨然有志于天下。尝自诵："士当先天下之忧而忧，后天下之乐而乐也。"①

然而，并非人人有此机遇和才智名垂史册，对于一般儿童而言，能依据自身条件自力更生，虽无"圣贤"之志，亦无不可。如张耒《示柜秸》诗中描述：

> 城头月落霜如雪，楼头五更声欲绝。捧盘出户歌一声，市楼东西人未行。北风吹衣射我饼，不忧衣单忧饼冷。业无高卑志当坚，男儿有求安得闲？②

这首诗描述了在寒冷的雪天，天尚未亮时，卖饼儿童坚持叫卖的场景。作者以此警示其子志有高大与低微之分，无论高低，皆需有坚定的意志。如程颐所言"所见所得，不可不远且大。然行之亦须量力有渐。志大心劳，力小任重，恐终败事"③。总之，幼童立志仍须依据现实环境与个人实际情况而定，一味求志向远大、志趣高尚，并不一定能实现。故而，以"圣贤"作为人生之理想是一种设想的状态，但也需考虑实际需求。即使以"科举"为事业，对蒙童个人而言也不失为一种人生"理想"，当然要平衡此种事业与道德志趣的关系，能二者兼得固好。

二、勤劝苦读为重点

志向既立，那又如何实现呢？通往志向途径纵然很多，但读书为学不失为好方法。"以文治国"的宋代被称为读书人的黄金时代，它在全社会中营造了浓厚的读书氛围。不论读书出于何种目的，在这种"读书唯用论"的社会氛围中，生活于其中的宋代儿童，无不是沉浸于劝学谆诫中。

---

① 朱熹：《小学》，载朱杰人等编：《朱子全书》第十三册，上海古籍出版社、安徽教育出版社2010年版，第482页。

② 《张耒集》卷一五《北邻卖饼儿每五鼓未旦即绕街呼卖，虽大寒烈风不废而时略不少差也，因为作诗且有所警示柜秸》，中华书局1990年版，第265页。

③ 程颢、程颐：《程氏遗书》第二《元丰己未吕与叔东见二先生语》，华东师范大学出版社2010年版，第36页。

为何年少要读书呢？时光匆匆，光阴似箭，如邵雍所言"三百六旬有六日，光阴过眼如奔轮"①，若不及时学习，可惜了大好时光。朱熹《偶成》如此说："少年易老学难成，一寸光阴不可轻。未觉池塘春草梦，阶前梧叶已秋声。"②杨时亦如此勉励学生："此日不再得，颓波注扶桑。跰跰黄小群，毛发忽已苍。愿言绩学子，共惜此日光。术业贵及时，勉之在青阳。"③时间易逝，从黄发小儿，转眼成苍头老人，故幼少时是个人最佳学习时光，倘若失去不可再得，应珍惜学习机会。

学习纵然十分艰辛，但宋人以"四季读书"之乐来表达对儿童之劝勉，也颇费心思。既描绘了四季之不同景色，令人心旷神怡，又将自身读书乐趣寄托于美景中，鼓励儿童积极向上读书。翁森《四时读书乐》则是极好的例子：

> 读书之乐乐无穷，春夏秋冬乐其中，风雨霜雪频相戏，合窗展卷自从容。④

试举其中《春》：

> 山光拂槛水绕廊，舞雩归咏春风香。好鸟枝头亦朋友，落花水面皆文章。蹉跎莫遣韶光老，人生唯有读书好。读书之乐乐何如？绿满窗前草不除。⑤

读书虽有"乐"的一面，亦有"苦"的一面。对于步入小学阶段的儿童而言，其学习之路才起航，学习的重要性纵然不言而喻。教育者亦须劝导其读书学习的持续性，不可半途而废。《蒙求》中屡次提及的"勤学苦读"持之以恒的历史典故，如"匡衡凿壁""孙康映雪""车胤聚萤""苏章负笈""孙敬悬梁""苏秦刺股"等。《三字经》有一段经典描述：

> 昔仲尼，师项橐。古圣贤，尚勤学。赵中令，读鲁论。彼既仕，学且勤。披蒲编，削竹简。彼无书，且知勉。头悬梁，锥刺股。彼不教，自勤苦。如囊萤，如映雪。家虽贫，学不辍。如负薪，如挂角。身虽劳，犹苦卓。

① 邵雍：《邵雍集·伊川击壤集》卷一七《光阴吟》，郭彧整理，中华书局 2010 年版，第 466 页。
② 王士禄等：《考功集选评注》卷四《临朐道中》，齐鲁书社 2014 年版，第 263 页。
③ 杨时：《此日不再得示同学》，载熊大年：《养蒙大训》，新文丰出版公司 1985 年版，第 216 页。
④ 陈世隆：《宋诗拾遗》卷二一《四时读书乐》，清钞本，第 177 页。
⑤ 陈世隆：《宋诗拾遗》卷二一《四时读书乐》，清钞本，第 177 页。

苏老泉，二十七。始发愤，读书籍……犬守夜，鸡司晨。苟不学，曷为人。蚕吐丝，蜂酿蜜。人不学，不如物。①

上文说得极为直白恳切，不论个体天资聪颖或愚笨，出身白衣或公卿，家中贫穷或富贵，身上背负重担与否，处于何种年龄阶段，皆须勉励学习、勤苦奋卓、发愤努力、绝不辍学。

时人劝勉蒙童读书需要一些功利性的"目的"，即让儿童们在这艰卓的"读书"大业中有所期待或回报，当然其中也包括来自教育者的殷切期望，期待主要有两方面：一是通过读书参加科举，取得功名入仕，光宗耀祖。二是通过圣贤经典，修身进德，提高自身的德行。

首先，试看在这"名利场"中，劝导儿童读书是如何展开的。上至皇帝，下至普通百姓，在劝学过程中几乎清一色带有名利色彩。前文屡次提及宋真宗《劝学》倡导读书能获得"千钟粟""黄金屋""颜如玉"，这是最高统治者以赤裸裸的"功名利禄""财富美色"作为"诱饵"，以劝世人读书功名，可谓令人惊讶。还有如"满朝朱紫贵，尽是读书人"；"朝为田舍郎，暮登天子堂"；"君看为宰相，必用读书人"②……这些劝学诗句简单直白、脍炙人口，将读书"功利性"表现得一览无余，至今仍有影响。上述所举诗句出自汪洙《神童诗》，汪氏本人天资聪颖，九岁能赋诗，后亦中进士，是典型的社会榜样，他所作的劝学诗句更具说服力。当然我们不能否认科举扭转家族命运、转换社会阶层的积极面。

宋仁宗曾作《劝学谕》，认为人不读书一无是处，甚至不如草木与禽兽之用，倒显得平和：

朕观无学人，无物堪比伦。若比于草木，草有灵芝木有椿。若比于禽兽，禽有鸾凤兽有麟。若比于粪土，粪滋五谷土养民。世间无限物，无比无学人。③

因儿童心智发展不成熟，若过于直白灌输"名利""富贵"思想，对个体成长将产生较为严重的负面影响，故而一部分学者认为儿童读书的目的应更倾

---

① 王应麟：《三字经》，载韩锡铎主编：《中华蒙学集成》，辽宁出版社1993年版，第271页。

② 汪洙：《神童诗》，载韩锡铎主编：《中华蒙学集成》，辽宁出版社1993年版，第41—44页。

③ 赵祯：《劝学谕》，载君艺豪等：《国学教育辑要》（教法卷中），民主与建设出版社2015年版，第343页。

向于培德行，塑造"圣贤坯模"。试举几例：

玉不琢不成器，人不学不知道，玉之为物，有不变之常，虽不琢以为器，犹不害为玉也。人之性因物则迁，不学则舍君子而为小人，可不念哉！①

学问不沾洽，何由垂望闻。操守不坚纯，久必成淄磷。进修欲及时，行违要无闷。当年傥因循，晚岁必悔恨。②

上文反复强调"立业"与"立德"，二者非绝然矛盾或冲突，目的与期望可以同时并行，这当然是理想状态。王安石、朱熹等大学者虽批评科举之弊端，王安石也试图改革科举考试，通过"三舍法"等教育制度改变科举之风带来的社会弊病，然而他们亦不否认读书能带来显达的名利，同时希冀读书对修身有益。

读书不破费，读书万倍利。书显官人才，书添官人智……贫者因书富，富者因书贵。愚者得书贤，贤者得书利。只见读书荣，不见读书坠。卖金买书读，读书买金易。③

贫若勤学，可以立身。富而勤学，名乃光荣。惟见学者显达，不见学者无成。学者乃身之宝，学者乃世之珍。是故学者乃为君子，不学则为小人。后之学者，各宜勉之！④

如王安石和朱熹所言，名利与德行皆可通过读书获得并不矛盾，故而读书既可"立业为荣"，又可"立德行世"。袁采将读书"利"处论述得十分中肯：

士大夫之子弟，苟无世禄可守，无常产可依，而欲为仰事俯育之计，莫如为儒。其才质之美，能习进士业者，上可以取科第致富贵，次可以开

---

① 欧阳修：《欧阳文忠公书示子任》，载包东波选注：《中国历代名人家训荟萃》，安徽文艺出版社 2000 年版，第 121 页。

② 苏轼：《训子孙诗》，载刘清之：《戒子通录》卷五，《四库全书》本，第 45 页。

③ 王安石：《劝学文》，载君艺豪等：《国学教育辑要》（教法卷中），民主与建设出版社 2015 年版，第 344 页。

④ 朱熹：《劝学文》，载君艺豪等：《国学教育辑要》（教法卷中），民主与建设出版社 2015 年版，第 357 页。

门教授，以受束修之奉。其不能习进士业者，上可以事笔札，代笺简之役，次可以习点读，为童蒙之师。如不能为儒，则巫医、僧道、农圃、商贾、伎术，凡可以养生而不至于辱先者，皆可为也。①

其意思大抵是读儒家圣贤之书，对于性质优等者，可进第入仕，得荣华富贵；不得则可授业讲学，亦有所财收；若不能为仕，可从事写作之工作，又能为童蒙教师。若以上皆不可，其他百职亦可糊口，至少能保证自我"独立"生存的能力。从"功利"角度来看，读书百利无一害。这大概是去除完全依靠"举业"为目的，较为"理性"的劝学理由了。

总之，学者与家长们论述劝导儿童读书的目的，并不是一味否定读书的"功利"性，包括朱熹等一批视"道德"为上的理学家们，他们反对与批判的是只将利禄思想贯穿于儿童读书始终。虽然他们也读圣贤书，然只是将其作为手段，只浸透于词章辞藻之末节中，而忽略了道德伦理教育。无论劝学出于何种目的，是摘取"科第"、深究"圣贤言行"，还是"谋生"，在时人眼中，读书百益而无害。

三、圣贤书册为基点

不论劝导蒙童立志成圣人、贤者，还是志于"举业"，都离不开"圣贤"书，此处的"书"是指如"三、百、千"这类通俗的专门蒙学读物之外的儒家经典著作。这些圣贤书记载了圣人与贤者之言，其义丰富，为正统之言。

> 圣贤典籍，大道所彰，以辨威仪，以明伦常。②
> 然圣贤所以教人之法，具存于经，有志之士，固当熟读深思而问辨之。③
> 圣人之言，其远如天，其近如地。④
> 非圣之言勿读，无益之文勿观。⑤

① 袁采：《袁氏世范》，天津古籍出版社 1995 年版，第 105 页。
② 罗泽南：《小学韵语》，载徐梓、王雪梅编：《蒙学歌诗》，山西教育出版社 1991 年版，第 96 页。
③ 陈宏谋辑：《养正遗规译注》，《五种遗规》译注小组译注，中国华侨出版社 2012 年版，第 5 页。
④ 吕本中：《童蒙训》，载韩锡铎主编：《中华蒙学集成》，辽宁出版社 1993 年版，第 67 页。
⑤ 程端蒙：《程正思论读书》，载佚名：《居家必用事类全集》，明刻本，第 11 页。

上述所举之例旨在表明圣贤之书的重要性，然而历史长河中的圣贤之书卷帙浩繁，种类丰富，哪些是蒙童必读儒家经典著作？童蒙著作中屡次提及经典圣贤书目，试举几例，见表24。

表24　宋代蒙学著作中关于经典书籍的著录表

书目／篇名	具体书目
《涑水家仪》	七岁读《孝经》与《论语》，八岁读《尚书》、九岁读《春秋》，十岁读《诗经》、《礼记》、《左传》、诸子书等。①
《童蒙训》	学问当以《孝经》、《论语》、《中庸》、《大学》、《孟子》为本，熟味详究，然后通求之《诗》、《书》、《易》、《春秋》，必有得也。既自做得主张，则诸子百家长处皆为吾用矣。②
《小学韵语》	首读《大学》，规模宏远，次读《论语》，立其根本。次及《孟子》，观其发越，次及《中庸》，微妙以揭。四书既熟，五经可肄。《诗》言性情，《书》道政事。《易》明阴阳，《礼》纪制作，百王法戒，《春秋》笔削。经术既明，乃读诸史。③
《三字经》	为学者，必有初。小学终，至四书。《论语》者，二十篇。群弟子，记善言。《孟子》者，七篇止。讲道德，说仁义。作《中庸》，子思笔。中不偏，庸不易。作《大学》，乃曾子。自修齐，至平治。《孝经》通，四书熟。如六经，始可读。诗书易，礼春秋。号六经，当讲求。有连山，有归藏。有《周易》，三易详。有典谟，有训诰。有誓命，书之奥。我周公，作《周礼》。著六官，存治体。大小戴，注《礼记》。述圣言，礼乐备。曰国风，曰雅颂。号四诗，当讽咏。《诗》既亡，《春秋》作。寓褒贬，别善恶。三传者，有公羊。有左氏，有谷梁。经既明，方读子。撮其要，记其事。五子者，有荀扬。文中子，及老庄。经子通，读诸史。考世系，知始终。④

《涑水家仪》与《童蒙训》本是为教育家族子弟所设的书目，吕氏与司马氏皆是士大夫阶层，确切地说，这两份书目代表了一般大家族子弟所读圣贤之书。朱熹《小学》与王应麟《三字经》所面对的是广大宋代孩童，流传千年，影响广泛，

---

① 司马光：《涑水家仪》，载包东波选注：《中国历代名人家训荟萃》，安徽文艺出版社2000年版，安徽文艺出版社2000年版，第134-135页。

② 吕本中：《童蒙训》，载韩锡铎主编：《中华蒙学集成》，辽宁出版社1993年版，第49页。

③ 罗泽南：《小学韵语》，载徐梓、王雪梅编：《蒙学歌诗》，山西教育出版社1991年版，第96页。

④ 王应麟：《三字经》，载韩锡铎主编：《中华蒙学集成》，辽宁出版社1993年版，第270页。

后者尤盛。它不仅列出圣贤之经典书目，还表述读此书理由及其读书之序。上表所列儿童须读的圣贤之书有重叠处，以《三字经》为最全，按先后次序排列如下：首读《孝经》，次"四书"（《论语》《孟子》《中庸》《大学》），次"六经"（《尚书》《周易》《周礼》及《礼记》《诗经》《春秋》三传），次"子书"（荀子、扬子、文中子、老子、庄子），最后可读"史书"。

事实上，上述经书大抵是成人参加举业的参考书目，这些书目对于十五岁以下的儿童而言具有一定难度，特别是低幼孩童。所以司马光才说八岁以上才读正统经书，而且需要在大人的陪读与讲解下完成，读此类经典书的目标是"略知大义"。出身大家族的子弟，比起一般家庭的儿童而言，在学习与参加举业方面拥有更多经济、时间、教育优势。总之，孩童读经是在成人专门指导下开始的，且只需略通大义。当然有些家长想尽早让孩童接触经典书籍，但经书艰深的表达与奥涩的内容并不适合低幼儿童，如何是好呢？陈淳为其三岁儿子编写启蒙读物时，就遇到此问题。他在《训蒙雅言》序中说：

> 但其详见欲遗经者，多或字艰而文涉，非幼习之便，此须五六年外，语音调熟，然后可以为之训焉。①

换言之，自孩童启蒙开始，需花五六年时间阅读经典书籍，才能打下基础。所以他将《周易》《尚书》《诗经》《礼》《论语》《孟子》《孝经》等中的重要内容，用适合儿童阅读与理解的方式（即三言韵语编写成仅为 1200 余字）编写启蒙读物，极大地方便了儿童读圣贤书籍。

从《三字经》所列的儿童读经典书目观之，它具有一种包容性。除正统的儒家"四书""十三经"之外，还包括"子书"，特别其中的"老、庄"之书亦广受推广。为捍卫儒学的正统地位，一些宋代学者力排佛、老之书，并将它们视为"异端"，老、庄典籍亦排除在外。童蒙教材中此种排"外"现象亦有不少，试举几例：

> 凡所读书，必择其精要者而读之，其异端非圣贤之书，傅宜禁之，勿使妄观，以惑乱其志。②

---

① 陈淳：《北溪大全集》卷一六《训蒙雅言》序，《四库全书》本，第 94 页。

② 司马光：《涑水家仪》，载包东波选注：《中国历代名人家训荟萃》，安徽文艺出版社 2000 年版，第 135 页。

帝王学有源，执中以传道。塞路排杨墨，逃亲鄙释老。①

学圣人者，不能以孔子、孟子为心，而专以庄周为我之书为说，乌在其学圣人也。②

史书尚可。最是《庄》、《老》，读时大段害道。③

排佛、老等异端之学本是宋儒用以捍卫正统儒学地位的一种理论上的态度，就实际情况而言，"理学"作为新儒学的一种形态，其在理论发展与修身方法方面都受到这些所谓"异端"思想、非"圣贤"之书的影响。当然作为正统儒家的"代言人"，儿童尚在启蒙阶段，这些异端言论怎能浸入其尚未健全的"知识体系"中去呢？故而，儒家蒙童教育力排异端思想则顺理成章了，这是毋庸置疑的。当然也不是所有学者皆反对蒙学阶段不能读儒家之外的书，王安石则认为百书可读，他在《答曾子固书》中说：

然世之不见全经久矣，读经而已，则不足以知经。故某自百家诸子之书，至《难经》、《素问》、《本草》，诸小说无所不读；农夫女工，无所不问，然后于经为能知其大体而无疑……扬雄虽为不好非圣人之书，然而墨、晏、邹、庄、申、韩，亦何所不读？④

当然，王氏的"百书可观"的对象并非专以儿童为阅读主体，但亦有可供参考之处。如此，儒家经典、百家诸子、医学、小说、技术类等书无所不能读。

四、读书方法为要点

上文所列圣贤书如此之多，《郑氏劝学》中列取六经与《孝经》《论语》《孟

① 史浩：《童丱须知》，载《鄮峰真隐漫录》卷五〇，清乾隆刻本，第 317 页。

② 吕本中：《童蒙训》，载韩锡铎主编：《中华蒙学集成》，辽宁出版社 1993 年版，第 71 页。

③ 吕本中：《童蒙训》，载韩锡铎主编：《中华蒙学集成》，辽宁出版社 1993 年版，第 66 页。

④ 詹大和等：《王安石年谱三种·王荆公年谱考略》卷二二《元丰六年》，中华书局 1994 年版，第 557 页。

子》等字数统计，近五十万字。①读完这五十万字须花费的时间，因人之才智高低而有差别，"且以中才为率，若日诵三百字，不过四年半可毕，或以天资稍钝，减中才之半，日诵一百五十字，亦止九年可毕"②。对于一个中等才智的人而言，日诵三百字，需要花费四年半左右，而对于天资愚钝者则需耗费九年。对于普通蒙童而言，即使在成人指导下完成阅读也十分困难，加之小学阶段的时间也不是十分充裕。故而，对于儿童而言，无需全部阅读完，略晓大义即可。

关于儿童读书方法，宋代学者亦有诸多言论，宋人张洪等编著《朱子读书法》一书，将朱熹有关读书方法言论摘辑出来，这是宋儒较为经典的读书方法之要。虽其对象不完全针对孩童，但于家长教育指导蒙童亦有所裨益。程端蒙亦编著"朱子读书法"，此版本较张氏所编本，简要颇多，陈宏谋将其列入《养正遗规》中。本书选取程氏所编读书之法，以供参考，再结合童蒙教材中所论述的相关儿童阅读方法，总结如下：

一是循序渐进。朱子说："以二书言之，则通一书而后及一书。以一书言之，篇章句字，首尾次第，亦各有序而不可乱，量力所至而谨守之。字求其训，句索其旨，未得乎前，不敢求乎后。"③儿童须读完一书后，再开始阅读另一书；读单本书，须从头至尾有序读完，前后相接，不能章节混乱，亦不能半途而废。蒙童所处阶段，急需读书的指导，此种读书法，看似简单，实际操作并非容易，故而学者们对此多有关注。早在朱子之前的司马光亦持此观点，并现身说法，他说："学者读书，少能自首至尾，往往从中或从末随意读去，又多不终篇。光性最专，尤当患此，惟于河涉案上读一书，从头至尾，正错校字，不终暂不读它卷。"④

二是熟读精思。这种读书方法，十分适合对义理尚不能通透的儿童。朱子

---

① "《毛诗》三万九千二百二十四字，《尚书》二万五千七百字，《周礼》四万五千八百六字，记》九万九千二十字，《周易》二万四千二百七字，《春秋左氏传》一十九万六千八百四十五字，《论语》一万二千七百字，《孟子》三万四千六百八十五字，《孝经》一千九百三字，大小《九经》合四十八万四千九十五字。"参见吕祖谦：《少仪外传》，载徐梓、王雪梅编：《蒙学须知》，山西教育出版社1991年版，第137页。

② 吕祖谦：《少仪外传》，载徐梓、王雪梅编：《蒙学须知》，山西教育出版社1991年版，第137页。

③ 陈宏谋辑：《养正遗规译注》，《五种遗规》译注小组译注，中国华侨出版社2012年版，第97页。

④ 石成金编：《传家宝全集》，线装书局2008年版，第182页。

认为："乃知横渠教人读书必须成诵，真道学第一义，遍数已足，而未成诵，必欲成诵。遍数未足，虽已成诵，必满遍数。但百遍时，自是强五十遍。二百遍时，自是强一百遍。"① 简要之，多诵读、多阅读，这就是所谓"读书千遍，其义自现"之理，朗读到能成诵为佳。《童蒙训》举宋人黄履精读书之例子："安中方精专读书，早晨经书每授五百遍，饭后史书可诵者百遍，夜读子书每授三百遍。每读书，危坐不动，句句分明。"② 黄氏精读书的效率如此之高，实在令人瞠目结舌，不免有夸大之意，这里旨在说明熟读之重要性，特别是针对儿童而言，诵读可能是最好的阅读方式。然而，阅读也非随意即可，不是如"小和尚念经，有口无心"那般，亦须在读书过程中加以思考，这需要训蒙者加以指导。

三是虚心涵泳。"读书须是虚心方得，圣贤说一字是一字，自家只平著心去秤停他，都使不得一毫杜撰。"③ 此种方法乍听有点玄乎。换言之，要尊重经典中圣贤本人之意，不能事先预先对其下定义，用圣贤之语来拼凑，穿凿附会，如此只是自我杜撰，曲解圣人本意。这对于儿童而言，具有一定的启发性。

四是切己体察。"须要将圣贤言语，体之于身。如克己复礼，如出门如见大宾等事，须就自家身上体覆，我实能克己复礼。"④ 这种读书方法是指将圣贤之言具体落实到现实生活中去，是极好的方法。关于阅读圣贤经典，并将其运用于日常规范中，黄庭坚说得极为详细：

> 治经之法，不独玩其文章，谈说义理而已，一言一句皆以养心治性。事亲处兄弟之间，接物在朋友之际，得失忧乐，一考之于书，然后尝古人之糟粕而知味矣。⑤

这就是我们常说的"知行结合"方法。儿童读书若只是溺于文字之间，读

① 陈宏谋辑：《养正遗规译注》，《五种遗规》译注小组译注，中国华侨出版社 2012 年版，第 98 页。
② 吕本中：《童蒙训》，载韩锡铎主编：《中华蒙学集成》，辽宁出版社 1993 年版，第 52 页。
③ 陈宏谋辑：《养正遗规译注》，《五种遗规》译注小组译注，中国华侨出版社 2012 年版，第 99 页。
④ 陈宏谋辑：《养正遗规译注》，《五种遗规》译注小组译注，中国华侨出版社 2012 年版，第 100 页。
⑤ 黄庭坚：《书赠韩琼秀才》，载曾枣庄主编：《宋代序跋全编》卷一一一，齐鲁书社 2015 年版，第 3110 页。

千遍也只是停留于书本中，倘若在待人接物、养心治性上皆以圣贤之言为标准，其对于书本知识的理解会更为通透。

五是著紧用力。"宽著期限，紧著课程。为学要刚毅果决，悠悠不济事。且如发愤忘食，乐以忘忧，是什么精神，什么筋骨。"① 此条读书法是要求儿童合理安排学习计划，设置学习期限，不怕困难，发奋学习。荥阳公教育后生读书亦采用此法：

> 大抵后生为学，须是严立课程，不可一日放慢。每日须读一般经书，一般子书，不须多，只要令精熟。须静室危坐，读二三百遍，须令成诵，不可一日放过也。史书须每日读取一卷或半卷以上始见功，须是从人授读，疑难处便质问，须是孜孜就人，不可自家先自放慢也。②

荥阳公说得极为详细，对于儿童而言，自幼养成良好的阅读习惯，将终身受益。

六是居敬持志。"及应事时，敬于应事，读书时，敬于读书，便自然该贯动静，心无不在。"③ 即读书要持"敬"，"敬"本身为理学中极为重要的修身方法，处事皆要持"敬"。读书须要持严肃、庄重、专心之态度，心在圣贤之义中，无不贯通。朱熹还提倡读书"三到"，即"心到、眼到、口到"④，他认为朗诵书目，心、眼、口皆须"到"书中去，然"三到"中，最急迫的是"心到"，持"敬"之主体与"心"直接相关。因儿童天性活泼好动，教其如何持"敬"恐有难处，可通过读书规范约束。如真德秀所言"专心看字，断句慢读，须要字字分明，毋得目视东西，手弄他物"⑤，这大概是读书居敬最通俗的表现。

---

① 陈宏谋辑：《养正遗规译注》，《五种遗规》译注小组译注，中国华侨出版社 2012 年版，第 100 页。
② 吕祖谦：《少仪外传》，载徐梓、王雪梅编：《蒙学须知》，山西教育出版社 1991 年版，第 112 页。
③ 陈宏谋辑：《养正遗规译注》，《五种遗规》译注小组译注，中国华侨出版社 2012 年版，第 101 页。
④ 陈宏谋辑：《养正遗规译注》，《五种遗规》译注小组译注，中国华侨出版社 2012 年版，第 16 页。
⑤ 陈宏谋辑：《养正遗规译注》，《五种遗规》译注小组译注，中国华侨出版社 2012 年版，第 60 页。

第二节　人伦道德之训诫

　　"人伦"是指人与人之间的关系，一般而言，古代主要有五种伦常关系，分别为父子、君臣、夫妇、长幼与朋友。此五种关系规定了人所须遵守的一般道德，即"父子有亲，君臣有义，夫妇有别，长幼有序，朋友有信"（《孟子•滕文公上》）。儒家向来十分重视"五伦"教育，某种意义上而言，它是人之为人所须遵守的最基本的伦理规范，对于处于心智尚未成熟的蒙童而言，"五伦"的训诫十分重要。

　　朱熹与其弟子刘清之所编著的《小学》就将"明伦"作为其中一篇，且其他篇目中亦有"人伦"选项。据笔者统计，《小学》内外两篇共计 394 则，"立教、明伦、敬身"是全文内外篇的大纲，从数量上而言，"明伦"与"敬身"则分别为 233 则（占 59%）与 119 则（30%），共占 89%，以上清楚地表明《小学》一书重点在于"明伦"与"敬身"二事。若再仔细分析"敬身"的内容，亦可归于"明伦"。总之，可以肯定地说，就朱熹所定义的"小学"阶段训蒙的重点即为"明伦"。再如史浩《童丱须知》首五篇即"君臣篇""父子篇""夫妇篇""朋友篇""长幼篇"，[①] 无不是在说明蒙童教育中"五伦"之重要性。再举两例：

> 　　学为己，明人伦。君臣义，父子亲，夫妇别，男女正，长幼序，朋友信。[②]
> 　　圣人因五性，秩序为人伦。仁以亲父子，义以结君臣，礼民以序长幼，智以别夫妇，信以交朋友，夫是谓五教，五教苟不修，何以远禽兽。[③]

　　总之，古之儒家教育的根本目的或说任务之一，即是教育个体成为符合遵守基本伦理道德之人。此种"明人伦"之教育价值取向，并非宋代儒者首创，其所突出的道德价值是自孔孟以来的儒家教育的一贯保持的根本立场。这"五伦"教育中，父子、兄弟、朋友关系为蒙童阶段最为相关与密切的三伦，至于夫妇与君臣关系则突出男童女童教育之别与为官之道。

---

① 史浩：《童丱须知》，载《鄮峰真隐漫录》卷四九，清乾隆刻本。
② 陈淳：《北溪大全集》卷一六《训蒙雅言》序，《四库全书》本，第 94 页。
③ 饶鲁：《训蒙五言》，载熊大年编：《养蒙大训》，新文丰出版公司 1985 年版，第 216 页。

一、父子之伦——施孝之道

在普通结构的家庭中，一般存在三条关系线，即父子、兄弟、夫妇，其中父子关系处于整个家庭关系中的主轴地位，母子、兄弟、姊妹、夫妇等关系无不围绕其展开。父子关系一面具有作为人的生物学属性，另一面又超越了血缘关系，更具有政治、经济、宗教等社会意义属性。换言之，不论家庭结构如何，父权是家庭权力的核心。父子关系所产生的核心道德则是"孝"，"孝"是中国传统美德之一，孔子认为其与"悌"是为"仁"之根本。古之圣贤教育中，"孝"是十分重要的范畴，"夫孝，德之本也，教之所由生也"（《孝经·开宗明义章》）。作为德行根本与核心的"孝"，是古代人伦教育之开端。

在中国传统文化中，"孝"包含的内容十分复杂。《礼记·祭统》载孝子事亲有三：在世时养、去世办丧、终身祭祀。① 曾子认为孝亦有三事："大孝尊亲，其次弗辱，其下能养。"（《礼记·祭义》）从时空上而言，子女对父母之孝须由生到死；从孝之内容上而言，分物质层面（衣食之养）与精神层面（一是不使父母受辱；二是尊敬、重视父母）。"孝"是宋代蒙学伦理道德教育的重要内容，主要从以下三个方面展开。

一是从《孝经》入手的"孝"道训诫。《孝经》是儒家经典书目的重要组成部分，宋代统治者、学者、家长、教师等极为重视儿童读《孝经》，他们或立规定将其列入考试范围，或直述读圣贤书《孝经》为首选，兹举几例：

> 凡全诵六经、《孝经》、《语》、《孟》及能文，如六经义三道，《语》《孟》义各一道，或赋一道、诗一首为上等……②

> 读书须是且从《开宗明义》章第一起，不可便读《蒙求》、《孝经》序，为字太难。③

> 自儿童学语，便对以属对，既而少长，虽次第读《孝经》《语》《孟》……④

① 孙希旦：《礼记集解》，沈啸寰、王星贤点校，中华书局 1989 年版，第 1237 页。
② 《宋史》卷一五六《选举二》
③ 王日休：《训蒙法》，载徐梓、王雪梅编：《蒙学要义》，山西教育出版社 1991 年版，第 158 页。
④ 陈淳：《北溪大全集》卷二六《答陈伯澡》，《四库全书》本，第 164 页。

首例是南宋孝宗淳熙年间童子举的考试"一等"的要求，它似乎有着明显的"功利性"色彩，但除去考试因素，不论其是否为主动，读《孝经》本身是客观事实。《孝经》亦是了解关于"孝"之伦理知识的重要来源，若孩童认为《孝经》难读，不妨先读其《序》。

二是强调"敬孝"的原因及其重要性。阅读《孝经》之原文，对儿童把握"孝"道义理有重要作用，这只是停留在书本之上。倘若现实生活中周遭长辈不断强调"孝"德的意义，一定程度上可以加深儿童对于"孝"之理解。这样的例子在宋代蒙学教材中数不胜数，兹举几例：

> 父孝子必孝，不教亦须孝。自己身不孝，养子谩劳教。慈乌本来孝，何曾得人教。孝是种子法，不由教不教。①
>
> 人孰无父，亦孰无母。父者，人之天也；母者，人之地也。天地之德于人大矣，父母之恩于人深矣，何以报之也哉？②
>
> 戒尔学立身，莫若先孝悌。怡怡奉亲长，不敢生骄易。战战复兢兢，造次必于是。③
>
> 罗仲素论瞽瞍底豫，而天下之为父子者定。云："只为天下无不是底父母。"④

"事亲如事天""天下无不是底父母""莫若先孝悌"等无不是强调父母如天地般伟大，身为子女应尽"孝"。史浩在《童咏须知》的《父子篇》中论述行孝的原因时，讲得十分动人，兹录如下：

> 两家各生子，匪媒其可得。礼合成夫妻，相其孕英特，方当妊娠初，疾呕不纳食。妻既日呻吟，夫亦日忧恻。辛勤弥十月，存亡未可测。暨及震夙时，痛楚千万亿。稍或失调护，沦婿在顷刻。幸尔见婴儿，欢喜动颜色。

---

① 刘清之：《戒子通录》卷五，《四库全书》本，第 53 页。
② 王十朋：《王十朋全集》辑佚《家政集》，上海古籍出版社 2012 年版，第 1053 页。
③ 范质：《戒从子诗》，载包东波选注：《中国历代名人家训荟萃》，安徽文艺出版社 2000 年版，第 112 页。
④ 朱杰人等主编：《朱子全书》卷七六《小学》，上海古籍出版社 2002 年版，第 440 页。

乳哺更携持，几年先用力。母实钟爱怜，父亦思诲饬。①

史浩从男女成婚结为夫妇论起，女子经过艰辛的十月怀胎，分娩时经历千万亿痛楚才降生婴儿。出生之后还需要精心的哺乳、喂养，三年才能免于怀，待其能言能食，又需教其识字、读书、做人等。可见，生育、培养一个孩子耗费了父母大量的心血，其中有时间、物质、精神多重成本。通过类似的教育来激发儿童对父母的感激之情，强化对父母养育之恩的认同感，从而培养孝敬的自然情感，这不失为一种有效的方式。

三是制定日常孝亲生活规范，从而强调对父母的回报。通过不断强调"孝"德，一定程度上确实能激发儿童"孝"心。如果将这些纯粹的说教转化为具体的实践操作，其效果将更为显著，由此培养出自然、贴切的"孝德"情感，这完全符合儿童心理特点。陈淳《小学诗礼》将事亲的具体规范描述得十分详尽，一共 14 则 28 条规范，全文兹录如下：

> 凡子事父母，鸡鸣咸盥漱。栉总冠绅履，以适父母所。
> 及所声气怡，燠寒问其衣。疾痛敬抑搔，出入敬扶持。
> 将坐请何向？长席少执床。悬衾箧枕簟，洒扫室及堂。
> 长者必奉水，少者必奉盘。进盥请沃盥，盥卒授以巾。
> 问所欲而进，甘饴滑以滫。柔色以温之，必尝而后退。
> 养则至其乐；居则致其敬。昏定而晨省，冬温而夏清。
> 三日则具沐，五日则请浴。煗潘请靧面，煗汤请濯足。
> 其有不安节，行不能正履。饮酒不变貌，食肉不变味。
> 立不敢中门，行不敢中道；坐不敢中席，居不敢主奥。
> 父召唯无诺，父呼走不趋。食在口则吐，手执业则投。
> 父立则视足，父坐则视膝。应对言视面，立视前三尺。
> 父母或有过，柔声以谏之。三谏而不听，则号泣而随。
> 父在不远游，所游必有常。出不敢易方，复不敢过时。

---

① 史浩：《童丱须知》，载《鄮峰真隐漫录》卷四九，清乾隆刻本，第 314 页。

舟焉而不游，道焉而不径。身者父母体，行之敢不敬？①

从鸡鸣洗漱至父母所问候，问其冷暖、穿衣、病痛，为其铺坐席、整理衣物、洒扫堂室，到盥洗奉水端盘授巾，侍奉饮食；朝夕、冬夏居要使其安适，沐浴、洗脸、沃足无不一一俱到。身体不安，子女寝食难安；平时立行坐居，皆尊重父母；父有命立回；与父交谈之举止须端庄；父母有过，谏之有技巧；子女外出先有告知方位与去向；安身即行孝等。可以说，从日常之起居，洗漱、沐浴、穿衣、饮食、洒扫、进退、应对等无所不包，侍奉的态度须柔和、温暖、敬重，将儿童对父母的尊敬体现于日常生活的方方面面，贯穿于孩童的言行举止中，形成固定的居家礼仪。

上述片段的内容来自《礼记》的《内则》《少仪》《曲礼》，它的对象不完全是蒙童，更多倾向于成人。早在北宋司马光作《涑水家仪》时亦引用不少《礼记》内容，他认为尊长的行为应从小培养，即使是幼童亦当遵守。他说：

未冠笄者，质明而起，总角靧面、以见尊长。佐长者供养祭祀，则佐执酒食。若既冠笄，则皆责以成人之礼，不得复言幼童矣。②

综上观之，教导儿童在日常起居生活中孝敬父母，告知以具有实践性、操作性的道德规范，其效果势必超出纯粹的理论道德灌输。值得提出的是，这里所涉及的孩童大抵出身于大家族，对于普通家庭的子弟而言，虽无需施行如此复杂的家庭敬孝规范，但亦须实行日常生活中一般孝亲行为，其旨趣是相通的。

二、兄弟之伦——行悌之道

兄弟关系的重要性在家庭血缘关系中仅次于父子关系。古代家庭形态复杂，结构多样，兄弟数量众多，关系处理并不简单。家族愈大，关系愈复杂，特别是累世同居共财共炊的大家族，不仅人数众多，且形态多样，如同父同母、同父异母等。兄弟关系的核心为"悌"，它指为弟者敬重兄长、顺服兄长，这是

---

① 陈宏谋辑：《养正遗规译注》，《五种遗规》译注小组译注，中国华侨出版社 2012 年版，第 38—43 页。
② 司马光：《涑水家仪》，载包东波选注：《中国历代名人家训荟萃》，安徽文艺出版社 2000 年版，第 135 页。

儒家重要的伦理范畴之一，它常与"孝"并列使用。如"弟子入则孝，出则悌"（《论语·学而》），再如"孝悌也者，其为仁之本"（《论语·学而》）等。悌道应用于兄弟关系，本书将其扩展至长幼之间。

宋代童蒙教育十分强调兄弟关系和睦的重要性，在蒙学教材中数不胜数，兹取几例：

> 孔怀兄弟，同气连枝。①
>
> 兄弟同胞一体，弟敬兄爱殷勤。须要同心竭力，毋分尔我才真。②
>
> 父母有男女，兄良必弟悌。天性所禀赋，初不烦法制。③
>
> 若等兄弟十四人，虽有异母者，但古人谓"四海之内皆兄弟"也，况同父均气乎？……兄弟之不怀，求合他人，他人渠肯信哉？纵阳合之彼，应背憎也。④

以上无不是强调兄弟本同根而生，应当同心竭力共同维持家道。若无法处理好与兄弟之间的关系，不能彼此包容、互相理解，岂能处理好与他人的关系？对于兄弟失和，诸多家训材料中皆有提及，主要有两个原因：一是妻妾口语相谍，二是争较财货。兄弟恍若仇人，乖伤骨肉，实在令人痛惜，故而家诫中长辈不厌其烦对此劝诫，兄弟和睦不仅有利于骨肉之情，更重要的是从整个家族利益出发，它是大家族长久和谐的重要因素之一。叶梦得如此总结："兄弟辑睦，最是门户久长之道。然必须至少积累，使友爱出于至诚，不见纤毫疑问，乃能愈久愈笃。"⑤

兄友弟恭必然是一种双向的尊重，亦是一种良好的关系状态，但毕竟在等级制度笼罩下，更多强调的是幼者对长者之敬重，二者有着严格的尊卑之序，这是基于古代传统家族等级制度下的规则。我们以吕本中与其祖父吕希哲（荥

---

① 周兴嗣：《千字文》，载韩锡铎主编：《中华蒙学集成》，辽宁出版社1993年版，第9页。

② 石成金编：《福寿真经》，文化艺术出版社2006年版，第226页。

③ 史浩：《童丱须知》，载《鄮峰真隐漫录》卷四九，清乾隆刻本，第314页。

④ 宋祁：《庭戒》，载包东波选注：《中国历代名人家训荟萃》，安徽文艺出版社2000年版，第119页。

⑤ 叶梦得：《石林家训》，载包东波选注：《中国历代名人家训荟萃》，安徽文艺出版社2000年版，第145页。

阳公）对话为例：

> 本中尝问荣阳公曰："兄弟之生，相去或数日，或月十日，其为尊卑
> 也微矣，而圣人直如是分别长幼，何也？"
> 公曰："不特圣人直重先后之序，如天之四时，分毫顷刻皆有次序，
> 此是物理自然，不可易也。"①

兄弟虽在年龄上相距不远，但其存在长幼之序、尊卑之制，是天然之理，
如四时运行，且不易改变。荣阳公又举例："京师曹氏诸贵族，卑幼不见尊长三日，
必拜。"② 礼之作用在于区别贵贱与尊卑，拜礼明确长幼之序。愈是大家族，其
尊卑礼制愈严格，但不意味普通家庭之间不存在尊卑思想，只是体现得未那般
严格罢了。

对蒙童强调兄弟和睦相处的重要性，强化幼者对长者的尊重，也只停留于
口头说教，更重要的是指导他们如何在生活中具体实践"长幼之序"，教导其
何谓行悌道，何谓对兄长的尊敬与顺从。《小学诗礼》"事长篇"将儿童在日
常生活中如何行悌道，遵循尊卑长幼之序论述得十分详尽。综观其他童蒙教材
中相关具体行为规范，基本未脱离其论述范围，现将其兹录全下，并加以分析。

> 君子容舒迟，见尊者齐遫。足重而手恭，声静而气肃。
> 始见于君子，辞曰愿闻名。童子曰听事，不敢与并行。
> 尊年不敢问，长赐不敢辞。燕见不将命，道不请所之。
> 年倍事以父，年长事以兄。父之齿随行，兄之齿雁行。
> 见父之执者，不问不敢对。不谓进不进，不谓退不退。
> 侍坐于长者，必安执而颜。有问让而对，不及毋儳言。
> 君子问更端，则必起而对。欠伸撰杖履，侍坐可请退。
> 侍饮于长者，酒进则拜受。未釂不敢饮，未辩不虚口。
> 侍燕于君子，先饭而后已。小饭而亟之，毋啮骨刺齿。

---

① 吕本中：《童蒙训》，载韩锡铎主编：《中华蒙学集成》，沈阳：辽宁出版社1993年版，
第57页。
② 吕本中：《童蒙训》，载韩锡铎主编：《中华蒙学集成》，沈阳：辽宁出版社1993年版，
第61页。

从长上丘陵，必向长所视。群居有五人，长者席必异。①

由上文所述尊长规范，主要体现在以下几方面：

一是与尊长见面，其手、足、声、气，整体容貌须舒缓、庄重，具体言之："容舒迟""足重""手恭""声静""气肃"。这既是对自身行为举止的关注，亦是对长者之敬重。

二是与长上的言语应对上，要诚实回答，不可有虚诞之言，不可多言。兄长之教督不可辩驳，要虚心接受，若有隐情可再缓详解释，不可直接产生冲突，否则视为大不敬，亦失尊卑之分。

三是对于长上的称谓与称呼大有讲究，这是人与人交往的重要事项，对长上的称谓不可不重视。《童蒙须知》有几例：

凡对父母长上朋友，必称名。凡称呼长上，不可以字，必云某丈。如弟行者，则云某姓某丈。②

年长倍者以丈。十年长者以兄。年相若以字勿以尔汝。书问称谓，亦如之。③

古人称谓，有名，有字，有号。对于长者、尊者而言，幼者、卑者不应称呼其字或号，而当以尊称。尊称十分讲究，年龄上长几倍以下，称为"丈"，长十年称"兄"，若同龄可以称字。不仅是面对面称呼，书信亦须遵守此称谓规则。

四是对于长上之命令不可违背，其令进则进，令退则退。不问不对，有问则对，对不能多言，这充分体现了幼者对长者的尊重。

五是关于行、立、坐、揖等举止，亦要对尊长表示尊敬，显示幼者之谦虚谨慎。如与长者同行，与父同龄者须"随行"，与兄同龄者须"雁行"；长上有问，须起身而对，以示敬重；长者所视之处，幼者应当警示之，以防有危险。《童蒙须知》亦有相关规定：

---

① 陈宏谋辑：《养正遗规译注》，《五种遗规》译注小组译注，中国华侨出版社 2012 年版，第 44-48 页。

② 陈宏谋辑：《养正遗规译注》，《五种遗规》译注小组译注，中国华侨出版社 2012 年版，第 19 页。

③ 陈宏谋辑：《养正遗规译注》，《五种遗规》译注小组译注，中国华侨出版社 2012 年版，第 31 页。

　　凡行步趋跄，须是端正，不可疾走跳踯。若父兄长上，有所唤召，却当疾走而前，不可舒缓。①

　　凡侍长上出行，必居路之右，住必居左。②

　　凡道路遇长者，必正立拱手，疾趋而揖。③

　　六是关于侍奉长者饮酒或饮食亦有详细的规定,总体上遵循"饮食先让长者"之原则。长者与幼者坐席之别,长者为中心,示其为大。侍奉饮酒时,长者未饮时,幼者不得先饮；长者未尝菜,幼者不可贪味；侍饭亦是如此。与长者饮食还须遵守基本的饮食礼仪,例如小口食饭,勿啃骨、拔刺。诸如此类细节数不胜数,不一一列举。

　　以上所论主要是对儿童在家庭中日常生活的具体规定。一般而言,儿童十岁左右外出就傅须尊重师长, 《朱子论定程董学则》将学堂长幼之序论述得极为详致。如外出学堂须报告师长,并论述理由,这既是遵守学规的表现,亦是对师者的尊敬。"非尊长呼唤、师长使令,及己有急干,不得辄出学门。出必告。反必面。出不易方,入不逾期。"④ 接待宾客亦如是, "凡客请见师长,坐定,值日击板,诸生如其服升堂,序揖,立侍,师长命之退,则退"⑤。

三、夫妇之伦——男女之别

　　男女之别是父子有亲、长幼之序的基础,无别无义如禽兽之道。男女一出生则自有分别：

　　　　子生,男子设弧于门左,女子设帨于门右。三日,始负子,男射女否……

---

① 陈宏谋辑： 《养正遗规译注》， 《五种遗规》译注小组译注，中国华侨出版社 2012 年版，第 13 页。

② 陈宏谋辑： 《养正遗规译注》， 《五种遗规》译注小组译注，中国华侨出版社 2012 年版，第 20 页。

③ 陈宏谋辑： 《养正遗规译注》， 《五种遗规》译注小组译注，中国华侨出版社 2012 年版，第 21 页。

④ 陈宏谋辑： 《养正遗规译注》， 《五种遗规》译注小组译注，中国华侨出版社 2012 年版，第 28 页。

⑤ 陈宏谋辑： 《养正遗规译注》， 《五种遗规》译注小组译注，中国华侨出版社 2012 年版，第 32 页。

三月之末，择日，翦发为鬌，男角女羁，否则男左女右。

（《礼记·内则》）

从出生时的男左"弧"（木弓）、女右帨（佩巾）始；三日后男子可举行射礼，女子不举行；三月后修剪发型，男子留"角"，女子留"羁"。当然这只是男童与女童出生不足百日的一些礼仪差别，其本质是整个社会所赋予的男尊女卑的思想。《礼记·内则》对男童和女童"能食能言"起到七十岁所侧重之事进行区分。在《礼记·内则》的基础上，司马光根据时代社会发展之变化与司马氏家族实际情况出发，对男童女童所行之事进行了改编，见其所作《涑水家仪》，具体差别见表25。

表25　司马光《涑水家仪》中男童与女童教育异同表 [1]

年龄	事项	男童	女童
能食	食	皆教以右手	
能言	自名、唱	喏	万福
稍长	规范	教恭敬尊长，识尊卑长幼	
六岁	教授知识	数与方名	
	写字	习书字	女工小者
七岁	饮食、席位	不同席、不共席	
	读书	《孝经》《论语》	
八岁	外出参席	可外出参加宴席，必后长者，教廉让	不出中门
	读书	《尚书》	
九岁	讲解书目	《春秋》并晓义理	《论语》《孝经》《列女传》《女诫》
十岁	就学、读书	一是出家外傅，二读诗、礼、传，知仁义礼智信；三读孟荀扬子等圣贤之书；四皆通学文辞	教以婉娩听从；女工大者

如上表所示，男女自出生那一刻起即存在差别，主要从两方面论之：

一是从日常规范上看。从男童与女童能食能言起，行礼的祝词即有差异：

---

[1] 司马光：《涑水家仪》，载包东波选注：《中国历代名人家训荟萃》，安徽文艺出版社2000年版，第134—135页。

男童称"喏"，女童称"万福"。六岁时，男童开始练习书法，而女童从事女工中的简单技能，例如养蚕、裁剪、缝纫、烹调等。七岁时，男女饮食、学习不同席，不共席。八岁时，男童可参加宴席，十岁即外出上学；而女童自八岁起不得出中门，主要从事女工事务。

二从读书内容上看。七岁时，在识字基础之上，男童女童皆读《孝经》与《论语》，大抵是"四书五经"中篇幅相对较短、内容较易的二书。随后男童继续读《尚书》（八岁）、《春秋》（九岁），诗、礼、传、子等圣贤之书皆读，同时开始学习诗歌与作文（为参加科举做准备）。反观女童，九岁时继续读《论语》与《孝经》二书，同时开始学习专门为女子道德规诫的所著的《列女传》《女诫》等诸类书籍。

可以说，男童与女童一出生即意味着未来将走向完全不同的领域，男童须治家、立业、走向社会；而女童则于闺门中侍奉舅姑、相夫教子。这俨然包含着男尊女卑的思想，古代男子是社会的主力军，社会大门基本向女子关闭。司马光所述的出身于士大夫家族的女童，其尚有机会读诗书，以"知书达理"为目标。对于一般普通家庭的女童而言，则未如此幸运。宋人梅尧臣曾戏谑：

> 生男众所喜，生女众所丑。生男走四邻，生女各张口。男大守诗书，女大逐鸡狗。何时某氏郎，尚上拜媪叟。①

"所喜"与"所丑"，"走四邻"与"各张口"，"守诗书"与"逐鸡狗"将一般家庭的男童与女童的差别形容得淋漓尽致。

陈淳《小学诗礼》"男女篇"同样以《礼记》中男女之别为基础，与《涑水家仪》有重叠处，但比其讲得更为细致，内容更为丰富，加之用对偶形式，对孩童教育更具操作性。全文如下：

> 男正位乎外，女正位乎内。男女无相渎，天地之大义。
> 男十年出外，就傅学书计。学乐学射御，学礼学孝弟。
> 女十年不出，姆教婉娩从。执麻冶丝茧，观祭纳酒浆。
> 女子不出门，出门必拥蔽。夜行必以烛，无烛则必止。

---

① 何文焕辑：《历代诗话·韵语阳秋》卷一〇，中华书局 2004 年版，第 559 页。

男女不杂坐，嫂叔不通问。内言不出阃，外言不入阃。

男不言内事，女不言外事。非祭不交爵，非丧不受器。

姑姊妹女子，已嫁而反室。弗与同席坐，弗与同器食。

取妻不同姓，寡子弗与友。主人若不在，不入其门户。

妇人伏于人，无所敢自遂。令不出闺门，惟酒食是议。

迎客不出门，送客不下堂。见卑不逾阈，吊丧不出疆。

妇人不二斩，烈女不二夫。一与之齐者，终身不改乎。①

《小学诗礼》"男女篇"主要从以下几方面论述：

其一，男女有别，所从事不同，一般而言，男性主外，女性主内，各安其分，各执其职。故而，男女自幼所学之事不同，男童学习如何社交、立身的各种技能，女童则不出闺门，从事女工等。

其二，男女既然有别，所主事的重心不同，因此闺门之内事、内言与闺门外事、外言互不相通。家中男女之间的平日交往有所禁忌。男女之间不杂坐、不同席、不同器，若非特殊场合，如祭祀或丧礼，否则男女不"交爵""不受器"等。

其三，男女交往上的禁忌与规定，更多体现为对女性的一种束缚，男尊女卑的思想自幼即开始灌输。《小学诗礼》很大篇幅是对女性的道德规约，比如女子出行、夜行的道德规范；不出闺门，不议外事，不敢自遂；即使是迎送客人皆不越门；其中还有寡妇不再嫁、一生忠于一夫的道德束缚。以上还只显露严苛妇德的"冰山一角"。据司马光家训所述，至少北宋一般士大夫家中，女子从七岁始即须读《女诫》《列女传》这类女性规诫书籍。因为女子在十五岁左右行笄礼之后即具有嫁人资格，而男子二十岁方行冠礼，故而对于女德的培养或许需要更早提上日程。

宋代女童九岁始除了日常的女工之外，要读《列女传》《女诫》二书。《女诫》为东汉班昭所著，是用以训诫女性德行的"教科书"，分为《卑弱》《夫妇》《敬慎》《妇行》《专心》《曲从》《叔妹》七部分。就全篇内容而言，无不是在提倡男尊女卑、女性顺服男性的思想，这一点毋庸置疑。然而此书也不是完全没有积极面，比如提倡女性同样有受教育的权力，丈夫亦当贤能处理夫妇关系等。《列女传》

---

① 陈宏谋辑：《养正遗规译注》，《五种遗规》译注小组译注，中国华侨出版社2012年版，第48—52页。

为西汉刘向所作，分为《母仪传》《贤明传》《仁智传》《贞顺传》《节义传》《辩通传》《孽嬖传》七部分。该书记载了从古至汉的100余位女性人物的嘉言与善行，这些女性道德典范皆符合当时代女性道德标准，通过歌颂其德行，自幼灌输女童如何成为一个品行与操守皆合格的女性。

这几本女德启蒙道德教育读本，旨在教导女性接受"妇道""妇德"楷模的榜样教育，一定程度上能激发女童内心的崇拜之心。在这种强烈的社会或家庭女德氛围中，女童自觉或不自觉地接受道德教育。在这些传统的女德蒙学教诲中，其内容并非完全不可取，如孝敬父母、公婆，处理与叔伯、妯娌等家族关系；从事各种女工家事，照料家庭日常起居；培养女性温和、柔顺的品德等，即使在现代社会也具有一定的积极作用。

四、朋友之伦——择友之道

朋友之伦虽然为血缘关系之外的一伦，然而，儿童自十岁外出读书，即开始与同学、朋友相交往，朋友的愚贤、善恶一定程度上会影响个人的成长。历史上那些耳熟能详的友情，如伯牙与子期"知音之交"、廉颇与蔺相如的"刎颈之交"、陈重与雷义的"胶漆之交"、元伯与巨卿的"鸡黍之交"，角哀与伯桃的"舍命之交"、管仲与鲍叔牙的"管鲍之交"等，无不是在激励孩童寻觅"好友"。

历来教育主体包括教育家、师长、父母等，无不注重儿童交友。儿童外出就傅、游学与人相交，由于阅历浅、心智尚未成熟，对于如何择友是父母、师长所忧之事。故而在儿童道德训诫中，择友成为重要议题。

《童蒙训》论述吕舜从年轻时随其兄吕好问，与宋时一大批世贤名流从游，据自身交游经历训导子孙："某幸得从贤士大夫游，过相推许，然某自省所为，才免禽兽之行而已，未能便合人之理也，何得士大夫过相与耶。"[①]《童蒙训》中吕氏家族交友的人物大抵有110余人，按吕舜从之意，正是与当时贤者相交，以他们为自身的榜样，不断反省自己，德行日益提升，才免"禽兽之行"。这不免有夸大之嫌，但这也表明品德高尚、操守高远的朋友相交将受益匪浅。当然，吕氏家族是当时官宦世家，又是学者世家，故而吕氏子弟有更多的机会与名流交往，对于一般家庭的子弟而言实在"望尘莫及"。

---

① 吕本中：《童蒙训》，载韩锡铎主编：《中华蒙学集成》，辽宁出版社1993年版，第54页。

倘若交友不慎，负面影响至深，宋代大家族的家训中无不重视家族子弟交友之事。这是由于当时因子弟交游不慎，导致财破家亡之例诸多，故而有些家族长辈采取了极端措施，将子弟拘束在家，严禁交友。袁采认为这并非良策，如此只会使子弟"朴野蠢鄙，不近人情"，不若让其出入交友，须随时谨慎，兄长等加以督促提点即可。他说："不若时其出入，谨其交游。虽不肖之事，习闻既熟，自能识破，必知愧而不为。纵试为之，亦不至于朴野蠢鄙，全为小人之所摇荡也。"①

那应该如何教导儿童择友呢？择友的标准又是什么？各家莫衷一是。朱熹在《训子帖》中所言可谓有理：

> 大凡敦厚忠信，能攻吾过者，益友也。其诐谀轻薄，傲慢亵狎，导人为恶者，损友也。推此求之，亦自会见得五七分，更问以审之，百无所失矣。但恐志趣卑凡，不能克己从善，则益者不期疏而日远，损者不期近而日亲。此须痛加检点而矫革之，不可荏苒渐习，自趋小人之域。如此，则虽有贤师长，亦无救拔自家处矣。②

如朱熹所述，其区分益友与损友的标准在于人之品德和性情，益友为品德敦厚忠实诚信，且能对己之不当行为规诫者；损友是那些本身言行傲慢轻飘，会引导他人从恶之人。当然，交游也是提高自身德行的过程，若不能克己从善，益友会疏远而去，而损友愈接近，离开君子之境，进入小人之域。故而，须加强自身的品德与修养，既能分辨善恶、贤愚，又能反省、提高自身的处事能力。虽然长辈教导孩童如何择友的标准不尽相同，但大抵是那些品德高尚之人、端正优雅之士。再试举几例：

> 与人交游，宜择端雅之士，若杂交终必有悔，且久而与之俱化，终身欲为善士不可得矣。③
> 所与游者，皆善人端士，彼亦自爱已防患，则是非毁誉之言亦不到汝

① 袁采：《袁氏世范》，天津古籍出版社1995年版，第98页。
② 朱熹：《朱子训子帖》，载常青等：《名门家训》，三秦出版社1991年版，第160页。
③ 陆游：《放翁家训》，载包东波选注：《中国历代名人家训荟萃》，安徽文艺出版社2000年版，第160页。

耳。①

　　与善人交，有终身了无所得者；与不善人交，动静语默之间，亦从而似之。何耶？人性如水，为不善如就下。交友之间，安可不择。②

　　亲近有德君子，远离无益小人。善人久可处约，恶人反面无情。③

　　长辈训导子孙时，大抵的标准为"善人""端士""端雅之士""君子"，这些基本以德行作为评价标准。原因何在？大概是"人性如水，为不善如就下"，所谓的"近朱者赤，近墨者黑"。这是人性使然造成，何况对于心智尚不成熟的孩童而言，更易受外在环境的影响，"孟母三迁"即是最好的证明。有益的朋友大概"似兰斯馨，如松之盛"④，友谊将长久不衰。陆游训子时，自述其所交往之朋友何谓益友。他说："吾少年交游，多海内名辈，今多已零落。后来佳士不以衰钝见鄙，往往相从，虽未识面而无定交者亦众，恨无由遍识之耳……"⑤陆氏现身说法，其所交往的一部分朋友，并未因其从仕途退下归家成为一介布衣，而对其态度有所改变。

　　劝诫孩童择益友，也须教导他们如何分辨损友，这亦是审慎交友的重要方面。对于哪些人不可交游，且须远离，训蒙材料中有诸多此类劝诫，试举几例：

　　薄于所亲而责人重者，不可与言交；好名欲速者，不可与共谋；贪而喜诈者，不可也同利害；忍而好胜者，不可与同逸乐。⑥

　　君子所言道德，小人开口浮轻。或言饮食好歹，或论衣服旧新。或评女色美丑，或谈势利欺凌。见人富贵即重，见人贫贱就轻。结识皆系狂悖，

---

① 叶梦得：《石林家训》，载包东波选注：《中国历代名人家训荟萃》，安徽文艺出版社2000年版，第145页。

② 李邦献：《省心杂言》，载上海师范大学古籍整理研究所编：《全宋笔记》第六编第三册，大象出版社，2013年版，第65页。

③ 苏轼：《安乐铭》，载石成金编：《福寿真经》，文化艺术出版社2006年版，第227页。

④ 周兴嗣：《千字文》，载韩锡铎主编：《中华蒙学集成》，辽宁出版社1993年版，第8页。

⑤ 陆游：《放翁家训》，载包东波选注：《中国历代名人家训荟萃》，安徽文艺出版社2000年版，第155页。

⑥ 李邦献：《省心杂言》，载上海师范大学古籍整理研究所编：《全宋笔记》第六编第三册，大象出版社2013年版，第58页。

相与歃血连盟。①

虽然对损友特点表述不同，实质是所谓的"小人"，即其道德品质存在严重问题。其具体表现不一，如对所亲之人淡薄者，对他人过于苛责者，好评价饮食美恶、衣服好坏、女色美丑等外在事物者，欺强怕弱、见利忘义、欺贫爱富、好名爱财、贪婪奸诈，好胜狂悖者。孩童一旦与此类人为伍，则有可能胡作乱为，德性日趋低下，父兄长上不能坐视，须帮助子弟辨别。

既已学会如何择友，重要的事情是应该如何与之相处；换言之，与人交游中应该注重哪些原则。训蒙书籍中，此类劝诫并不在少数，主要有以下几类：

一是言语须谨慎。俗话说"祸从口出"，大抵是此意。

简言择交，可以无悔吝，可以免忧辱。②

京师交游，慎于高议，不同言责之地固。且温习文字，清心洁行，以自树立平生之称。当见大节，不必窃论曲直，取小名招大悔矣。③

以上所论旨在说明交游须"简言"，指不要说些乖张不雅之语，否则伤害朋友之间的感情。勿于背后道人之长短，应当保持自身心清，行为洁净，如此可不招悔吝，亦可无忧患受辱，与人之关系亦能长久。与人交往，不仅是言语恐伤友人之情感，如与言语相关的表情、颜色、辞气等也可能造成失欢。故而，在交友过程中，特别是规谏朋友之时，须多加注意。袁采如此说道：

亲戚故旧，因言语而失欢者，未必其言语之伤人，多是颜色辞气暴厉，能激人之怒。且如谏人之短，语虽切直而能温颜下气，纵不见听，亦未必怒。④

朋友间直言相劝自是一种信任，但也须注意脸色温和，辞气勿高傲，勿暴躁严厉，否则容易激人之怒。如此，不仅没有完成劝诫，反而产生负面效果，

---

① 苏轼：《安乐铭》，石成金编：《福寿真经》，文化艺术出版社 2006 年版，第 227 页。

② 李邦献：《省心杂言》，载上海师范大学古籍整理研究所编：《全宋笔记》第六编第三册，大象出版社 2013 年版，第 56 页。

③ 范仲淹：《与直讲三哥书》，载项安世：《项氏家说》卷一〇，清武英殿聚珍版丛书本，第 71 页。

④ 袁采：《袁氏世范》，天津古籍出版社 1995 年版，第 98 页。

这应引起儿童的重视。平常与人交往亦是如此。

二是与人交往须平和谦虚。不论是颜色或是辞气须平和简易，个体的处事交友亦应须神态谦卑，外在修饰整洁，言行举止要端正，不可妄自尊大、乖张跋扈。

> 人之性行虽有所短，必有所长。与人交游，若常见其短，而不见其长，则时日不可同处。若常念其长，而不顾其短，虽终身与之交游可也。①
>
> 与人交游，无问高下，须常和易，不可妄自尊大，修饰边幅，若言行崖异，则人岂复相近。②
>
> 人士有与吾辈行同者，虽位有贵贱，交有厚薄，汝辈见之，当极恭逊，己虽官高，亦当力请居其下，不然，则避去可也。③

个体皆有所长与所短，与人交往中不能一味只视他人之劣势，而不顾他人优势。如此不仅感情破裂，势必失欢；而且会使自身高傲，目无尊长，言行举止失正。故而，孩童时期与人交往，即须教导其谦让、恭逊、谦卑，多视他人长处；待其成人，即使位于高位，亦不会失去谦逊品质。

三是交友须恭敬。程颐与张载皆提倡与人交往以"敬"，他们分析朋友交恶的原因，大多是由于彼此不"敬"。

> 近世浅薄，以相欢狎为相与，以无圭角为相欢爱。如此者，安能久？若要久，须是恭敬，君臣朋友皆当以敬为主也。④
>
> 今之朋友，择其善柔以相与，拍肩执袂以为气合，一言不合，怒气相加。朋友之际，欲其相下不倦，故于朋友之间主其敬者，日相亲与，得效最速。⑤

程、张二人指出当时社会存在不良的交友风气，以欢狎、欢昵、善柔以为友好，倡导"无圭角"交友原则，"圭角"一词出现在《礼记·儒行》郑玄注中，孔

① 袁采：《袁氏世范》，天津古籍出版社1995年版，第66页。
② 袁采：《袁氏世范》，天津古籍出版社1995年版，第86页。
③ 陆游：《放翁家训》，载包东波选注：《中国历代名人家训荟萃》，安徽文艺出版社2000年版，第156页。
④ 朱杰人等主编：《朱子全书》卷七六《小学》，上海古籍出版社2002年版，第447页。
⑤ 朱杰人等主编：《朱子全书》卷七六《小学》，上海古籍出版社2002年版，第447页。

颖达疏："圭角谓圭之锋芒有楞角。言儒者身恒方正，若物有圭角；不欲异众过甚，去其大圭角，言犹有小圭角也。"① "无圭角"大抵指人无规无矩，不分上下，无尊卑之礼，无长幼之序。具体表现为：虽然平时二人拍肩执袂，互相亲昵，只是看似感情深厚，一旦发生矛盾，则点燃怒火，一拍而散。若人人持"敬"之心，则以"圭角"待人，恭敬谦和，交往有界限，遵循上下尊卑的基本礼仪，可能长久保持友好关系，岂不美哉！总之，交友是双向的，已以德行之标准而择他人为友，他人亦是如此，故而交友亦是提升道德品质的过程。

五、君臣之伦——为官之道

君臣之伦相较其他四种伦理关系而言，离一般儿童生活实际较遥远。然而，对于士大夫家族的孩童而言，他们的长辈本身为仕宦通达的人物。《童蒙训》与《少仪外传》即是吕氏家族用于教导子弟的蒙学书籍，其中不乏大量祖辈与统治者或显达人士交往的论述，多有君臣关系与为官之道。对这些贵族子弟而言，将来多半通过恩荫或科举走向仕途，提前熟知官场的生存之道亦无不可。对于一般家庭的子弟而言，平时并没有实际机会了解仕宦之事，而通过贤臣名将、明君贤主的生动故事，对于他们理解孝忠君主、报效国家等亦十分有益。故而，本部分主要倾向于教导孩童"应世居官"之道。

在中国传统社会里，"忠"与"孝"常常连用，这与传统社会的等级制度相关，君臣关系亦是父子关系，故而有"君父"之称。对于今后踏上仕途的子弟而言，将"忠"与"孝"二德并列强调，一定程度上能促使其深知"忠"的重要性，亦能强化为人臣之职责。宋代训蒙中，强调事君与事父、忠与孝之德的教导比比皆是，试举几例：

> 臣之事君，犹子之事父，以忠信为本。②
> 父子教子必以孝，君子之责臣必以忠。子不子，臣不臣，安则为之。③
> 臣之忠、子之孝、弟子之悌是也……苟以孔、孟之道反求诸己，则知

---

① 郑玄：《礼记疏》卷五九，清嘉庆二十年南昌府学重刊宋本十三经注疏本，第 1358 页。

② 胡安国：《与子寅书》，载包东波选注：《中国历代名人家训荟萃》，安徽文艺出版社 2000 年版，第 162 页。

③ 李邦献：《省心杂言》，载上海师范大学古籍整理研究所编：《全宋笔记》第六编第三册，大象出版社 2013 年版，第 74 页。

舍孝弟不足以为人，移孝弟为忠顺，则立身行己之道当。然世或可称，己何能之有？ ①

"移孝作忠"固然有古代社会政治制度作基本支撑，将父子之"孝"与君臣"忠"结合起来训蒙，有助于孩童更容易理解"事君"，因为他们自幼深知如何"事父"。在理解君臣之义的基础上，再强调忠君更能加深理解。

仁睦周吾亲，忠义报吾主。②
出身事主，不以家事辞王事，为人臣，无以有己。③

韩琦为相十年、辅佐三朝；胡安国曾为太学博士，中书舍人兼侍讲，韩、胡二人作为名相贤臣，曾仕内廷，直面君主。他们对君臣之义的理解要比一般教育者更深，故而也教育培养出韩忠彦、胡寅这些忠君爱国之名臣贤士。

父母、兄长、师友以自身的"事君"经历与为官经验，对蒙童进行忠君训诲，这种做法固然有效。然而，此种耳濡目染的方式并不适用于一般家庭的孩童，特别是对于家族几代皆是寒士的贫寒子弟而言，此种"正统"政治教育颇为枯燥。蒙学著作中相关"历史类"教材则可以充当这种政治教育，使蒙童了解历史之兴衰、君臣之关系、仕宦之艰等。这里我们以成于唐代、流行于两宋的《蒙求》为例，它的特点是通过四言韵语，讲故事的形式，论述历史上忠君贤臣之事迹。如"郑崇门杂""王导公忠""豫让吞炭""袁安倚赖""张昭塞门""华歆忤旨""郑众不拜""三顾茅庐""韩信登坛""鉏麑触槐""纪信诈帝""陈群戚容""王凌呼庙""子囊城郢""张华台圻""龚胜不屈"等。

蒙学书籍所论述的古代忠君爱国事例，一定程度上能激发儿童的爱国忠君之情怀。当朝名臣贤将的忠心报国、为国捐躯等事迹或许更能发挥训蒙作用，如欧阳修、包拯、晏殊、曾巩、司马光、王安石、苏轼、苏辙、黄庭坚、刘安世、

---

① 李邦献：《省心杂言》，载上海师范大学古籍整理研究所编：《全宋笔记》第六编第三册，大象出版社 2013 年版，第 59 页。

② 韩琦：《戒子侄诗》，载包东波选注：《中国历代名人家训荟萃》，安徽文艺出版社 2000 年版，第 123 页。

③ 胡安国：《与子寅书》，载包东波选注：《中国历代名人家训荟萃》，安徽文艺出版社 2000 年版，第 162 页。

李光、赵鼎、胡铨、陆游、辛弃疾等贤臣；如石守认、种师道、宗泽、李纲、岳飞、韩世忠、刘锜等名将。儿童不仅要受正面贤臣之激励，还须识别奸臣佞相，宋代"著名"的不忠之臣，如以蔡京、秦桧、贾似道为首的奸臣榜，包括蔡确、吴处厚、邢恕、吕惠卿、章惇、曾布、蔡卞、赵良嗣、张觉、汪伯彦、万俟卨、韩侂胄、丁大全等。正面的榜样教育与反面的警醒教例，对蒙童了解君臣关系、为官之道有一定效果。

应世居官之道是君臣之义的表达，为官清廉公正亦是忠君的表现。在浓厚的科举社会氛围下，对于读书的孩童而言，中第入仕是其学术终点。具体的为官之道当然是重要的人生政治教育内容，这在蒙学教育中所占比例并不少。为官有哪些应世之道呢？《童蒙训》论述为官之法有三个要则：

> 曰清、曰慎、曰勤。知此三者，可以保禄位，可以远耻辱，可以得上之知，可以得下之援。然世之仕者，临财当事，不能自克，常自以为必不败。①

原文出自作者吕本中的另一本书《官箴》，这三个为官的基本要素，其他蒙学教材中亦屡次提及，下试举几例：
一是"清"，即清廉、清正，为仕坦荡，廉洁清明。

> 当官处事，但务著实。如涂一文字，追改日月，重易押字，万一败露，得罪反重，亦非所以养诚心，事君不欺之道也。②
> 莫纵乡亲来部下兴贩，自家且一向清心做官，莫营私利。汝看老叔自来何如？还曾营私否？③
> 仕宦之法，清廉为最，听讼务在详审，用法必求宽恕。迫呼决讯，不可不慎。④

---

① 吕本中：《童蒙训》，载韩锡铎主编：《中华蒙学集成》，辽宁出版社1993年版，第144页。
② 朱杰人等主编：《朱子全书》卷七六《小学》，上海古籍出版社2002年版，第444页。
③ 吕祖谦：《少仪外传》，载徐梓、王雪梅编：《蒙学须知》，山西教育出版社1991年版，第150页。
④ 贾昌朝：《戒子孙》，载包东波选注：《中国历代名人家训荟萃》，安徽文艺出版社2000年版，第116页。

二是"慎"，即谨慎、严谨，与上级、同僚、下属之间言行均须谨慎，遵循为人之本。

> 言居间慎弗窃论曲直，不同任言官时，取小名，受大祸。因言吾徒相见，正当论行己立身之事耳。①
>
> 遂使后生辈当官治事，必尚苛暴，开口发言，必高诋訾，市怨贾祸，莫大于此。②
>
> 庶事皆须经心熟思，毋致小有失错。至于断一笞杖，稍或不当，明则惧于朝章，幽则累于阴骘，可不戒哉。③

不仅要言语谨慎，勿议长短，窃论曲直，以免受祸，亦须秉公执法，处处小心，不然致错，残害他人。

三是"勤"。为官须勤劳、勤勉，一心为民，肯苦肯累。

> 戒尔学干禄，莫若勤道艺。④
>
> 为政之要曰公与勤。⑤
>
> 凡在仕宦，以廉勤为本。人之才性，各有短长，固难勉强，唯廉勤二字，人人可至。廉勤所以处己，和顺所以接物，与人和则可以安身，可以远害矣。⑥

按吕本中之意，"清""慎""勤"三者兼备，才具成为良官的基本素质，如此则一能保持爵禄，二能远离耻辱，三能为上级所知，四能为下级所助。上

---

① 吕祖谦：《少仪外传》，载徐梓、王雪梅编：《蒙学须知》，山西教育出版社1991年版，第147页。

② 贾昌朝：《戒子孙》，载包东波：《中国历代名人家训荟萃》，安徽文艺出版社2000年版，第116页。

③ 刘清之：《戒子通录》卷五，《四库全书》本，第48页。

④ 范质：《戒从子诗》，载包东波选注：《中国历代名人家训荟萃》，安徽文艺出版社2000年版，第112页。

⑤ 李邦献：《省心杂言》，载上海师范大学古籍整理研究所编：《全宋笔记》第六编第三册，大象出版社2013年版，第56页。

⑥ 叶梦得：《石林家训》，载包东波选注：《中国历代名人家训荟萃》，安徽文艺出版社2000年版，第145页。

述为官之则，只是片断式地从训蒙教材中摘辑出来，并不全面，为官之道岂是这般简单，但对于尚未入仕的儿童，悉知为政基本之要亦无妨。

第三节　道德行为规范之训导

宋代蒙童不仅要接受基本的文化知识（包括识字、阅读、诵经书、作诗对、作文等）和重要的人伦道德训诫（父子、君臣、兄弟、夫妇、朋友等五伦），而且需要进行初步的日常行为规范训练，促使其形成良好的道德行为习惯，养成正确的生活礼仪。宋代教育者对儿童行为规范的培养，从洒扫应对开始：

> 古者教小子弟，自能言能食，即有教，以至洒扫应对之类，皆有所习，故长大则易语。①
> 教小儿，只说个义理大概，只眼前事。或以洒扫应对之类作段子，亦可。②

小儿尚处于未发的萌芽状态，若及时进行行为习惯的训练，打下坚实的基础，使习惯成自然，以此规范和准则要求自己的言行，成人后不失为贤人，或者成为寡过之士。所谓的"教之以事"大概就是通过此类行为规范的训练，达到由近及远、由浅入深，逐渐领悟义理之目的。如此培养出的孩童自小规规矩矩，出入有礼，实有"小大人"模样。朱熹举例称："某外家子侄，未论其贤否如何，一出来便齐整，缘是他家长上元初教诲得如此。只一人外居，气习便不同。"③故而，不能忽略对小儿洒扫应对的教育，且件件要紧。

宋代学者编著了大量关于儿童行为规范的著作，主要有以下八部书籍：《童蒙须知》、《小学·敬身篇》、《小学诗礼》、《朱子论定程董学则》、《训蒙法》、《教子斋规》及《蒙训》与宋前《弟子职》。将其主要内容分别列出，详见表26。

---

① 黎靖德编：《朱子语类》卷七《小学》，王星贤点校，中华书局1986年版，第126页。
② 黎靖德编：《朱子语类》卷七《小学》，王星贤点校，中华书局1986年版，第126页。
③ 黎靖德编：《朱子语类》卷七《小学》，王星贤点校，中华书局1986年版，第127页。

表 26　宋代蒙学著作中关于道德行为规范教导类表

篇名	内容
《童蒙须知》	衣服冠屦、语言步趋、洒扫涓洁、读书写文字、杂细事宜。
《朱子论定程董学则》	朔望之仪、晨昏之令、居处、步立、视听、言语、容貌、衣冠、饮食、出入、读书、写字、几案、堂室、相呼、接见、修业游艺。
《小学诗礼》	事亲、事长、男女、杂仪。
《教子斋规》	学礼、学坐、行、立、言、揖、诵、书。
《训蒙法》	叉手、着衣、祗揖、入学、小儿读书、温书、记训释字、写字、说书、改文字、作诗。
《蒙训》	事亲、事长、男女、扫洒、言语、饮食、步趋、威仪。
《小学·敬身篇》	威仪、衣服、饮食。
《弟子职》	早作、受业、对客、馈馈、乃食、洒扫、执烛、请袵、退习。

除上表所述用于童蒙日常行为规范教育的专门篇目外，还有散见在其他童蒙著作与家训书籍中，现将其主要内容归为以下五类：

一、衣裳冠屦须端整

个体的外在形象十分重要，它是给人留下的第一印象。这里的形象并非指光鲜亮丽、珠光宝气的奢华，重点在于"整齐"。外在的整洁端齐既是对自身的重视，更是对他人的尊敬。宋代学者对孩童穿戴整齐十分重视。为何要重视衣裳冠屦端整呢？陈淳在《暑示学子》与《暑月谕斋生》二文中讲得极为清楚，他说：

> 冠以庄首，衣以庇躬。裳为胫饰，屦为趾容，非人之制，乃天之常。君子奉之，寒暑一同。语必表绤，礼毋褰裳。先民有训，呜呼敬恭。①

上文指出了冠、衣、裳、屦对人之身体有两种主要作用：一是保护，二是装饰。"冠"为保护"首"，"衣"为庇护"躬"，"裳"为装饰"胫"，"屦"为容纳"趾"。他又认为身体的四大主要"庇护物"是天理之道，即天经地义之理，先民即如此设定。这里不免过于夸大，但主要为了表达人之穿戴的重要性，倒也无妨。不论寒暑，都须整齐穿着衣裳，勿"褰裳"（撩下裳）。他又说衣

---

① 陈淳：《北溪大全集》卷一七《暑示学子》，《四库全书》本，第 98 页。

裳冠屦是用以区别飞鸟走兽的重要特征：

> 盖天之生人，首不为兽之露其顶，必欲使人庄以冠；身不为鸟兽之氄
> 其毛，必欲使人庇以衣；趾不为鸟兽之刚其甲，必欲使人束以屦。①

鸟兽尚有羽毛、刚甲等庇护身体，何况人类呢？既人贵于动物，势必要更
为保护身体之全形。衣裳冠屦端整颇有讲究，

其一，教导儿童如何穿戴整齐：

> 虽燕处，不得裸袒露顶……虽盛暑，不得取去鞋袜。②
>
> 凡著衣服，必先提整衿领，结两裙纽带，不可令有缺落。③
>
> 衣袖，不得揎，出手腕以上，则为傲；过手腕以外，则为慢；正当腕中，
> 谓之礼。又外衣袖不许露出内衣袖，若衫袖不得露出上盖袖，上盖袖不得
> 露出汗衫袖也。④

儿童着装要符合礼制，不因为闲暇时，即不在公开场合裸露身体，不因天
气炎热，而不穿鞋袜。总之，这是教导儿童随时随地要保持体态的端正，不因
无人或天气之缘故而有所怠慢。只有自幼训练孩童养成习惯，才能使其成人后
保持。关于着装的细节，训蒙也十分注重。古之着衣礼制较为复杂，对于儿童
而言，须自小学会如何按衣服种类穿戴，使衣物保持整齐。王日休就儿童衣袖
的位置讲解得极为仔细，据上述袖子揎出手腕则显得傲气，袖子长于手腕则显
得惰慢，只有将衣袖挽于手腕中央才合适，同时教导儿童内衣的衣袖不能露出
外衣的衣袖等，这才符合基本的穿衣礼制。儿童衣袖所挽的位置意味着人之精
神样貌，衣不正则神不正。仅这一着衣细节可知宋代教育者在训蒙过程中的用
心程度，此例诸多，不一一列举。

其二，教导儿童随时要保持衣裳冠屦整齐与洁净。

---

① 陈淳：《北溪大全集》卷一七《暑月喻斋生》，《四库全书》本，第 98 页。

② 陈宏谋辑：《养正遗规译注》，《五种遗规》译注小组译注，中国华侨出版社 2012 年版，
第 28 页。

③ 陈宏谋辑：《养正遗规译注》，《五种遗规》译注小组译注，中国华侨出版社 2012 年版，
第 11 页。

④ 王日休：《训蒙法》，载徐梓、王雪梅编：《蒙学要义》，山西教育出版社 1991 年版，第 157 页。

自冠巾衣服鞋袜，皆须收拾爱护，常令洁净整齐。①

饮食照管，勿令污坏；行路看顾，勿令泥渍。②

凡盥面，必以巾帨遮护衣服，卷束两袖，勿令有所湿。凡就劳役，必去上笼衣服，只著短便，爱护勿使损污。③

著衣既久，则不免垢腻，须要勤勤洗干。④

如何保持衣物洁净呢？饮食、行走、洗漱、劳作等，要时刻防止污坏衣物，或有污垢、潮湿、损坏。故而，平日要小心谨慎，或卷袖子，或更换适宜劳作之衣物。倘若有所污坏，要及时洗净。总之，个人衣物的整洁代表具有良好的生活习惯，做事不宽慢，不放肆，保持端严，如此则不为人所轻。

其三，教导儿童爱护衣裳冠屦，使之保持完备，亦是对节俭美德的提倡。

凡脱衣服，必齐整折叠箱箧中，勿令散乱顿放，则不为尘埃杂秽所污。仍易于寻取，不致散失。⑤

破绽则补缀之，尽补缀无害，只要完洁。⑥

凡日中所著衣服，夜卧必更则不藏蚤虱，不即敝坏。苟能如此，则不但威仪可法，又可不费衣服。晏子一狐裘三十年，虽意在以俭化俗，亦其爱惜有道也。此最饬身之要，毋忽。⑦

---

① 陈宏谋辑：《养正遗规译注》，《五种遗规》译注小组译注，中国华侨出版社 2012 年版，第 11 页。

② 陈宏谋辑：《养正遗规译注》，《五种遗规》译注小组译注，中国华侨出版社 2012 年版，第 11 页。

③ 陈宏谋辑：《养正遗规译注》，《五种遗规》译注小组译注，中国华侨出版社 2012 年版，第 11 页。

④ 陈宏谋辑：《养正遗规译注》，《五种遗规》译注小组译注，中国华侨出版社 2012 年版，第 11 页。

⑤ 陈宏谋辑：《养正遗规译注》，《五种遗规》译注小组译注，中国华侨出版社 2012 年版，第 11 页。

⑥ 陈宏谋辑：《养正遗规译注》，《五种遗规》译注小组译注，中国华侨出版社 2012 年版，第 11 页。

⑦ 陈宏谋辑：《养正遗规译注》，《五种遗规》译注小组译注，中国华侨出版社 2012 年版，第 11 页。

平日要使蒙童知晓衣物完整的重要性，脱下衣物要叠放整齐，不散乱；睡卧须更换衣服，既是延长衣物寿命，又能使之整洁；若有破绽之处，须及时缝补，只要完整干净，亦可穿着。还举晏子因十分爱惜衣物，一件狐裘穿了三十年之例，一面教导儿童维持衣物穿着时间，一面培养儿童要节俭、勿浪费的美德。

除上述三点之外，还有一些着衣禁忌，如勿着奇装异服，勿穿奢侈华靡衣物，"毋为诡异华靡"①，"衣服不可侈异，衣服举止异众，不可游于市"②，如此穿着还招摇过市，则是不端正身体之表现，儿童定要多加注意。总之，蒙童着衣穿戴要符合礼制，整齐端庄，又要保持衣物的整洁干净，爱护衣物延长其穿着时间，勿要着奢侈衣物，俭朴为重要。儿童之衣裳冠屦须端正是自幼日常行为规范培养的重要内容。

二、言坐立行揖须端严

说话、坐姿、站立、行走、拱揖须符合一定的规范，这是个体外在展现的重要方面，亦是训蒙规范的重要内容。言、坐、立、行、揖的标准纵然多样，但总原则为端正、庄严、规矩。由于儿童本身爱好嬉戏玩闹，若不加以规矩束缚之，言语行为乖张放肆、傲慢娇惰，成人之后实难以管教。故而，宋代教育者对此十分关注与强调，在不同场合，不同情境中，言行规定的细节不一致，列于表 27。

表 27　行为规范中言、坐、立、行、揖分类表

事项	原文	出处
言	朴实说事，毋得妄诞。低细出声，毋得叫唤。	《教子斋规》
	毋轻毋诞，毋戏谑喧哗。	《程董学则》
	毋论及乡里人物长短，及市井鄙俚无益之谈。	《程董学则》
	凡为人子弟，须要常低声下气，语言详缓，不可高言喧哄，浮言戏笑。	《童蒙须知》

①　陈宏谋辑：《养正遗规译注》，《五种遗规》译注小组译注，中国华侨出版社 2012 年版，第 28 页。
②　袁采：《袁氏世范》，天津古籍出版社 1995 年版，第 95 页。

续表

事项	原文	出处
坐	定身端坐，齐脚敛手，毋得伏榠靠背，偃仰倾倒。	《教子斋规》
	凡坐，必直身正体，毋箕踞、倾倚、交胫、摇足。	《程董学则》
	凡众坐，必敛身，勿广占坐席。	《童蒙须知》
	居有常处，序坐以齿。	《程董学则》
立	拱手正身，毋得跛倚欹斜。	《教子斋规》
	立不敢中门。	《小学诗礼》
行	笼袖徐行，毋得掉臂跳足。	《教子斋规》
	必后长者，毋背所尊。	《教子斋规》
	凡行步趋跄，须是端正，不可疾走跳踯。若父母长上，有所唤召，却当疾走而前，不可舒缓。	《童蒙须知》
揖	低头屈腰，出声收手，毋得轻率慢易。	《教子斋规》
	凡相揖，必折腰。	《童蒙须知》
	（立时叉手）小儿六岁入学，先教叉手。以左手紧把右手，其左手小指则向右手腕，右手皆直。其四指以左手大指向上，如以右手掩其胸，不得着胸，须令稍离方寸，为叉手法也。	《训蒙法》
	凡揖人时，则稍阔其足，其立则稳。揖时，须是曲其身，以眼看自己鞋头，威仪方美观。揖时，亦须直其膝，不得曲了，当低其头，使手至膝畔，又不入膝内，则手随时起，而叉于胸前。揖时，须全出手，不得只出一指，谓之鲜礼。揖尊位，则手过膝下，亦以手随身起，叉手于胸前也。	《训蒙法》

言语说话是与人交流与交往的最重要方式。小儿应该如何说话呢？一是说话轻声细语，语速缓慢，特别对长辈须低声下气，应答要详细，才是端正之人；高声喧哗，高言戏笑，皆是不正之语，儿童切忌如此。二是虽说童言无忌，但言语仍须谨慎小心，说话内容不能妄诞，要朴实、真实。三是勿在背后议论他人长短，道人是非，所谓的"祸从口出"即是此理。同时语言用词要正统，符合社会一般规定，勿谈粗俗鄙俚之语，恐伤性情。

如何坐？身体要端正，勿驼背伏案，勿前仰后倒；手与脚也须齐敛，勿跷腿，勿叉开双脚，勿摇动双腿。与他人共席而坐，须敛身，勿占席；坐位次序要按年龄大小依次而坐，懂得尊长。

如何站？两手相拱，端正身体，切勿跛脚、倾侧、斜靠。关于拱手，王日休对此规定得十分细致，包括两只手的位置、五根手指的方向、手腕姿势、手与胸之距离等。还有一些站立禁忌，如不能立中门。"中门"郑玄注为"中门谓枨闑之中央"（《礼记·曲礼上》），即门两侧的长木和中间的竖木，不能立于当中。

如何行？走路须缓慢徐行，步伐端正，勿走过快，勿跳跃、徘徊不进。若父母与长上召唤方可疾走应答。平时走路，须于长者之后，不可行于其前。

如何作揖？王日休描述得也十分仔细，大致有几点：低头折腰，膝盖须直，眼须视鞋头，手随身体落至膝盖两侧，若是尊者，则手超于膝盖。起身后，两手随起叉手于胸前，如前所述叉手方法。

总之，上述言、坐、立、行、揖的规定，十分细致到位，可供儿童日常操作。

三、饮食礼规须端敬

饮食是个体生存所必须，如《孟子·告子上》说："食、色，性也。"饮食行为是人之本性使然，是人日常生活中重要的行为之一。古代关于饮食的规定十分繁杂烦琐，此不赘述。[1]饮食礼规对于儿童而言亦是学习的重要内容，宋代学者在此方面亦颇费心思。就蒙学教材中所述，将其归为以下三方面的内容。

其一，饮食须节制，不求饱，不贪味，切勿挑食。

> 凡饮食之物，勿争较多少美恶。[2]
> 凡吃饮食，不可拣择去取。[3]
> 凡饮食，有则食之，无则不可思索，但粥饭充饥，不可缺。[4]
> 毋求饱，毋贪味。[5]

---

① 参考许至：《〈礼记〉饮食之道伦理意蕴》，《孔子研究》2016年第5期，第13-19页。
② 陈宏谋辑：《养正遗规译注》，《五种遗规》译注小组译注，中国华侨出版社2012年版，第19页。
③ 朱杰人等主编：《朱子全书》卷七六《小学》，上海古籍出版社2002年版，第445页。
④ 陈宏谋辑：《养正遗规译注》，《五种遗规》译注小组译注，中国华侨出版社2012年版，第18页。
⑤ 陈宏谋辑：《养正遗规译注》，《五种遗规》译注小组译注，中国华侨出版社2012年版，第29页。

毋耻恶食。①

这里所要强调的是勿计饮食之数量多少、口味之美恶，勿挑三拣四，有则充饥即可，不因食物不美而为耻。满足口腹之欲乃人之本性，但儒家所强调的是不能只强求外在事物，停留于食物上，而应引导儿童向更重要的内在去努力。司马光对时人奢侈饮食习俗十分不满，他说："世人取果饵而刻镂之，朱绿之，以为盘案之玩，岂非以日食者乎？"②

其二，教导儿童遵守基本饮食礼仪。

> 凡饮食，举匙必置箸，举箸必置匙。食已，则置匙箸于案。③
> 及与人共食，多取先取，皆无德之一端也。④
> 当食则不欢，让食则不唾。⑤
> 凡饮食于长上之前，必轻嚼缓咽，不可闻饮食之声。⑥
> 未釃不敢饮，未辩不虚口。⑦
> 侍燕于君子，先饭而后已。小饭而亟之，毋啮骨刺出。⑧

关于宴席上的饮食规范十分复杂，从食器摆放、食物多少、食物的次序等

---

① 陈宏谋辑：《养正遗规译注》，《五种遗规》译注小组译注，中国华侨出版社 2012 年版，第 29 页。

② 吕祖谦：《少仪外传》，载徐梓、王雪梅编：《蒙学须知》，山西教育出版社 1991 年版，第 127 页。

③ 陈宏谋辑：《养正遗规译注》，《五种遗规》译注小组译注，中国华侨出版社 2012 年版，第 22 页。

④ 吕祖谦：《少仪外传》，载徐梓、王雪梅编：《蒙学须知》，山西教育出版社 1991 年版，第 152 页。

⑤ 陈宏谋辑：《养正遗规译注》，《五种遗规》译注小组译注，中国华侨出版社 2012 年版，第 55 页。

⑥ 陈宏谋辑：《养正遗规译注》，《五种遗规》译注小组译注，中国华侨出版社 2012 年版，第 19 页。

⑦ 陈宏谋辑：《养正遗规译注》，《五种遗规》译注小组译注，中国华侨出版社 2012 年版，第 47 页。

⑧ 陈宏谋辑：《养正遗规译注》，《五种遗规》译注小组译注，中国华侨出版社 2012 年版，第 47 页。

皆有规定。儿童在与人共食时，须注意礼让他人，勿多取所爱之食，勿先取先食；同时须注意基本的卫生，共食勿沾唾液影响他人。与长者共食时，更须注重尊长礼仪，轻嚼慢咽，小口食饭，勿发出声音。

《弟子职》有一段侍奉师长饮食的描写：

> 以齿相要，坐必尽席。饭必捧腕，羹不以乎。亦有据膝，毋有隐肘。既食乃饱，循咡覆手。振衽扫席，已食者作。抠衣而降，旋而乡席。各彻其馈，如于宾客。既彻并器，乃还而立。①

从饮食座次、跪坐姿势、食饭与饮羹的手势，食毕后食器归位与清理以及退场衣裳注意规则等皆有所规定。

四、洒扫室堂须涓洁

宋代日常训蒙中，洒扫亦是儿童所应学习并且实践的重要事项。他们既要清扫自己所处室堂、写字读书的几案等，而且在家中须为长上打扫，在学堂须为师长清扫。洒扫虽然看似简单易行，实践起来规矩颇多。试举几例：

> 凡为人子弟，当洒扫居处之地，拂拭几案，常令洁净。②
> 奉水微微洒，恭提帚与箕。室堂须净扫，几案亦轻麾。③
> 逐日，值日再击板如前。以水洒堂上，良久，以帚扫去尘埃，以巾拭几案。其余悉令斋仆扫拭之。别有污秽，悉令扫除，不拘早晚。④

关于扫洒须注意几点：一是居室、堂屋、几案等地须经常洒扫，其他有脏污之地，也须时常保持干净，无论早晚皆须如此，这可督促孩童打扫卫生，培养其责任感。二是洒扫细则上规矩颇多。洒水要轻微洒，使地上潮湿，洒完之

---

① 管仲：《弟子职》，载韩锡铎主编：《中华蒙学集成》，辽宁出版社1993年版，第3页。
② 陈宏谋辑：《养正遗规译注》，《五种遗规》译注小组译注，中国华侨出版社2012年版，第15页。
③ 陈淳：《北溪大全集》卷三《训蒙童八首·洒扫篇》，《四库全书》本，第13页。
④ 陈宏谋辑：《养正遗规译注》，《五种遗规》译注小组译注，中国华侨出版社2012年版，第31页。

后，亦须过段时间再扫地。扫地时用扫帚和簸箕，擦洗几案用巾布。关于洒水、扫室规矩描述最细致的是《弟子职》，这是学童在学堂值日的洒扫要求：

> 凡拚之道，实水于盘，攘臂，袂及肘。堂上则播洒，室中握手。执箕膺擖，厥中有帚。入户而立，其仪不忒。执帚下箕，倚于户侧。凡拚之纪，必由奥始，俯仰磬折，拚毋有彻。拚前而退，聚于户内。坐板排之，以叶适己，实帚于箕。[①]

扫地须提扫帚和簸箕，洒水须挽上衣袖，正堂采用泼洒方式，内室用轻洒方法。扫地时，簸箕的箕口对向自己，扫帚置于箕中。进入扫地的屋室，须站立观察，有无他人，随后从西南扫起，身体弯曲，以倒退方式，将垃圾扫入箕中，接着退出屋内。此处论述得极为详细，外堂与内室扫水方式有异，拿簸箕的方式、扫地的方向、打扫时身体的姿势等皆有规定。

朱熹在《程董学则》跋中言："道不远人，理不外事。"[②]儿童在训蒙阶段主要任务为"事"，洒扫即是其中一件，"所以圣人教小儿洒扫应对，件件要谨"[③]。看似简单的洒扫工作，实质大有讲究。它一方面能培养孩童的责任感与耐心。对于大家族子弟而言，虽有仆人相辅助，然宋代家训要求子弟自己净扫堂屋的亦不在少数。一方面也是为了培养爱亲敬长之道，为父母、老师等长上打扫是行孝、悌之道，是尊师重道最为生活化的表现。故而，诸多学者认为洒扫之事与成圣成贤之事无差，不过是最简单能操作的事项，倘若坚持行洒扫之事，不失为成圣成贤的方法。

五、读书写字须端正

读书与写字是儿童学习之日常，且将伴随其一生。孩童自小培养良好的读书习惯与正确的写字方式与规矩，将受益一生。《少仪外传》举例范祖禹良好的读书习惯：

> 必端坐敛容正书册然后开。未尝靠侧收足，盛暑不袒裼，祁寒不拥炉，

① 管仲：《弟子职》，载韩锡铎主编：《中华蒙学集成》，辽宁出版社1993年版，第3页。
② 陈宏谋辑：《养正遗规译注》，《五种遗规》译注小组译注，中国华侨出版社2012年版，第34页。
③ 黎靖德编：《朱子语类》卷七《小学》，王星贤点校，中华书局1986年版，第127页。

书室中不设榻，平生昼日不偃仰也。①

大概范太史对读书的端正态度、良好的阅读习惯与勤苦的学习状态，与其自小培养不无关系。宋代蒙童训诫中对写字、读书、诵书提出了哪些必要的规矩呢？

其一，保持书桌几案书本的整齐与干净。

凡读书，须整顿几案，令洁净端正。②

文字笔砚，百凡器用，皆当严肃整齐，顿放有常处，取用既毕，复置元所。③

窗壁几案文字间，不可画字。④

凡书册须要爱护，不可损污皱折……书读未竟，虽有急速，必待掩束整齐，然后起，此最为可法。⑤

可知，洁净的读书环境对学习十分重要，体现对读书本身的重视，又是对书中圣贤之言的尊敬。几案须打扫干净，案上的书本、毛笔、砚台等读书器具须摆放整齐，取用之后归为原处。读书处的窗户、墙壁、几案不可乱涂乱画，以免有污坏，污损犹如自黥其面，须保持整体的整洁明亮。对待书本更是如此，须爱护有加，不可折叠、污损，未读之书须作标记，摆放整齐。

其二，读书、诵书须响亮分明、专心致志。

---

① 吕祖谦：《少仪外传》，载徐梓、王雪梅编：《蒙学须知》，山西教育出版社1991年版，第112页。

② 陈宏谋辑：《养正遗规译注》，《五种遗规》译注小组译注，中国华侨出版社2012年版，第16页。

③ 陈宏谋辑：《养正遗规译注》，《五种遗规》译注小组译注，中国华侨出版社2012年版，第15页。

④ 陈宏谋辑：《养正遗规译注》，《五种遗规》译注小组译注，中国华侨出版社2012年版，第15页。

⑤ 陈宏谋辑：《养正遗规译注》，《五种遗规》译注小组译注，中国华侨出版社2012年版，第16页。

将书册整齐顿放，正身体，对书册详缓，看字仔细分明。[1]

读之须要读得字字响亮，不可误一字，不可少一字，不可多一字，不可倒一字，不可牵强暗记。[2]

专心看字，断句慢读，须要字字分明，毋得目视东西，手弄他物。[3]

读诵书本是小儿读书极为有效的方式，即所谓"读书百遍，其义自现"。如何诵读文字呢？必须端正态度，所读书本册籍须摆放整齐，身体正对书册，缓慢阅读或逐字诵读。朗诵时须严格仔细，不可多字少字，不可倒字误字，须响亮分明。读书、诵书不可三心二意，勿东张西望、手拨无关物品。

其三，写字须工整仔细。

凡写文字，须高执墨锭，端正研磨，勿使墨汁污手。高执笔，双钩端楷书字，不得令手揩著毫。[4]

凡写文字，须要仔细看本，不可差讹。[5]

臻志把笔，字要整齐圆净，毋得轻易糊涂。[6]

写字必楷敬。勿草，勿欹倾。[7]

未问写得工拙如何，且要一笔一画，严正分明，不可潦草。[8]

---

[1] 陈宏谋辑：《养正遗规译注》，《五种遗规》译注小组译注，中国华侨出版社2012年版，第16页。

[2] 陈宏谋辑：《养正遗规译注》，《五种遗规》译注小组译注，中国华侨出版社2012年版，第16页。

[3] 陈宏谋辑：《养正遗规译注》，《五种遗规》译注小组译注，中国华侨出版社2012年版，第60页。

[4] 陈宏谋辑：《养正遗规译注》，《五种遗规》译注小组译注，中国华侨出版社2012年版，第16页。

[5] 陈宏谋辑：《养正遗规译注》，《五种遗规》译注小组译注，中国华侨出版社2012年版，第16页

[6] 陈宏谋辑：《养正遗规译注》，《五种遗规》译注小组译注，中国华侨出版社2012年版，第60页。

[7] 陈宏谋辑：《养正遗规译注》，《五种遗规》译注小组译注，中国华侨出版社2012年版，第30页。

[8] 陈宏谋辑：《养正遗规译注》，《五种遗规》译注小组译注，中国华侨出版社2012年版，第16页。

　　小儿识字后须练习写字，俗语有言"见字如见人"，字体之工拙对个人尤为重要，故而从小养成良好的写字习惯亦是训蒙的重要内容。小儿研墨须端正，勿使墨汁污脏双手或几案，始终保持读书几案的干净整洁。执笔亦须高平，练习写字须仔细，勿有错讹；字体不讲究十分美观，毕竟初练写字阶段，但要求整齐圆净，一笔一画皆须清晰，"正楷"为佳，切勿潦草、倾斜。总之，自小培养儿童爱护书籍、正确的写字姿势，练习研墨、铺纸、执笔等基本学习技能，培养专心的学习态度与良好的学习习惯，是儿童启蒙教育中的重要内容。

　　综上，训蒙应从幼时始，教会其基本的穿衣、言语、坐立、行走、饮食、读书、写字，及早教之守仪礼、懂规矩。这些"小学"事皆有规则，一物一则、一事一物，皆是为了"闲其放心，养其德性"，为日后"进修上达之阶"做好铺垫。圣贤之士幼时大概亦如此守循守规矩，成人之后才能显示端正神气。假使无法成为圣贤之士，亦不失为"谨愿之人"。上文所举五类规范，参考了朱熹《童蒙须知》大纲及其次序，具有一定的可操作性，也非一味说教，不妨视其为宋代儿童日常道德行为守则，家庭与学校皆可作参考。

第五章

多维透视：宋代蒙学伦理教育的多重探讨

宋代理学对蒙学教育产生了极大的影响，特别是理学家们对蒙童道德教育倾注了诸多努力。他们编著各类蒙学书籍，提出各种蒙教理念，反对蒙学功利化倾向等。理学家们对童蒙教育的付出，一方面引起社会对幼童道德教育的重视，另一方面则将理学思想渗透于蒙学理念中。在传统视野中，蒙学教育仅限于一般世俗儿童，而忽略了佛教与道教中沙弥和道童这类特殊群体。事实上，佛、道二家亦十分关注蒙童教育，教授他们基本宗教教义、教规戒律与修持技能，为正式入道成佛作充分准备。

第一节　道德施教范围的多层次性

宋代的蒙学教育按施教范围不同，可分为家庭教育、学校教育和社会教育三个部分，三者都强调道德教育的重要性，但它们的教育内容、形式、手段各有特点。家庭教育多由亲人任教育主体，其更具针对性，既教授儒家道德知识，又教导人伦规范，提倡勤、俭、和等传统家庭美德，目的是营造良好的家风与延续家族的长久。蒙童大约十岁外出就傅，不论是官办小学或民办小学，在学生入学资格、教师选拔标准、课程内容、学校规范上看，无不以道德为核心。相较于家庭教育而言，蒙学教育更系统和规范，甚至具有强制性。跳出家庭与学校，儿童亦是社会成员之一，宋代社会道德教化的对象虽不以蒙童为主，但依然会影响这个群体。

一、教育起点：家庭道德教育

家庭教育是儿童启蒙教育的起点，亲人是孩童的第一位老师。宋代十分关注孩童的家庭道德教育，家庭教育的最好文献载体是家训、家规、家仪、家书之类，宋代家庭训诫著作与篇目的数量、质量在历史上具有一定地位。究其原因，大抵与"修身、齐家、治天下"的儒家理念相关。幼儿的道德品质与德行首先在家庭中养成，若受到良好的家风熏陶，成人之后不仅能齐家，亦能治天下，成为家庭与社会双重合格者。男童一般于十岁左右外出就傅，故而在这之前接受家庭道德训诫，对于其在学塾的学习亦有助益。

（一）家庭道德教育内容：勤、俭、和

宋代家训的主要内容，据徐少锦《中国家训史》大致总结有十七类，其中十五类涉及伦理道德教育方面的内容，如孝亲敬长、和睦家族、审择交游、立志清远、勉励读书、为官清廉、谨言慎行等。概括言之，无非是两方面：一是为人处世之原则，二是齐家修业的准则。家训之目的是自幼培养子孙，欲其成为家庭楷模，塑造良好的家庭风气。本书已多有论述，这里再简述几个家庭教育道德要点：

一是为学须勤。勤劳是中国传统文化中十分重要的美德，宋人在子孙道德教育中时常强调这个品质。苏轼在《安乐铭》中论述懒人平日一贯作风，并试图以日月、君王、百官之勤苦劝诫子孙要"勤"：

> 曾见几个拙汉，平生懒惰因循。本是今日之事，却推明日早晨。明日偶然风雨，又说待到天晴。天晴复有别务，前事耽搁无成。……试看天上日月，昼夜环转如轮。君王五更登殿，文武百宰朝临。在外大小官职，夜眠晨起操心。武将顶盔贯甲，刀枪剑戟为能。君臣文武贵客，尚且个个辛勤。我等庶民子弟，岂可自在安身？①

上文可谓通俗易懂，对于尚处于启蒙阶段的儿童而言，其最重要的任务便是学习，且要勤学。关于劝导幼童勤学的论述比比皆是：

> 孟子以惰其四支为一不孝，而为人子孙，游惰而不知学，安得不愧。②
> 贫若勤学，可以立身。富而勤学，名乃光荣。③
> 读书不辍，甚书不读了，万一都废，且须自今重新勤苦，下十分功夫；不可因循隐忍，甘心作庸人过一生。④
> 力学如力耕，勤惰尔自知。但使书种多，会有岁稔时。⑤

当然勤劳不仅仅体现在学习上，也体现在生活中，比如洒扫应对，但与儿童最为密切的则是勤学。不论出生贫穷或富贵，皆须勤学，因其可立身或耀身，不能甘作庸人。勤学意味着不能半途而废，须坚持到底，下苦功夫。

二是生活须俭。与勤劳一样，节俭亦是重要的传统美德之一，二者经常并用为"勤俭"。就宋代大部分家训的著者来看，皆非富即贵，上至公卿大臣，下至名贤学者。对于富贵家庭的子孙而言，自出生起不用担忧物质生活，不知

---

① 石成金编：《福寿真经》，文化艺术出版社 2006 年版，第 228 页。
② 家颐：《教子语》，载刘清之：《戒子通录》卷五，《四库全书》本，第 61 页。
③ 朱熹：《劝学文》，载君艺豪等：《国学教育辑要》教法卷中，民主与建设出版社 2015 年版，第 357 页。
④ 吕祖谦：《少仪外传》，载徐梓、王雪梅编：《蒙学须知》，山西教育出版社 1991 年版，第 110 页。
⑤ 刘过：《龙洲集》卷一五《书院》，《四库全书》本，第 41 页。

贫苦之滋味，若家风奢靡浪费，家族衰败亦可见。故而大家族自幼便将清素、俭朴的生活态度灌输于子孙们。

> 举世贱清素，奉身好华侈。肥马衣轻裘，扬扬过闾里。虽得市童怜，还为识者鄙。①
>
> 我家世名清德，当务俭素，保守门风，不得恃相辅，家事泰侈。②
>
> 吾性不喜华靡，自为乳儿时，长者加以金银华美之服，辄羞赧弃去之……平生衣取蔽寒，食取充腹，亦不敢服垢弊以矫俗干名，但顺吾性而已。众人皆以奢靡为荣，吾心独以素俭为美。③

范质认为奢靡华侈只是表面风光，洋洋自得实为人所鄙视；王旦坦言自家家风以俭朴清素为主。范质与王旦皆是北宋臣相，家风尚且如此。司马光自述不好奢侈华靡的生活，一生以清俭为主，故其治家理念亦是俭朴。司马光的节俭作风亦为宋代臣相赵鼎所崇尚，他在《家训笔录》说：

> 古今遗法，子弟固有成书，其详不可概举。唯是节俭一事，最为美行。司马温公训俭文，人写一本，以为永远之法。④

赵鼎贵为臣相，家规尚且以"节俭"作为古今美德之最，并且能为永久可行之法，由此可见节俭在家庭道德教育中的重要性。与赵鼎同为"南宋四大名臣"的李光著《示孙文》，要求少年立志清俭操守，不羡慕与向往膏粱子弟奢侈繁华的生活，不求居处、饮食、衣服、车马豪华丰美，皆应思圣贤者的清朴简单，如颜子"住陋巷"、孔子食"蔬饮"、孔门子弟穿"敝衣"。⑤

---

① 范质：《戒从子诗》，载包东波选注：《中国历代名人家训荟萃》，安徽文艺出版社2000年版，第112页。

② 王旦：《戒子弟言》，载刘清之：《戒子通录》卷五，《四库全书》本，第53页。

③ 司马光：《训子孙文》，载包东波选注：《中国历代名人家训荟萃》，安徽文艺出版社2000年版，第127页。

④ 赵鼎：《家训笔录》，载包东波选注：《中国历代名人家训荟萃》，安徽文艺出版社2000年版，第150页。

⑤ 李光：《示孙文》，载陆林主编：《中华家训大观》，安徽人民出版社1994年版，第328页。

三是持家须和。不论家庭教育的内容是什么，其最终的目的是保持家庭和睦，维持家族长久。宋代的家庭结构与现代结构不同，他们几代同居同食，家庭关系较为复杂。父子、兄弟、夫妇是最基本的家庭伦理关系，不仅这三伦要和谐，更重要的是强调宗族或家族的整体和睦。如司马光所言："人知爱其父，则知爱其兄弟矣；爱其祖，则知爱其宗族矣。如枝叶之附于根干、手足之系于身首，不可离也。"① 不仅要处理好父子、兄弟、夫妇等家庭关系，更要处理好族群的和睦。家庭或家族不和谐，或言产生隔阂嫌隙的原因何在？诸多学者对此进行分析。如贾昌朝认为当世叔侄昆弟之间关系恶劣，主要来自于利益之争，如争官职、竞财货，"夫以荣利之薄而亡亲戚之厚，兹名教罪人也"②，故而告诫子孙须和睦相处。袁采分析不和之原因，大抵由于其中有人"设心不公"，己欲争多，所以才引起纷争，实质也是因"利"而起。

司马光强调为人处世，若不能亲近于九族，患难与共，共同扶持，则不能与他人相处。"故自古圣贤，未有不先亲九族，然后能施及他人者。彼尽其所有而均之，虽粝食不饱、蔽衣不完，人无怨矣。夫怨之所生，生于自私，及有所厚薄也。"③ 黄庭坚亦希冀家族敦厚和睦从自家子孙起，整个宗族或家族的和谐，不仅仅促进当世家族关系的融洽，其根本目的在于整个家族将延续长久，故而才说"若夫子孙荣昌、世继无穷之美，则吾言岂小补哉"④。

（二）家庭道德教育主体

家庭道德施教主体是由自己的亲人组成，他们是子孙的启蒙老师。当然充当家庭施教者须满足两个条件：一是个人有能力教育；二是有时间与精力教授。据周愚文的分析，亲人自教的形式主要有五种：一是父教子，这种教育形式最多。为父者大多习儒业，可称为儒者。比如朱熹十九岁即中进士，其十一岁至十四岁，受业于其父朱松；如刘挚，由其父居正课以书，朝夕不断。二是母教子形式。这

---

① 司马光：《训子孙文》，载包东波选注：《中国历代名人家训荟萃》，安徽文艺出版社2000年版，第129页。

② 贾昌朝：《戒子孙》，载包东波选注：《中国历代名人家训荟萃》，安徽文艺出版社2000年版，第116页。

③ 司马光：《训子孙文》，载包东波选注：《中国历代名人家训荟萃》，安徽文艺出版社2000年版，第129页。

④ 黄庭坚：《家诫》，载包东波选注：《中国历代名人家训荟萃》，安徽文艺出版社2000年版，第141页。

需要具有一定文化知识与道德品质的女性担当。如欧阳修，四岁丧父，其母教其读书，家贫无力购买纸笔，以荻画地教之；赵鼎，早年丧父，其母亲樊氏通经史子集，教之。三是祖辈教孙辈。袁燮母亲戴氏，通经史，教孙如教子，课以授书作字，孙辈无不谨；陆游不仅教子，又教孙辈，以诗句"日授稚孙书"①为证。不仅有祖父辈充当教孙之责任，祖母辈亦重视儿孙辈之教育。四是伯叔辈教侄甥辈。崔遵度，七岁时其叔佼宪授以经；曾子良，三岁时其伯父客安教其诵诗读书。五是兄教弟妹等。刘清之受业于其兄刘靖之，"甘贫力学，博极书传"；陆九渊受学于其兄九韶与九龄，后称"江西三陆"。值得提出的是，对于贫寒家庭而言，虽然并无可承担教授知识重任的亲人，但亦有可进行道德品行教导的家人。个人文化水平高低与品德教育好坏并不具有绝对的关系，我们不能忽视这一点。

家庭道德教育的特点在于：教育主体上，主要由家庭成员亲自教授，大多为一对一，更具针对性，更具有亲情疼爱因素。教授方式上，以言传身教为主，亲人的道德榜样力量影响显著。教授内容上，不仅包括经史子集的知识类教育，特别是具有深厚家学渊源的家庭，其他日常规范、生活仪礼、基本道德伦理常识亦涵括于内，特别是具有深厚家学渊源的家庭。总之，以上家庭道德教育皆是强调良好家风的营造与家族长久的延续。

二、教育强化：学校道德教导

首先介绍一下宋代小学分类及其设置的基本情况。宋代小学主要有以下几类：一是王宫小学；二是国子监小学；三是地方官办的州府县小学；四是私人设置的小学，如义塾、义学、家塾、村塾、蒙馆等。

宋代有诸王宫设立小学和教授，还有为宗室子弟专门设立的宗学，我们所论述的对象非王宫贵族这类小学，此不赘述。

宋代国子监小学是最高等小学府。北宋神宗元丰二年（1079）曾颁布太学令，其中包含设立国子监小学。元丰五年（1082）改置学官时，曾为小学设职事与教谕。宋徽宗时，国子监小学趋于规范化，这与蔡京第三次兴学相关。崇宁五年（1106）立小学课试法；大观元年（1107）颁小学敕令格式；政和四年（1114）设国子监小学条制。南渡后，宋高宗绍兴十四年（1144）设立国子小学。宋光宗绍熙四年（1193）诏国子监试中上等小学生，比照诸州待补中选之额等做法。

---

① 陆游：《剑南诗稿》卷五九《杂兴》，《四库全书》本，第75页。

国子监小学的设立，可以说使小学教育正式纳入国家教育体系并趋于规范化，这是小学教育发展史中非常值得重视的方面。①

宋代地方官办小学的设立，据池小芳推测，最早可推至北宋神宗熙宁四年（1071），神宗曾下令诸州军设置小学教授职，但其人数与规模十分有限。崇宁元年（1102），州县置小学，十岁以上可入学；政和四年（1114）颁地方官办小学条制（参考国子监小学）。南宋虽偏安一隅，仍重地方官办小学的创办与发展。②

私立小学中有一种具有公益性质的义塾、义学、社学等，它们是由地方出钱招聘教师名士，设立学校，入学以本族和本乡子弟为主。义学或义塾通常认为起源于宋代，它的产生为中国古代小学教育增添了一抹别样的色彩，但其后期发展并不限于小学教育。另一种是层次较低的乡校、乡学或私塾等，其范围十分广泛，其中还有具有季节性与临时性特点的村塾、冬学等。虽然私立小学并没有如官办小学的严格规章制度，但由于其具有自发性质，建立者亦十分重视，对于一般儿童的普及教育确实发挥出重要作用。正是由于私立小学的出现，乡村儿童才拥有更多接受教育的机会，对其今后进入大学阶段学习或参加举业皆有重要影响。

以上为宋代官办与私办小学的基本设置情况，我们试图从四个方面来考察宋代学校是如何以道德教育为重点。

第一，从学生入学选拔标准来看。宋仁宗至和元年（1054）颁《京兆府小学规》规定：

> 生徒入小学，须先见教授，投家状并本家尊属何状，申学官押署后上簿拘管。③

关于家状的具体内容有哪些，此处并无详解，我们根据一般贡举考试要求，其内容大概包括姓名、年龄、乡贡、三代、户主，还有关于父母现任或曾任官职等。这里旨在考察入学学生家世是否清白。宋徽宗政和四年（1114）十二月四日，尚书省言：

---

① 参见池小芳：《中国古代小学教育研究》，上海教育出版社 1998 年版，第 34-35 页。
② 参见池小芳：《中国古代小学教育研究》，上海教育出版社 1998 年版，第 36-40 页。
③ 王昶：《金石萃编》卷一三四《京兆府小学规》，清嘉庆十年刻同治钱宝传等补修本，第 2019 页。

> 诸小学，八岁以上听入。若在家、在公有违犯，（违谓违父母尊长之训，
> 犯谓犯盗窃伪滥之类，皆迹状者。）若不孝不悌；不在入学之限。[①]

这是地方州府小学入学的标准，其标准有两条：一是不违家法，如违反父母之令，不尊敬长辈，这视为不孝不悌；二是不违反社会法律，如盗窃、伪造之类。凡违反以上两项规定的儿童不能获取官办小学的入学资格。

就以上两项官方诏令可见，官立小学入学标准有三条：一是家世清白，二是品行端正（包括在家孝悌与在外守纪），三是不违法乱纪。由此可见，儿童的德行考评是将来入学的基本标准，故而可推测儿童家庭教育的重要性。国子监小学入学资格，一般要求家人官职在七品以上，基本家世清白，大家族或官户子弟一般也极为重视文化与品德教育，道德素质相对不会太低。至于私立的义塾、家塾或村塾等，因是私人建立，没有具体的标准或规定，但亦可推测品德是重要考察内容。

第二，从教师的选拔标准来看。学生选拔以"道德"为先，教师的选拔要求中"品德操行"亦占重要比例。宋神宗时期，曾设立了严格的教官选拔制度，从国子监、太学到地方州县学。不论从事直接讲学的教师或辅助教学的职事，皆须经过层层选拔。虽然两宋之间选拔制度与标准变化起伏，但有两条是不变的：一是拥有较强的学术能力，二是具有较好的品德操行。总之，不论是小学生的选拔或是老师的选聘，德行优良是必要条件。至于家塾、义塾延聘的老师多是有才能者，方为主家所接受，品德考量也是延请的重要标准。自设学塾授徒的教师，其大多因贫困只能以教蒙童为生，具体的课程、书目、教法、学规基本是由儒士一人决定的，并不成章法。然而，家长将其子送于此类学校学习，至少塾师基本品质是能保证的。

第三，从学校教授内容来看，儿童入学后，究竟学习什么内容呢？据宋徽宗政和四年（1114）颁"小学条制"[②]，内容参见下表：

---

① 徐松：《宋会要辑稿·崇儒二》，刘琳等校点，上海古籍出版社 2014 年版，第 2200 页。

② 徐松：《宋会要辑稿·崇儒二》，刘琳等校点，上海古籍出版社 2014 年版，第 2200 页。

表28　宋徽宗政和四年（1114）国子监小学"三舍升补法"

年龄	课试内容	等级
八岁以下	诵书。	等补
八岁	诵一大经；日书字二百。	内舍下等
	诵二经，一大一小；日书字三百。	内舍上等
十岁	诵三经，二大一小；日书字四百。	上舍下等
十二岁以上	诵四经，三大一小；日书字六百。	上舍上等

　　上表记录了徽宗时期国子监小学的课试条例，"三舍法"是王安石在熙宁兴学中实行的教学管理方法，小学也实行了"三舍升补法"。将小学生分为上、中、下三等，每个等级课试内容相同，一是诵经，二是写字，但是要求不一样。读的什么经？大经指《诗》《周礼》《礼记》《左传》；小经指《尚书》《周易》《仪礼》《春秋公羊传》《春秋穀梁传》。无一例外皆是儒家经典书籍，圣贤正统之言，国子监小学生接受的是正统的儒家道德教育。

　　地方官办小学生学习何种内容？宋徽宗政和四年（1114），继国子监颁小学条例后，礼部对地方官办小学下诏令①，内容如表29。

表29　宋徽宗政和四年（1114）地方官办小学课试等级表

等级	内容
上等	能通经为文。
中等	诵本经二百字、《论语》或《孟子》一百字以上。
下等	诵本经一百字、《论语》或《孟子》五十字。

　　地方官办小学所学的内容基本是参照国子监小学安排而言，亦分上、中、下三等，内容难度明显比国子监低许多。儒家经书仍为重点，本经估计为上述的大经和小经，另有《论语》和《孟子》二书。总之，北宋末年，国子监小学与地方官办小学授课以诵儒家经典书籍为重点。

　　早在北宋初年，仁宗至和元年（1054）的《京兆府小学规》将日常课程分为三等，亦可见其具体内容：如下表。

---

① 徐松：《宋会要辑稿·崇儒二》，刘琳等校点，上海古籍出版社2014年版，第2200页。

表30　宋仁宗至和元年（1054）《京兆府小学规》① 授课内容表

等级	内容
第一等	经义三道；念书一二百字；学书十行；吟五七言古律一首或四韵；看史传三五纸；内记故事三条。
第二等	念书约一百字；学书十行；吟诗一绝，对属一联，吟赋二韵；记故事一件（年十五以下）。
第三等	每日念书五七十字，学书十行，念诗一首。

　　袁征认为这是现存最早的最为详细的小学制度，实行"三等授课法"，与北宋末徽宗时期地方官办小学生学习内容相比较，发现北宋初年的小学生教授内容明显丰富，大抵有以下六个部分：经义、读书、吟诗、作赋、读史传、读故事。

　　上文论述北宋官办小学的课程安排学习内容与升补条例，旨在表明正规化的学校教育内容以"正统"儒家经典为主，小学生接受的儒家伦理道德知识的教育，是沉浸于圣贤之言中。例如"三、百、千"等童蒙书籍未列于表内，或许未标示，或许上学前已经熟读过。

　　对于私立学校的学童所授哪些课程和教育内容，由于因材料有限，并不能很确定。以吕氏家塾学童书目表为例，一定程度上或许能代表私立学塾的教育情况。据本书第四章第一节《童蒙训》所列书目来看，吕氏家塾孩童学习压力并不比官办小学生轻松，其内容亦以儒家经典为主，并排列了读书顺序。至于乡校、蒙馆、村学、冬学等私立启蒙小学，因为缺乏严格学校制度与规章，学习情况十分松散。宋伯仁有诗证明："八九顽童一草庐，土朱勤点七言书。晚听学长吹樵笛，国子先生殆不如。"② 这首诗描述了当时普通蒙馆的教学情形。陆游曾在《秋日郊居》诗自注："农家十月乃遣子入学，谓之冬学。所读《杂字》《百家姓》之类，谓之村书。"③ 虽然这类学校的孩童未能接受正统的儒家道德教育，但如《杂字》，当然也包括"三、百、千"之类，其中伦理道德教育仍是不可或缺的。总之，初步判断，国子监小学、地方官办小学、私人学塾、一般村学等皆以伦理道德知识教授孩童。

　　第四，从学校学则与学规来看，毋庸置疑，国子监与地方官办小学的本身具

---

① 王昶：《金石萃编》卷一三四《京兆府小学规》，清嘉庆十年刻同治钱宝传等补修本。

② 宋伯仁：《雪岩吟草·村学究》，汲古阁景宋钞本，第 3 页。

③ 陆游：《剑南诗稿》卷五九《杂兴》，《四库全书》本，第 369 页。

有官办性质，它们的学规相较于私立小学严格许多。本书第三章《京兆府小学规》违反学规惩罚措施已有论述，其中的九项学规主要为促使小学生遵守基本的日常行为道德规范而设立。宋徽宗崇宁五年（1106）学制局有一段话："今取会太学小学见行规矩约束，参酌修立到州县小学课试等法。"[①] 笔者尚未找到太学小学生的日常规矩约束情况，但这里有两点值得注意：一是地方官办小学是参照中央设办的小学具体规矩，它们位于国家教育系统，不论是课程设置、课试条例，还是具体学规，都互为参考。二是"规矩"二字最为显眼，其设置的目的无非是教导学生遵守基本的道德行为规范，与第四章的伦理教育内容相一致。

至于私立学塾小学生受何种学规约束呢？《程董学则》与《家塾常仪》则是最好的证明，前文已有充分论述，此不赘述。总体上而言，私立小学缺少相应的惩罚措施，相比较官办性质的学规而言，显得更为人性化。至于村学、蒙馆等则更为松散。

总之，从官办到民办小学的学生选拔标准、教师的选拔标准学校教授内容、学校设置的学规来看，"道德"是贯穿其中的关键词。相较于家庭教育，学校教育更显规范化、严格化，是在家庭教育基础上对儿童道德教育的进一步强化。

中国古代历来将道德教育作为办学的主要宗旨，在实际教学过程中，伦理道德教育总是位于"核心"地位，这点毋庸置疑。宋徽宗大观元年（1107），朝廷颁布了"八行取士"制度，使"道德"教育走向了极端与反面。所谓"八行取士"，若满足八种德行，即可免试入官办学校（大学阶段学习）。入学后和一般学生不同，无须经过"三舍升补"或参加考核等，亦无须参加科举考试，可直接入仕。这些戴着"八行"头衔的学生似是拿着"道德"金牌一路畅通无阻，对于寒窗十年的士子而言，此种制度具有超强的诱惑力。具体哪"八行"呢？即敬爱父母之"孝"、顺从兄长之"悌"、和睦父系亲属之"睦"、和好母系亲属之"姻"、信用于朋友之"任"、行善于乡邻之"恤"、服从君方之"忠"、分辨义利之"和"。其中又以孝、悌、忠、和为上等，睦姻为中等，任、恤为下等。[②]"八行"入学后享受的"特权"在此不赘述，与"八行"相反的为"八刑"：不"忠"、不"孝"、不"悌"、不"和"者，终身不能入学；不"睦"者十年不能入学，

---

① 徐松：《宋会要辑稿·崇儒二》，刘琳等校点，上海古籍出版社2014年版，第2192页。

② 杨仲良：《皇宋通鉴长编纪事本末》第四册，李之亮校点，黑龙江人民出版社2006年版，第2114页。

不"姻"者八年,不"任"者五年,不"恤"者三年。若能改过自新者尚有回旋余地。[1]

虽然"八行取士"只是宋代教育制度中一个"插曲",但它从侧面反映出朝廷取士之目的与教育宗旨。虽然这与徽宗或蔡京个人的私意相关,但它的推行一定程度上是以"道德"作为选拔"人才"的最直观的反映。它所涉及的对象大概是已经完成小学课程将步入大学阶段的学生,这意味着小学阶段的学校与家庭生活的"言行"是其判断的基本标准,这无疑对小学生产生重要影响。我们说"八行取士"打破了"科举取士"的"唯考试论"弊端,但这种"唯德行论"又产生了极大的负面影响。一是败坏了当时的士风,为了追求名利,刻意表现出善行,如"割肉养亲"等愚昧行为。二是因为完全以德行作为标准,考试成绩即文化知识成为次要,没有文化基础的人入学或为官,其后果可想而知。

三、教育深化: 社会道德教化

宋代社会教化的方式多种多样,虽然它们的教化对象并非专门针对儿童,但儿童作为社会成员之一,也是其中的积极参与者。通过这些社会教化活动,蒙童所接受的道德教化效果往往是不知不觉的、潜移默化的。退一步讲,蒙童的父母亦是社会教化的受众者,他们所受的道德教化一定程度上影响对子女的道德教育。社会教化活动十分丰富,不能一一列举,本书主要从五方面展开:祭祀活动、社会劝俗活动、乡约教化活动、节日庆典活动、娱乐文化活动。

第一,祭祀活动。古代祭祀活动包括两个层面:一是国家层面的祭祀,由国家或地方政府主持的祭天地、享崇祖圣、祈雨等活动,这些祭祀活动有严格的礼仪与规范,国家祭祀的目的是确定合法的信仰、维护其统治者的权威性。二是民间祭祀,与蒙童社会教化相关,民间祭祀比较受重视的是墓祭和祠祭。墓祭可追溯至先秦,唐代形成清明节墓祭,宋代后,清明墓祭成为固定习俗;祠祭指宋代家族或家庙祭祀活动。民间祭祀是政府层面祭祀从上至下的落实,普通儿童在国家祭祀中无法亲身参与,但亦可观摩。民间祭祀,特别是在家祭活动中,蒙童是参与者,在现实祭祀中体验仪礼的庄重性、血缘的重要性、长幼尊卑的秩序性等。在家族祭祀中,不论长幼皆须参祭,如《涑水家仪》中所

---

[1] 杨仲良:《皇宋通鉴长编纪事本末》第四册,李之亮校点,黑龙江人民出版社 2006 年版,第 2116 页。

述"未冠笄者……祭祀则佐执酒食"①，再如《家训笔录》中所言"旦望酌酒献食如平日，长幼毕集，不得懈慢"②。以上两则是儿童参与祭祀的证明。蔡氏族规阐释了家族祭祀之重要性：

> 凡先世考妣生日、忌辰，家中必当设祭之礼、岁首、岁除、端午、中秋亦如之。新岁暨清明，必相率扫墓，古人所谓上冢也。各家无论老幼，必当亲诣墓前，行三叩首礼。虽大风雨雪，不得惮劳。此乡族所同，子孙宜永永循守。庶岁因时感慕，不至忘春露、秋霜之恩乎。万物本乎天，人本乎祖，但有心知，亦可共明此理也。③

家族祭祀包括对已故族人的祭奠，以及重要节日的祭祀，其中又以清明上坟为上。无论老幼必须上墓前行跪拜礼。原因何在？告诫儿童不忘自然之恩赐，勿忘亲人之创建功业，教导"本乎天地""本乎祖先"之道理，须敬畏、尊重自然，缅怀、尊敬先祖。

家族行祭祀礼，特别是大家族的礼仪，不仅能让参与其中的儿童感受庄严的仪式感与敬畏感，甚至可以使包括儿童在内的驻足、围观者有所熏习。如韩琦在家族清明上坟祭祀中所言："礼成无一违，观者竞墙堵。退惟愚小子，未老膺旌斧。顾己胡能然，世德大门户，思为后嗣戒，永永著家矩。"④世代有德之家的祭祀之礼庄重严格，观看者纷纷驻足，能让未能参与其中的儿童感受到祭祀之礼。同理，对于中央或地方政府举办的祭祀礼中，普通家庭儿童通过观看，亦能在其中受到敬天爱地的熏陶。正如二程所言：

> 凡事死之礼，当厚于奉生者。至于尝新必荐，享后方食，人家能存得

---

① 司马光：《涑水家仪》，载包东波选注：《中国历代名人家训荟萃》，安徽文艺出版社2000年版，第135页。
② 赵鼎：《家训笔录》，载包东波选注：《中国历代名人家训荟萃》，安徽文艺出版社2000年版，第148页。
③ 蔡襄：《蔡氏十条族规》，载蔡惠廷主编：《蔡氏族谱》，兴宁仙人座石蔡氏支系谱，2012年版，第259页。
④ 韩琦：《戒子侄诗》，载包东波选注：《中国历代名人家训荟萃》，安徽文艺出版社2000年版，第123页。

此等事数件，虽幼者渐可使知礼义。①

总之，祭祀活动的教化作用在于敬奉祖先、合族共祭，使参与其中的儿童强化家族认同感，加强血缘亲情联结，培养其礼仪之心，知晓尊卑长幼之序。

第二，劝俗活动。劝俗一般是指地方官员制定官文，用于对地方民众进行规劝。劝俗文内容涉及广泛，其中占重要地位的是伦理规诫，如调整家族、家庭、乡邻的人际关系，重建或试图恢复礼制。可以说劝俗文实质是地方官员对地方治理的一种美好的设想，也具有实践性。儿童亦是劝俗文的对象之一，虽然这种指向性较为模糊。这里我们试图以朱熹为例，考察其在地方任官时所制定劝俗文及其如何对民众进行伦理教化，以此表明劝俗活动对蒙童成长过程产生的道德影响。朱熹著有一系列劝俗文章，如《漳州晓谕词讼榜》《晓谕居丧持服遵礼律事》《劝女道还俗榜》《揭示古灵先生劝谕文》《劝谕榜》《劝农文》《龙岩县劝谕榜》等。试看《揭示古灵先生劝谕文》所言：

> 同保之人今仰互相劝戒，孝顺父母，恭敬长上，和睦宗姻，周恤邻里，各依本分，莫作奸盗，慕恣饮博，莫相斗打，莫相论诉、莫相侵夺，莫相瞒昧，爱身忍事，畏惧王法。②

古灵先生即陈淳，此段内容亦出现于《龙岩县劝谕榜》《劝谕榜》中。它主要在于向民众教诫二事：一是伦理道德规束，处理父母、兄长、宗族、邻里关系时须融洽和睦；二是礼法规约，禁止奸淫、盗窃、酗酒、赌博、斗殴、侵斗、诉讼等行为，并有相应的法律惩罚。除了伦理道德规约之外，朱熹大尚在民间恢复基本礼制之意图，如《晓谕居丧持服遵礼律事》所言：

> 自今以来，有居父母之丧者，虽或未能尽遵古制，全不出入，亦须服粗布黪衫、粗布幞巾，系麻绖、著布鞋，不饮酒、不食肉，不入房室。如

---

① 程颢、程颐：《程氏遗书》第一八《刘元承手编》，华东师范大学出版社2010年版，第36页。
② 朱熹：《揭示古灵先生劝谕文》，载朱杰人等编：《朱子全书》第二十五册，上海古籍出版社、安徽教育出版社2010年版，第4620页。

是三年，庶几少报劬劳，勉遵礼律。①

这是针对当时服父母之丧时，民众有不穿丧服，甚至着吉服的行为，朱熹闻之骇然，认为如此是人之凉薄的表现，无以为人子。试图恢复服丧之礼，实质是对"孝"道之宣扬。

第三，乡约教化活动。它在古代社会教化中发挥了重要作用，乡约的主体成员依地缘或血缘关系组成，他们须遵守乡约所规定的各种规范，成员之间还具有彼此监督的职责，对于违规者还须接受相应的惩罚。它对乡里所有成员有效，蒙童亦涵括在内。

乡约最早可追溯至周礼，滥觞于宋，明清发达。不论何种性质，乡约是以儒家的礼法与礼教为指导思想，其主要目是扬善抑恶、劝谕风善，一般由地方士绅为施行主体，后官方权力渗透其中，由民间教化手段逐渐演变为官方辅佐治理工具。第一部成文的乡约是《吕氏乡约》，它由北宋吕大钧所著，并在其家乡蓝田施行，共分为《乡约》与《乡仪》两部分，包括"德业相劝""过失相规""礼俗相交""患难相恤"部分，另附有"罚式""聚会""主事"，末附《乡仪》（实行"礼俗相交"的条款）。关于乡约的作用，吕大钧说：

> 人之所赖于邻里乡党者，犹身有手足，家有兄弟。善恶利害皆与之同，不可一日而无之……苟以为可，愿书其诺，成吾里仁之美，有望于众君子焉。②

由此可见，乡约旨在对本地乡民道德行为进行规束，显然具有实践性的道德教育。朱熹对此书大力推广，并在基础上进行了修改，对《乡仪》内容删减，并将其与"礼俗相交"合并；取消了罚式，代以劝导形式，增添"读约之礼"。总之，儿童作为乡里的一员，或多或少受其影响，且乡约的可操作性极强，它不是纯粹的伦理道德说教，即使其不参与其中，亦能通过观看乡里实践，对其道德行为产生影响。故而乡约乡规亦是对蒙童道德教育产生影响的社会教化方

---

① 朱熹：《晓谕居丧持服遵礼律事》，载朱杰人等编：《朱子全书》第二十五册，上海古籍出版社、安徽教育出版社 2010 年版，第 4617 页。

② 吕大临：《蓝田吕氏遗著辑校》，陈俊民辑校，中华书局 1993 年版，第 567 页。

式之一。

第四，节庆活动。古代传统节日源远流长，有些甚至流传至今，比如春节、元宵节、清明节、端午节、中秋节、重阳节等，这是社会生活发展到一定阶段约定俗成的产物。这些节日活动背后反映出的社会价值、心理特征、审美观念与道德标准，它们所具有民族精神、文化情感、价值共识等对社会产生重要影响。儿童无疑是节庆活动重要的参与对象，其道德观念、价值行为等也受其影响颇深。

据周愚文所述，宋代传统节日主要有立春、元宵、春社、寒食、清明、端午。①各种节日都有儿童欢乐的身影。我们试举几例：

> （立春）立春未明，相呼卖春困，亦旧俗也。②
> （春社）太平处处是优场，社日儿童喜欲狂，且看参军唤苍鹘，京都新禁舞斋郎。③
> （寒食）儿童成队逢寒食，纸剪飞鸢贴雾端。④
> （清明）街头女儿双髻鸦，随蜂趁蝶学妖邪，东风也作清明节，开遍来禽一树花。⑤
> （端午）呕啊唱与那呜咿，百草拈来斗不知，日晚骑牛未归去，指前坡笑又嘘嘻。⑥
> （中秋）新衣儿女闹灯前，梦里庄周正栩然。⑦

上述的传统节日虽不专为宋代儿童所设，然而在成人绚烂的节日中，缺少不了儿童的烂漫活泼的身姿。他们或以"叫卖春困"之戏作来迎接春日之到来，或以头戴彩线彩珠、小头饰在热闹的街头喜度端午。端午节是为纪念屈原而设，以此向儿童宣扬忠君爱国、至孝至忠的精神。寒食与清明为家族上坟之日，家族不论老少、长幼皆须参加，以祭祀祖先，教导尊卑之礼、敬祖爱亲之伦。中

---

① 周愚文：《宋代儿童的生活与教育》，师大书苑有限公司1996年版，第254页。
② 陆游：《剑南诗稿》卷三八《岁首书事》，《四库全书》本，第525页。
③ 陆游：《剑南诗稿》卷二七《春社》，《四库全书》本，第525页。
④ 张侃：《张氏拙轩集》卷四《南村》，清文渊阁《四库全书》本，第30页。
⑤ 陈与义：《简斋集》卷一三《清明二首》，《武英殿聚珍版丛书》本，第62页。
⑥ 释重显：《祖英集》卷下《牧童》，宋刻本，第20页。
⑦ 范成大：《石湖诗集》卷二〇，《四部丛刊》景清爱汝堂本，第139页。

秋为家节团圆之日，以教导家庭敦伦之意。总之，在节庆活动中，儿童能全身心参与其中，在节日的氛围中持以欢乐、嬉戏、无忧之心态。或许节日背后之深层意义孩童尚不能完全感知，但通过社会宣传亦有所了解，故而其对儿童道德教育仍具有一定作用。

第五，以说书为代表的文娱活动。古代传统社会的民间娱乐活动丰富多彩，上述与节庆相关的文娱活动亦涵括在内。民众对娱乐活动持有极大的热情，不论是茶肆酒铺、寺庙院宇、私家宅子、露天巷子，文娱活动无不有其身影。它们总是以人们最"喜闻乐见"的形态出现，借此对儿童进行道德教化产生极佳的影响力。文娱活动多种多样，我们以说书为例。

说书以勾栏瓦肆为主要场所，不论寒暑，诸棚爆满；农村小巷、坊间村落亦有说书人的身影。说书的道德教化意义不容小觑，即使宋代实行平民教育，使广大普通家庭子弟得以有机会接受最基本的启蒙教育。然而教育辐射也不全面，入学率相对很低，对于未入学儿童而言，听书、看戏成为劳作之外最为兴奋之事。

说书的道德教化意义在于，通过跌宕起伏的故事情节，用简单生动的形式宣扬儒家的基本道德观念。宋代说书的内容主要有四种，"一是小说，主要说些烟粉、灵怪、传奇等故事；二是公案；三是说经，即演说佛书；四是讲史"①。传统的小说改编成说书材料亦能产生较好的效果，苏轼曾说：

> 王彭尝云："涂巷小儿薄劣，为其家所厌苦，辄与数钱，令聚坐听说古话。至说三国事，闻玄德败，则颦蹙有涕者。闻曹操败，即喜唱快。以是知君子小人之泽，百世不斩。"②

这里值得注意几点：一是小儿是听书的对象之一，虽顽劣不堪，但亦能在说书人前安坐。二是《三国》人物情节变化引发了儿童情感的变化，可见说书形式的感化效果。三是说书传递了基本道德善恶观念，在此种活泼的形式中，使儿童分辨忠奸、明辨是非与善恶。故而孟承宪认为"惟讲史起源于儿童教育，

---

① 黄书光主编：《中国社会教化的传统与变革》，山东教育出版社 2005 年版，第 232 页。
② 苏轼：《苏轼文集》卷六六《记王彭论曹刘之泽》，中华书局 1986 年版，第 2077 页。

则于此一段记载益可深切了解"①。这极好地表明说书这种娱乐形式对于儿童道德教化的效果。需要说明的是，说书是一种隐藏性的教化形式，即不是自觉、刻意进行道德伦理价值观念的传播。一味耳提面命、伦理说教对儿童或许并不能产生特别好的效果，这种寓教于乐的说书形式反而起到了良好的社会道德教化作用。

第二节 宋代理学与蒙学伦理教育

理学产生于宋代，它是中国古代哲学历史发展中的重要一环，由自然观、天命观、道德观等构成理论体系。以朱熹为代表的宋代理学家在发展其理论与传播思想过程中，将目光转向蒙童道德教育，他们提出蒙学教育理念，编写童蒙专著，并将其理学思想渗透于幼儿道德教育中。理学家对宋代蒙学教育的贡献不可忽略，但他们所编著的一些蒙学著作具有争议性，我们试图以影响最大的《小学》为例探讨理学家对于蒙学教育的实际影响。

一、宋代理学家的蒙教理念及其主要著作

理学对宋代社会影响很大，其中重要的原因在于理学家们都十分重视教育实践活动。他们通过兴办学院、义塾，讲学传道，将理学的基本思想传播至读书人，再经由他们辐射至全社会，特别是南宋之后尤为突出。不妨说，几乎每位理学家同时又是教育家，至少他们中很大一部分人兼有教职。宋代理学家们未放弃蒙学教育这一领域，他们编著关于日常行为规范、伦理道德思想和性理知识的教材，故而大批蒙童道德教育教材在南宋出现。关于理学家所作的童蒙道德教育读本，第二章已经有详细介绍，这里以人物为纲再将其进行整理与分类，以探析童蒙教育的侧重点等。

---

① 孟宪承：《中国古代教育中资料》，华东师范大学出版社2010年版，第170页。

表 31　宋代理学家编写的蒙学著作表

作者	书名 / 篇目名	类型
朱熹	《小学》	道德类
	《童蒙须知》	道德类
	《训蒙诗百首》	理学类
	《敬斋箴》	理学类
	《沧州精舍谕学者》	道德类
	《白鹿洞书院学规》	道德类
	《感兴诗》二十首	附录《训蒙诗百首》后
	《武夷棹歌》十首	
	《观书有感》二首	
	《近思录》	道德类
	《朱子读书法》	道德类
	《仪礼经传通解·学礼》"弟子职""少仪""曲礼"	道德类
	《论语训蒙口义》	经学类
	《易学启蒙》	经学类
	《古文传灯》	文章类
	《刊误孝经》	经学类
	《家礼》	道德类
	《与长子受之》	家训类
	《增广吕氏乡约》	乡约类
陈淳	《小学诗礼》	道德类
	《训蒙雅言》	道德类
	《启蒙初诵》与上合称《经学启蒙》	道德类
	《署示学子》	道德类
	《署月喻斋生》	道德类
	《训儿童八首》	道德类
	《北溪字义》	理学类
真德秀	《家塾常仪》	道德类
	《文章正宗》	文章类
	《卫生歌》	博物类

续表

作者	书名/篇目名	类型
吕祖谦	《少仪外传》	道德类
	《古文关键》	文章类
	《东莱博议》	经学类
王应麟	《三字经》	识字类
	《姓氏急就篇》	博物类
	《小学绀珠》	博物类
程端蒙	《朱子论定程董学则》	道德类
	《性理字训》	理学类
	《毓蒙明训》	道德类
杨简	《蒙训》	道德类
	《历代诗》	历史类
吕本中	《童蒙训》	道德类
胡寅	《叙古千文》	历史类
程颐	《四箴》	理学类
范浚	《心箴》	理学类
饶鲁	《训蒙五言》	理学类
王柏	《伊洛精义》	理学类
胡宏	《叙古蒙求》	历史类
方逢辰	《名物蒙求》	博物类
欧阳修	《州名急就章》	博物类

由表 31 可清晰发现：

其一，就数量上而言，宋代理学家编著童蒙教材最多的是朱熹与陈淳，其次为真德秀、王应麟、程端蒙和吕祖谦。这里需要提出的是，朱熹对于宋代儿童教育做出了巨大贡献，他著有《小学》《童蒙须知》《训蒙诗百诗》，增损《吕氏乡约》，注解《弟子职》，修改《家礼》等。他的小学教育理念，如强调胎教、早教，分辨小学与大学的阶段性与连续性，提出以"立教、明伦、敬身"为主的小学教育重点，提倡洒扫应对进退的日常行为准则等，对宋代童蒙教育产生重要影响。他还对其他理学家的童蒙著作高度评价且大力推广，如评价程端蒙《性理字训》"甚佳，言语虽不多，却是一部大《尔雅》"①；对充满理学色彩的历

① 李绂：《朱子晚年全论》卷三《答程正思》，段景莲点校，中华书局 2000 年版，第 111 页。

史类读本《叙古千文》大力表彰，甚至赞其具有《春秋》的经世之功。

其二，宋代理学家重视童蒙教育并引起社会的广泛关注，亦是理学家们的重要贡献。宋代之前，学者们也关注过儿童教育，但是对蒙学伦理道德教育特别关注还是从宋代开始。从流行于宋代，但经由前人编著的蒙书来看，比如《千字文》作者梁代周兴嗣、《蒙求》作者唐代李翰以及《兔园册府》虞世南，虽然他们也是当时的知识分子，也曾担任如"员外散骑侍郎""仓参军""太子中舍人"等官职，但其政治地位或学术名望，皆不能与上述宋代理学家相提并论，况且《太公家教》还是村落间老校书所著。以朱熹为代表的这批理学家对儿童道德教育的重视，也激励了元、明、清各个领域的学者的关注。从这个意义上讲，宋代理学家对于儿童道德教育的贡献是相当大的。

其三，从理学家所编著的蒙学教材来看，其涵括的内容十分丰富，伦理道德、性理知识、日常规范、博物类等皆有涉及，主要以伦理道德内容类为核心，可参见第四章，这里再作简要总结：一是激励儿童立志与读书。幼时不立志，即无立人之地，则无法趋向正道。大部分理学家劝诫儿童读书立志，以"圣贤"为正途和目标。当然包括朱熹本人在内，也难免鼓励儿童走向科举求仕之路，这是时代背景下的选择。二是人伦道德知识的训导，教育儿童人生重要的"五伦"关系，倡导孝顺父母、恭敬兄长、忠诚君主、分别男女、诚信朋友，这是为人处世的基本伦理守则。三是对儿童基本日常规范的训诫。在儿童性情尚未定型之时，促使其在实际生活，如穿衣、行走、饮食、语言、读书、写字等规矩，培养其良好习惯，守好基本规矩。由于其具有较强的实践性与易操作性，可视为宋代儿童日常生活守则。四是关于性理知识的传播，后文会具体论述。

总之，上文从整体角度论述了宋代理学家所著童蒙教育读本及其主要内容，除了上述理学家之外，尚有诸多著名的理学家，如周敦颐、张载、程颢、程颐等人。他们对宋代童蒙教育亦投注许多关注，只是尚未著有专门的书籍。理学家们对于儿童道德教育之理念颇为丰富，第三、四章的伦理原则与伦理内容中有些内容已有论述，此不赘述。据周愚文《宋代儿童的生活与教育》一文中针对张载、二程的童蒙教育理念进行了总结，大致有以下四个方面的共识：一是强调儿童阶段教育的重要性；二是关注儿童生活教育与品德教育，并以此为先务；三是认为洒扫应对进退之仪表面似是小事，实质亦是成圣途径；四是提出当世之人以知识教育为重，而轻视道德教育之弊端。① 通观理学家们关于蒙学教育的各种论断，这四点大致符合实际，故引用于此。

二、理学色彩在蒙学教育中的映射

理学既讲天道与性，又谈伦理纲常，还讲究道德修养，可以说从自然观、天命观到道德观形成完整的理论体系。就此而言，理学色彩所涉及的范围十分广泛，我们分以下几类叙述其在蒙学教育中的映显。

其一，伦理道德基本知识与伦理说教。中国传统蒙学教育，伦理道德知识的传授是其主体，这是由于中国传统文化本身极厚重的伦理色彩。两宋横跨三百余年，不论其课程安排和经典注疏之变化，儒家经学始终为教育的核心，故而其主要站在儒家立场传播伦理道德学说。这在童蒙各类教材中无不处处映显。比如，对"三纲"的灌输："三纲者，君臣义。父子亲，夫妇顺"②；对"五常"的强调："曰仁义，礼智信。此五常，不容紊"③；对"五伦"的论述："学为己，明人伦。君臣义，父子亲，夫妇别，男女正，长幼序，朋友信"④。

除了"三纲""五伦""五常"等最基本的伦理道德知识的传输外，还有伦理教化，具体表现在衣服之节、饮食之制、坐立行走之端、爱亲敬长之范，教导儿童如何实践，以此循规蹈矩。为此，理学家专门编著了《小学诗礼》《童蒙须知》《家塾常仪》《程董学则》《训儿童八首》等童蒙书籍。当然道德人伦知识与常规的伦理说教不仅限于童蒙教育中，某种程度上而言，在"儒学"独统时代下，在强大的官方话语权势的背景之中，几乎所有的著作无不有此倾向，这与宋代理学家们所倡导的以德治天下是相符的。

其二，如果说上述的伦理说教，仅是理学色彩在童蒙教育中处于典型状态的话，那么在童蒙教育中讲究"敬""诚""正心"等道德修养的手段，则是理学色彩较为浓厚的一笔。我们以"敬"为例，"敬"本是儒家一个经典常见词，自程颐将其作为工夫方法提倡，后又经朱熹继承并极力推崇，"敬"成为儒家修养论不可或缺的手段。"敬"这个字成为朱熹用来作为修身工夫的手段而有意识使用的专门用语，但主敬自是以其心性论为基础，它的核心关怀在于解决

---

① 周愚文：《宋代儿童的生活与教育》，师大书苑有限公司 1996 年版，第 254 页。

② 王应麟：《三字经》，载韩锡铎主编：《中华蒙学集成》，辽宁出版社 1993 年版，第 270 页。

③ 王应麟：《三字经》，载韩锡铎主编：《中华蒙学集成》，辽宁出版社 1993 年版，第 270 页。

④ 陈淳：《北溪大全集》卷一六《训蒙雅言》序，《四库全书》本，第 95 页。

现实人心受物欲之弊端，与《小学题辞》所表述的目的相一致。总之，"敬"是一种修养工夫，它主要指向人心，贯穿于小学与大学阶段。朱熹有言：

> "敬"之一字，圣学之所以成始而成终者也。为小学者不由乎此，固无以涵养本原，而谨夫洒扫应对进退之节与夫六艺之教，为大学者不由乎此，亦无以开发聪明，进德修业，而致夫明德新民之功也。①
>
> "敬"当不得小学，某看来小学却未当得"敬"，"敬"已是包得小学，是彻上彻下工夫，虽做得圣人田地，也只放下这"敬"不得。②

由此可见，"敬"在朱熹视野里，是成圣贤之学的由始至终的工夫，它不仅存在于成人世界"进德修业"的大学阶段，实现"明德新民""治国平天下"目标；更重要的是，它成为"以涵养本原"为主的小学阶段的核心，它贯穿于洒扫应对进退中。简言之，"敬"从"大学"学理"下落"至"小学"学事中，将成人世界与心性相关的"成人"修养方法，渗入到尚在蒙昧期的"童蒙"日常生活中。为此，朱熹还作《敬斋箴》（现代蒙学研究者多将其视为童蒙教材），他倡导儿童的衣冠、容貌、言行举止、为人处世等须"敬"，恭谨专一、严整思虑、庄重严肃。然而，通篇观之，笔者认为其更倾向于成人修身。

除此，理学经典的"正心""求其放心"的修养论也提早进入童蒙阶段。朱子《小学》中引用程颐关于"正心"之言：

> 圣贤千言万语，只是欲人将已放之心，约之使反复入身来，自能寻向上去，下学而上达也。③
>
> 人于外物奉身者，事事要好，只有自家一个身与心却不要好。苟得外

---

① 张伯行：《小学辑说》，载徐梓、王雪梅编：《蒙学要义》，山西教育出版社1991年版，第25页。

② 张伯行：《小学辑说》，载徐梓、王雪梅编：《蒙学要义》，山西教育出版社1991年版，第15页。

③ 朱熹：《小学》，载朱杰人等编：《朱子全书》第十三册，上海古籍出版社、安徽教育出版社2010年版，第444页。

物好时，却不知道自家身与心已自先不好了也。①

此种引用诸多，强调心正、放心的道德修养观，俨然已渗透于蒙童教育中。那如何做到"心正"？朱熹的回答比较"接地气"，即"敬"。故而，"正心"又回到了"敬"，"敬"又通过日常洒扫应对进退进行实践。还有如范浚的《心箴》则显得更为虚幻、抽象，此不赘述。

其三，若"正心""诚意""持敬"等宋代理学家经典的修养方法在童蒙教材中的映显还不够明显的话，那以《性理字训》《训蒙诗百首》《伊洛精义》《训蒙五言》为代表的童蒙书籍，则完全是向儿童传播理学知识。丝毫不夸张地说，理学基本概念与知识几乎都可以从中寻找出影子。现将《性理字训》《训蒙诗百首》《伊洛精义》中主要性理概念、命题归纳于表32。

表32　宋代蒙学著作中关于性理知识分类表

书名/篇目名	性理概念、命题
《训蒙诗百首》	天、太极图、先天图、小学、西铭、唤醒、学、心、意、致知、中庸、人心道心、命、性、道、情、戒慎恐惧、谨独、静、体用、鬼神、鸢飞鱼跃、仁、三省、就有道而正焉、十五志学、知天命、安仁利仁、君子去仁、一贯、必有邻、斐然成章、言志、居敬、汶上、不改其乐、先难、乐亦在其中、吾无隐乎尔、吾知勉夫、任重、绝四、博约、卓尔、逝者如斯、四十五十无闻、曾点、浴沂、克己、出门如见大宾、为己为人、莫我知也乎、下学上达、固穷、参前倚衡、辞达而已矣、困心衡虑、困学、九思、予欲无言、难言、勿忘勿助长、仰思、古者以利为本、刍豢悦口、牛山、夜气、莫知其乡、求放心、心之官则思、动心忍性、存心、养性、事天、万物皆备、良知、观澜、不能使人巧、山径之蹊、大而化之、闻知。

① 朱熹：《小学》，载朱杰人等编：《朱子全书》第十三册，上海古籍出版社、安徽教育出版社2010年版，第451页。

续表

书名/篇目名	性理概念、命题
《性理字训》	造化第一：太极、元气、阳、阴、天、地、乾、坤、五行、五材、元、享、利、贞、道、器，天、帝、鬼神、易、变化、神化、道体、造化。
	情性第二：天道、人道、命、分、理一、分殊、气、质、人、物、天命、人事、性、情、良知、良能、魂、魄、灵、才、志、意、仁、礼、义、智、道、理、德、业、诚、信、中、和、大本、达道、大德、小德、体、用、本、文、彝、庸、明德、至善、浩气。
	学力第三：教、学、习、小学、大学、格物、致知、力行、敬、一、忠、恕、孝、弟、主静、慎独、养正、致曲、博文、约礼、德性、放心、知言、养气、刚、勇、存、养、动必、忍性、克己、复礼。
	善恶第四：天理、人欲、道心、人心、义、利、公、私、上达、下达、善、恶、过、刚善、刚恶、柔善、柔恶、自暴、自弃、骄、吝、尤、悔、狂、狷、强、弱、小道、异端、吉、凶、几、复。
	成德第五：知至、知止、知崇、礼卑、尽性、尽心、意诚、心正、止、定、弘、毅、充、达、生知、安行、圣、贤、贱形、至命、不动心、不逾矩、道统、一贯、天德、良贵。
	治道第六：善政、善教、礼、乐、经、权、典、则、法、正己、新民、时中、契矩、过化、存神、皇极、天子、大顺、不康、王、霸。
《伊洛精义》	太极、理、阴阳、动静、两仪、乾坤、天地、五行、四序、气质、人物、理性、天道、人性、元亨利贞、仁义理智信、情、道、德、诚、敬、忠、恕、中、庸、才、学、文、伦、经、权、礼乐、体用、义利、公、私、狂、狷、自暴、自弃、下愚、残、贼、知觉、意志、立志、持敬、致知、力践、鬼魂等。

　　上表所列出的理学命题与概念，可以说几乎将宋代理学的核心要点概括进去。《性理字训》还对理学命题进行了分类，从造化、性情、学力、善恶、成德、治道六部分展开，故而朱熹称其为一部大《尔雅》，颇有几分道理。朱熹的《训蒙诗百首》按其自序而言，是以"四书"为主要内容，从其诗题来看，皆出于"四书"原词。黄季清为此书作"跋"，认为其上至"天命心性之原"，下至"洒扫步

趋之末""帝目传心之妙""圣贤讲学之方",皆囊括其中。① 以儒家经典"四书"为本,传达了朱熹关于天道与性理思想。《伊洛精义》顾名思义即"伊洛之学"的精要涵义,是关于二程的理学思想精华。

总之,上述三书是理学思想直接投射于童蒙教育的最显著证明。它们与传统理学读本(针对成人)的不同点或说其独特之处,在于使用"对偶""韵语"形式,以精短、简易的表达方式来阐释性理知识。一定程度上,它们充当了普及理学知识的另类读本,既能帮助蒙童提早进入理学思想的学习,亦有益于初入理学之门的成年人。

三、对理学家蒙教实际之检讨——以朱子《小学》作为蒙童道德教育教材得失为例

宋代理学家们十分关注童蒙教育,提出了儿童教育的各种见解与理念,并编著了具有浓厚理学色彩的童蒙著作,一定程度上强化了蒙学道德教化职能。可以说,理学家对于童蒙教育的投入与付出的努力值得赞赏。

其一,大批著名理学家参与编著童蒙教材,不仅提高了教材本身的质量,也借其威望吸引了更多的学者或世人对于蒙童道德教育的关注,不因其为蒙学读物而付之一哂。理学家对此关注,一方面对社会道德教化起到了一定作用。北宋三次兴学目的是为"一道德"从而实现"化民成俗"。理学家的蒙学教材对于个体遵守基本伦理规范,自幼形成良好的道德习惯,进而涵养良好的社会风气具有一定成效,但其影响需要长时期孕育才可。另一方面为其理学思想的传播起到了较好的宣传效果,因为他们在教材编写过程中,有意或无意会加入自身的理学理念,尤其还有专门传播性理知识书目,其用意十分明显。

其二,理学家们童蒙教育理念,如及时训蒙原则,以品德培养为优先,从日常洒扫应对做起,批判汲汲于科场名利的蒙童等内容,具有一定引领时代蒙学教育的作用。针对儿童心理认识特点,理学家们将原本晦涩难懂的性理概念或苦涩复杂的理学义理,用以七言、五言或三言韵语方式化繁为简;或将"四书""五经"中典义理知识,用简短语言表达;或将《礼记》中《少仪》《内则》《曲

---

① 徐经孙:《矩山存稿》卷三《黄季清注朱文公训蒙诗跋》云:"上至天命心性之原,下至洒扫步趋之末,帝王传心之妙,圣贤讲学之方,体用兼该,显微无间,其目虽不出于四书之间,而先生之性与天道可得而闻者,具于此矣。"参见曾枣庄主编:《宋代序跋全编》卷一八六,齐鲁书社 2015 年版,第 5311 页。

礼》以及其他涉及礼仪规范的原典为基础，择其精要内容，并结合时代发展要求，制定可供儿童实践的待人接物的日常道德守则等。以上无一不是理学家们所作的贡献。

然而，虽然理学家中很大一部分人以教书讲学为生活，其讲学的对象以成年人为主体。故而，其编著的蒙学教材在表达方式、教育理念与内容等，更容易产生成人倾向。就理学家们所著的童蒙教材中，如《三字经》般能流传千余年的作品毕竟少数。如果说教导儿童道德规范的《童蒙须知》《家塾常仪》《小学诗礼》等还较为符合儿童阅读和可供操作的话，那传播抽象性理知识的著作，虽然已经改编成可诵读的简短形式，然其晦涩难懂的义理知识仍不能完全满足儿童阅读需求，不妨说他们更适合刚入理学之门的成年人。

在这些著作中，传播伦理道德的《小学》《童蒙训》《少仪外传》名气还比较大，他们的体例有共同点：《小学》内篇的《稽古》与外篇《嘉言》《善行》与后两本书差不多，都是摘辑宋前或宋当世之名流的言行。不同点在于：《小学》内篇中有来自"十三经、十七史"的原文揋入，而《童蒙训》与《少仪外传》主要是围绕吕氏家族成员并记录其言行，其范围有所限定。这三本书中名气最响的是朱子《小学》，我们以这本书为例来考察理学家编著的童蒙书籍是否具有实际的训蒙效果。

由朱熹及其弟子刘子澄共同编著的《小学》自成书距今已800余年，它通常被认为是古代儿童道德启蒙教育读本。现代学者对其在童蒙教育中地位持不同论调，一种认为它是一本失败的蒙学书籍，未发挥实际教育作用，如张志公所言"朱熹编这本书的意图是'授之童蒙'，可是实际上它并不流行于学塾蒙馆，而是陈列在理学家的书斋里，供他们欣赏赞叹"①。毛礼锐等②与徐梓③皆持相似观点。另一方学者对此极力反驳，如池小芳指出张志公与《中国通史》的观点失之详考，她说："从南宋后期，《小学》就开始较多应于小学教育。经元明两代推广之后，在清代达到了高潮。"④《〈小学〉校点说明》亦认为其实际传播甚广。⑤

---

① 张志公：《传统语文教育教材论——暨蒙学书目和书影》，中华书局2013年版，第42页。
② 毛礼锐、沈灌群主编：《中国教育通史》（第三卷），山东教育出版社1987年版，第451页。
③ 徐梓：《蒙学读物的历史透视》，湖北教育出版社1996年版，第112页。
④ 池小芳：《中国古代小学教育研究》，上海教育出版社1998年版，第266页。
⑤ 朱熹：《小学》，载朱杰人等编：《朱子全书》第十三册，上海古籍出版社、安徽教育出版社2010年版，第382页。

上述学者并未对各自观点进行充分论证，故而促使笔者进行更深入思考。《小学》究竟是怎样的一本书？它在宋元明清小学教育课堂中运用情况如何？它受历代统治者与名儒之推崇是否还具有其他非童蒙教育之作用？本书旨在通过有限的史料①，分析其在历代小学教学及道德教育中的真实面貌，试图解决上述争论。

（一）《小学》内容、特点及历史影响

《小学》一书有何内容、特点、劣势？历史对其作何评价？上述问题的回答有助于了解此书之概况，对于本书争论的解决亦有所裨益。

《小学》成书于南宋淳熙十四年（1187），共分两篇，内篇有四：立教、明伦、敬身与稽古，外篇有二：嘉言与善行。就其结构而言，立教、明伦、敬身为大纲，其中明伦与敬身则又为重中之重（数量上分别为233则、119则，占全文89%）。它是一本经史汇辑本，内篇摘录最多是《礼记》《论语》《孟子》等经书，汇集三代圣贤之言，摘辑具体的道德规范；外篇多出自史籍与北宋诸子之书，采辑汉至宋名贤之具体言行事迹。清代蔡世远曾评价该书："内篇萃十三经之精华，外篇采十七史之领要也。"②可见其摘辑范围之广、内容之正统。

由上可知，其内容重点为"明伦"与"敬身"，其采辑范围则是"十三经"与"十七史"，其多摘录自儒家经典，其描述事例或表达形式具有成人化倾向。就此而言，它似乎超出"儿童"之接受范围，历史上部分学者对其作为一本童蒙教材颇有微词，如陆世仪所言：

> 今文公所集多穷理之事，则近于《大学》；又所集之语，多出四书五经，读以为重复；且类引多古礼，不谐今俗；开卷多难字，不便童子；此《小学》所以多废也。③

后世对其批评多集中于此，归为以下两类：

其一，其所采辑部分内容涉及"大人之事"，即其所要求的道德规范有成人化倾向，非儿童所能履行，如：

---

① 由于历史事实十分复杂，本书基于单一考察，实质上不足以概括《小学》使用之全貌，而试图利用有限的资料尽可能"还原"《小学》书的历史样貌。

② 蔡世远：《大学衍义补参订序》，载《二希堂文集》卷一，海南出版社2000年版，第50页。

③ 陆世仪：《陆桴亭论小学》，载陈宏谋辑：《五种遗规》，线装书局2015年版，第39页。

若今所传朱子《小学》之书……或杂以后世之文，涉乎大人之事，如明伦篇，君臣夫妇类，非小子之职，亦非小子可以服行而习之者。①

谋授朱氏所编《小学》书，阅之殊郛廓，天道性命，上达也，亲迎朝觐，皆壮年强仕时也，以至居相告老诸则，皆非幼童事。②

此书本用于儿童启蒙，但其包含如胎教、保傅之教，君臣、夫妇之伦，为官、治家之道，甚至还涉及北宋理学家的性命之学等，这些似乎脱离了一般儿童的日常生活与学习。

其二，就《小学》编辑形式而言，其篇幅多达 10 万余字，同时代的《三字经》《百家姓》《千字文》总数才 2500 余字，而"四书"不过 5 万余字，可见其阅读任务十分繁重。其摘辑的部分条目，语言艰难晦涩，句式长短不一，不便儿童记忆诵读。后世学者对此亦有不满，如：

余谓是书（《小学》）不读，风俗人村胥此焉……至于篇中，遂龃龉不能以句，余且疲于口授之烦。③

惟语句长短参差不齐，小儿初入学，遽以此授之，往往不能以句。④

上述提出批评的学者大多具有实际蒙童教学经验，如李塨、孙扬、罗泽南等都曾设蒙馆或私塾，其所面向的为县级以下乡村儿童，并针对此书之问题著有《小学稽业》《小学韵语》等书。我们不妨推测，对于不以"升学"或"科举"为目的乡村儿童而言，以"识字"为主，传播自然、历史、生活和道德基本知识的"三、百、千"等简易童蒙读物，显然更适用，而欲以打造圣贤坯模的《小学》就显得格格不入，这是其一。其二，《小学》虽有儿童不能履行之内容，但并非完全是"大人"之事，其 50% 的篇幅以直述名人事迹形式书写，非枯燥的理论陈述。而引述大人之事与广大精深之语，则是为了"以正言正行先入童子之心"⑤。其三，时儿童也常读"四书"、《孝经》等古经，语言上具有一定

① 湛若水：《进古文小学疏》，载《甘泉先生文集》内编卷二，嘉靖本，第 16 页。
② 李塨：《小学稽业》，中华书局 1985 年版，序第 1 页。
③ 孙扬：《小学韵语序》，载《孙石台先生遗集》卷一，清乾隆四十四年卢衍仁等刻本。
④ 罗泽南：《小学韵语序》，载徐世昌等编：《清儒学案》卷一〇七《罗山学案》，中华书局 2008 年版，第 6554 页。
⑤ 凌扬藻：《小学》，载《蠡勺编》卷二一，清岭南遗书本。

适应性。总之，不能过度夸大此书之弊端，从而断言其是一本失败的儿童读物，况且它还具有一般儿童读物不能比肩的历史影响，我们从以下两方面观察：

第一，评价一本书的历史地位及影响，后世对其的注解、改编等著书是重要的参考标准。就此而言，大概历史上任何一本童蒙课本都难以企及。据笔者不完全统计，对《小学》一书注解、通义、论说、集成、图释、诗编、续扩、节录和改编等著作，大约共计 116 本、宋代 4 本、元代 21 本、明代 47 本、清代 44 本，其中以注解为最多。① 就此方面的著作数量与质量而言，《小学》一书之影响从元代开始，明代最盛，清代进入总结期。

第二，《小学》自南宋中期成书，跨越元、明、清三代，其受历代官方统治者与学者之关注，相较于其他儿童读本而言，其历史影响力是巨大的。《小学》在南宋中后期并未引起太大社会影响，究其原因主要与程朱理学在南宋的命运相关。② 朱熹门生陈淳、陈宓及魏了翁曾为《小学》书作序或跋。宋代重要私家藏书目录《郡斋读书志》与《直斋书录解题》也曾收录该书。与南宋同时代的女真族、蒙古族等少数民族中也曾流传此书，如金正大三年（1226）记载完颜陈和尚（字良佐）曾读过此书，"良佐……读新安朱氏《小学》，以为治心之要"③。

与在南宋微乎其微的关注度比较，《小学》在蒙古族则受到较高"待遇"。《小学》最早进入蒙古时为宋理宗淳祐二年（1242），大儒许衡从汉儒赵复处得此书并撰写《小学大义》对其大力表彰与宣传，将其和"四书"敬为"神明"，并道"自汝孩提，便令讲习，望于此有得，他书虽不治，无憾也"④，极大抬高了该书在元代及后世之历史地位。黄百家称，元代大儒许衡、刘因和吴澄作为"学术圈"与"政治圈"的名流，亦十分推崇《小学》。刘因认为不熟读此书，"虽

---

① 笔者在张志公、徐梓、韩锡铎所统计的关于《小学》及注解改编书目的基础上，通过原文、序、跋，文集、地方志、墓志铭等史料对其作者与内容进行考证与增补，由于史料之局限，此统计难免偏差。

② 在"庆元党禁"（1195—1209）的政治漩涡中，理学一度被视为"伪道学"，直至朱熹逝世也未解禁，虽后又重新抬头，但《小学》作为一本童蒙教材淹没在理学家大著中实属正常。

③ 元好问：《良佐镜铭》，《遗山先生文集》卷二七，四部丛刊景明弘治本。李修生主编：《全元文》第一册，江苏古籍出版社 1998 年版，第 426 页。

④ 许衡：《与子师可书》，载《鲁斋遗书》卷九，书目文献出版社 1991 年版，第 397 页。

读万卷书,亦奚益哉"①;吴澄在实际教学中提倡《小学》作为国学首要入门之书。②

　　倘若元代为《小学》地位的跃升期,那明代则是其全盛期。明代对《小学》书的注解与改编不仅数量最多,且种类最为丰富,其质量亦为最高,后世流传最为广泛。东林大儒顾宪成认为朱子"最有功于天下万世"之一便是编著《小学》,甚至将其抬高到与《论语》《孟子》比肩之地位。③可为"万世之法",甚至可"羽翼《论》《孟》"的评价对此书的评价着实很高。明代对《小学》影响极为重要的事件是崇祯八年(1635)天子亲自"作《小学新序》,以《小学》颁天下"④,同时将其作为考核士子的主要教材,"力行考试,仍一体命题,以验有无熟习"⑤。这是《小学》或说儿童读本首次受最高统治者正式表彰,一定程度上使其具有"政治"色彩或"官方"趋向,对清代有极大影响。

　　《小学》在部分清代学者视野中仍具影响力,如魏裔介、张伯行、曾国藩等官僚型儒者,又如陆陇其、张履祥等正统型理学家,再如乾嘉学派段玉裁、王念孙等皆对其有高度评价。《小学》在清代的地位可说是历代最高的,体现在:一是屡次受到最高统治者之表彰,并为其作序。康熙二十一年(1682)颁《御制〈小学〉课士说》、雍正五年(1727)内府刻《小学集注》并颁《御制〈小学〉序》。它是整个清代内府刻书中唯一一本童蒙书籍。⑥二是成为官方科举考试的命题教材,这是天子通过"政治权力"推广的有效证明。据载,康熙三十六年(1697)"考试童生,出四书题一,令作时文,《小学》题一,令作论,通行直省,一体遵行"⑦,以"小学"命题的"小学论"题型正式出现在科举资格考试中。直至乾隆二十八年(1763)《小学》退出官方考试章程,在历经康、雍、乾三代的80余年内,它一度是课堂训蒙和官方小学考试、复试的必读书目。

① 贡师泰:《奉训大夫绍兴路余姚州知州刘君墓志铭》,载贡奎、贡师泰、贡性之:《贡氏三家集》,吉林文史出版社2012年版,第387页。

② 吴澄:《聂谊字说亥》,载李修生主编:《全元文》第十五册,江苏古籍出版社1998年版,第32页。

③ 顾宪成:《小心斋札记》卷八,载《顾端文公遗书》,清康熙刻本。

④ 谈迁:《思宗崇祯八年乙亥》,载《国榷》卷九四,中华书局1958年版,第5709页。

⑤ 陈子壮:《礼部复表章孝经疏》,载吕维祺:《孝经大全》卷一九,上海古籍出版社2002年版,第469页。

⑥ 李致忠:《历代刻书考述》,巴蜀书社1990年版,第297页。

g 素尔讷等纂修:《考试题目》,载《钦定学政全书校注》卷一四,霍有明、郭海文校注,武汉大学出版社2009年版,第56页。

总之，《小学》受统治者与名家大儒之推崇，主因在于不论其内容，抑或是采辑范围，均符合传统儒家教育之理念。在蒙幼时期，将人伦道德之常渗透其心中，使其在洒扫应对、进退应对中逐渐将道德理念转换为习惯，为成人后的"格物穷理""修齐治平"打下基础，从而为输出符合国家需求的人才作储备。就统治者教化目标和传统儒家教育理念而言，毫无疑问它是一本较为"成功"的蒙学教材。当然，我们也不能对其问题置之不理，这需要进一步对《小学》在实际教学课堂中使用情况作分析。

（二）《小学》实际教学之考察

《小学》因受中央直接谕令成为实际课堂教学、考核及科举资格考试之必备课本，就此而言，它必在特定时间内"流行"过（尽管带有"强制性"）。其实际运用究竟如何？我们试图从宗室小学、国子监小学、地方官办小学、私立学塾、家庭教育中考察此书之使用情形。

1. 宗室子弟教育中《小学》之运用

历代中央朝廷一般为宗室皇族子弟设立学校，这类"贵族"学校历代称谓不同，称四门学、宗学、宫学等，另有专为太子设立的东宫教育制度。《小学》一书曾在此类学校中传授过。元代许衡和姚枢曾担任太子的太保和太师，据二人对《小学》之极力推荐可猜测太子有可能曾授读过此书；另魏源也曾提及《小学》之运用，"元代许鲁斋以教蒙古子弟，极力表章"①，可见蒙古贵族儿童学习过此书。明代皇族教授《小学》则有确切记录。明孝宗弘治十七年（1504）张元祯曾在东宫为太子讲学，他曾上奏：

> 欲乞皇上那殿下每日习字工程，将《孝经》、《诗经》并《小学》等书分日轮流……但《小学》、《诗经》篇章颇多，帝王之学，惟在知要，乞命内阁将《小学》、《诗经》节取有关于纲常治乱、民生艰苦之大者……②

张氏将《小学》等书视为"第一等帝王之学"，要求太傅为太子专讲其中的为君之道、为政之事。清代皇室儿童授习《小学》迹象可据康熙的自述"朕

---

① 魏源：《小学古经叙》，载《魏源全集》第十二册，岳麓书社2004年版，第121页。
② 黄训：《皇明名臣经济录》，文海出版社1984年版，第284页。

自冲龄即已披览服习"① 推测，他还曾命令尚书顾八代将此书翻译成满文，其所授对象应是八旗贵族子弟；而且《小学》也出现在清代内府刊刻书目中。由于史料有限，《小学》在宗室教育中使用迹象大抵基于推测。

2. 国子监小学中《小学》之使用

宗室教育毕竟为极少数贵族儿童所设，其与学校教育区别颇大。国子监（国子学、太学）既是中央最高性质的学校，又是中央教育行政部门，也是传播儒学、推行道德教化的机构，其教育政策基本代表了国家教育方针。其下设小学，即全国最高等小学。《小学》一书在国子监小学中的使用可通过国子监祭酒、监丞、司业等官员对《小学》刊刻、颁布、著述、实际教学来考察。曾任元代国子监祭酒的许衡、刘因、萧贞敏等著有《小学大义》《小学四书语录》《小学论题驳论》等书，经众多儒者之尊表、躬践，一时呈现"自国都之学，至于郡县党术，莫不尚焉"② 之景象，国子监小学必涵盖在内。明代国子监授《小学》有一则记录，曾任元代国子监监丞的李镐叔的侄子李维（生于 1366 年）八岁入南京，"就傅国子监，受《小学》、四书、六经"③，由此可知明初国子监小学生有读此书之规定。明代国子监祭酒积极推广《小学》在实际教学中使用，如成化二年（1466）祭酒邢让"课诸生，诵《小学》及诸经"④；崇祯十三年（1640）祭酒李建泰"每月朔望齐集诸生……博士官讲《孝经》《小学》……"⑤。由此可推测明代国子监小学课堂中曾授读过《小学》。笔者尚未发现清代国子监小学直接传授《小学》之例证，因时国子监已徒有形式，教官不授课，学生不坐监，生员只为获取科举之资格。康熙下旨颁《小学》原因即在于"俾天下士子于经书制举业之外，兼习是书"⑥，后将其作为童试教材，可谓用心良苦。

3. 地方官办小学中《小学》之应用

国子监小学入监的学生数量与身份皆有严格限制，实属精英式教育，而地

① 爱新觉罗·玄烨：《御制〈小学〉课士说》，载文庆、李宗昉等纂修：《钦定国子监志》（上册），郭亚南等点校，北京古籍出版社 2000 年版，第 7 页。

② 虞集：《新喻州重修宣圣庙儒学记》，载《道园学古录》卷三五，商务印书馆 1937 年版，第 591 页。

③ 苏伯衡：《李维圹铭》，载《苏平仲集》卷一三，中华书局 1985 年版，第 332 页。

④ 张廷玉：《明史》卷一六三《列传》，《四部备要》本，第 1132 页。

⑤ 万斯同：《明史》卷七十四，上海古籍出版社 2008 年版，第 318 页。

⑥ 爱新觉罗·玄烨：《御制〈小学〉课士说》，载文庆、李宗昉等纂修：《钦定国子监志》（上册），郭亚南等点校，北京古籍出版社 2000 年版，第 7 页。

方州（路、府、军、监等）与县级设置的官办小学，是普及教育的载体之一。《小学》一书自南宋中期成书后，受朱熹本人及部分地方官员之推崇。如绍熙元年（1190）朱子知福建军漳州，大力发展管辖下的地方府学及县学，"尤笃意于学校……旬之二日又领官属下州学视诸生，讲《小学》为正其义，六日下县学亦如之"①。朱子借助其地方行政官的职权，积极在地方学校中宣传与推广此书。绍定初年（1228）江阴军长官颜耆仲、景定三年（1262）绍兴府官员（不可考）亦是如此：

> 教民先治小学，招童生开敏者若干人……又取朱文公所纂《小学》刻之。②
>
> 旧有小学群居，终日有养而无教……取紫阳夫子《小学》诸书，习而读之。③

以上为负责地方教育行政官校刻、颁布与宣传《小学》的例证，对此书曾在南宋地方官办学校中使用的一种推测。

元代地方官办小学中此书的应用可由两份官方颁布的学校教育文件考察：一是元贞元年（1295）由江南行台颁布的《行台坐下宪司讲究学校便宜》（下称《学校便宜》），二是大德元年（1297）江浙行省颁布《行省坐下监察御史申明学校规式》（下称《学校规式》），两份官文规定了教学目标、课程设置、考核测试等规章与细则，《小学》一书皆纳入学校课堂教学中：

> 诸生所讲读书，合用朱文公《小学》书为先……早晨合先讲《小学》书……初开讲日，师先讲《小学》书第一章，次日诸生齐揖………毕，师复讲授第二章。④
>
> 午食后，习功课，说书，《大学》、《中庸》、《论语》、《小学》之书，

---

① 陈淳：《侍讲待制朱先生叙述》，载《北溪大全集》卷一七，上海古籍出版社1987年版，第632页。
② 张衮：《嘉靖江阴县志》卷一六列传《名宦》，刘徐昌点校，上海古籍出版社2011年版，第290-291页。
③ 阮元：《宋绍兴府建小学田记》，载《两浙金石志》卷一三，浙江古籍出版社2012年版，第299页。
④ 《庙学典礼》卷五，载《元代史料丛刊》，王颋点校，浙江古籍出版社1992年版，第101页。

《通鉴》。①

　　江南行台包括江浙在内的江西、湖北三个行省，就内容来看《学校规式》
主要依托《学校便宜》，两份规章可以说元代南方地区官方教育的规范代表。
元代行省隶属中书省，实质是中央集权在地方的延伸，元成宗一登基，江南行
台就颁此文件，大抵出自中央之意，与国子监之教育方针相一致。

　　除此，元人程端礼根据《朱子读书法》编著《读书分年日程》（下称《日程》），
它是针对私人设立家塾子弟而读的教学计划，其规定《小学》作为儿童入学的
首读书目，亦是塾师说书的第一本书。此书自元统三年（1335）完成之后，即
得到社会的强烈反响并且受官方认可，国子监将其颁示郡邑，成为全国教育蓝
本，在明清两代也一度流行，《小学》也因《日程》之关注度受到一定的传播。
就三份"官文"规定，《小学》书在元代地方官办小学中的使用毋庸置疑。

　　明代地方官办小学主要通过"社学"来承担儿童启蒙教育任务。社学主要
招收 8 至 15 岁的普通民间子弟，教授初级文化知识，即类似"小学"性质的学校。
明代地方社学有两个特点：一是具有官方性质。据王兰荫统计，1375—1398 年，
各地 1438 所的社学中 1432 所由地方官员所建，官建率达到 99%。② 二是其主要
分布在乡村，在可考的 3837 所地方的社学中，在乡的比例达到 73%。③ 在社学
课堂中，《小学》具有广泛的市场，如陈献章所言，"朱子《小学》书，教之
之具也；社学，教之之地也，其皆不可无也"④，《小学》与社学成为捆绑式关系，
并成为社学教育的必要书目之一。试举两例：

　　　　提督学校御史陈选，遵奉敕例，严督淮扬等郡，举行社学之教，又自
　　　注释朱子《小学》，俾知讲习，至今士风尚知乡服。⑤

① 《庙学典礼》卷五，载《元代史料丛刊》，王颋点校，浙江古籍出版社 1992 年版，第 110 页。
② 王兰荫：《明代之社学》，《师大月刊》1935 年第 21 期，转引自池小芳：《中国古代小学
　教育研究》，上海教育出版社 1998 年版，第 70 页。
③ 王兰荫：《明代之社学》，《师大月刊》1935 年第 21 期，转引自池小芳：《中国古代小学
　教育研究》，上海教育出版社 1998 年版，第 60 页。池小芳通过对明代地方志的统计，对
　明代小学的分布得出较为一致的结论。
④ 陈献章：《程乡县社学记》，载《陈献章集（上册）》，孙海通点校，中华书局 1987 年版，
　第 31 页。
⑤ 盛仪：《嘉靖惟扬志》卷七《公署志》，上海古籍出版社 1963 年版，第 181 页。

> 龄以壬午夏督学抵江右,首遵明诏,建社学,慎选硕儒,以训迪民间子弟,悉令先读《小学》。①

任地方视学、督学的明代官员大兴社学的原因之一是与其政绩考核直接挂钩,他们或校刻、颁布、校注《小学》助师生讲习,也可证此书在官方使用地位。明代关于"社学"的理论著作相当丰富,如叶及春《社学篇》、黄佐的《乡校篇》等,均将《小学》作为社学教学的重要书目。需要指出的是,县级及其以上的地方官办小学仍存在,不过"社学"是较为典型的官办小学。

清代科举之风大盛,官学徒有形式,但最高统治者亲自谕令天下生童学习《小学》一书,地方督学与视学的官员颁此书于地方学校例子诸多,试举几例。

表33　清代地方官员颁刻《小学》书之例

时间	地点	人物	原文	出处
康熙六年（1667）后	湖北	张英	训士尤勤，屏除故习，勉以返躬之学，而以朱子《小学》、《近思录》为始学之基。	贺涛：《贺先生文集》卷四《吏部侍郎张公传》
乾隆十一年（1746）	江苏	尹会一	视学三吴……颁《小学》。	方苞：《方望溪全集》卷一一《尹元孚墓志铭》
乾隆四十八年（1783）	山东	刘大绅	以朱子《小学》诲诸生，约以朝夕讲贯，身体力行。	李元度：《国朝先正事略》（下）《刘寄庵明府事略》
道光十三年（1833）	粤西	池剑芝	莅事之日，揭示十二府州学……按临各府州携所纂注朱子《小学》数千帙，散于生童之试优等及补学员者。	王拯：《龙壁山房文集》卷四《池司业庙碑》
道光二十七年（1847）	湖北	龙启瑞	尔生童自入塾受书以来……宋儒之义理，宜先读《小学》《近思录》。	龙启瑞：《龙启瑞诗文集校笺》《到任告示》
光绪十八年（1892）	福建	沈源深	首刻朱子《小学》分颁多士，重整阖省书院，亲定章程，命学校官各疏诸生学行。	闵尔昌：《碑传集补》卷四《沈侍郎传略》

---

① 李龄：《题养蒙大训后》，载《宫詹遗稿》卷三，明万历刻本。

由表 33 可见，清代地方官员仍是《小学》书普及的"主力军"，这当然与最高统治者重视相关联。清末地方新式小学堂开办时教材尚未统一，张之洞曾上奏光绪帝，将《小学》作为湖北省临时小学课本。官办书局是近代中国新鲜产物，时江南书局、淮南书局、江苏书局等发行了《小学》及其相关的《小学弦歌》《小学韵语》《小学集注》等著作。由此可证《小学》在近代地方官办小学教育中的地位，即使在中西文明互相碰撞之际仍占据一定市场。①

综上，《小学》在州（府、军、监、路）与县级（明代以乡村为主）官办小学课堂中运用之迹象，其传播与否或程度皆取决于地方官员对其之态度，归根结底与中央政府对其重视相关，是中央的教育理念向地方渗透的表现。

4. 私立学塾中《小学》之施用

中央与地方的官办小学是国家正式教育体系，民间私立小学是官学教育之补充。私人学塾，一般在县级以下，它由民间出资设立，一般招收 15 岁以下儿童，教授读书、写字、作文、作对等。本部分根据其所涉及范围的乡、党、里、村、家的私塾，对《小学》使用情况进行考察。②

表34　《小学》在县级以下塾馆中教授之例

朝代	地区	性质	原文	出处
宋元	浙江	乡塾	余（戴表元）儿童时，闻乡里老儒先生以《小学》教授者才四五家。	戴表元：《剡源集》卷七《于景龙注朱氏小学书序》
明	广东	乡塾	（贾咏）十二岁始入乡塾，岁余通《小学》《论语》大义。	焦竑：《国朝献征录》卷一五《光禄大夫柱国少保兼太子太保礼部尚书武英殿大学士赠太保谥文靖贾公泳行状》
清	江苏	乡塾	保甲立乡约、刊《孝经》《小学》各书颁行乡塾。	俞越：《春在堂杂文》卷六《故泰兴县知县张君墓志铭》

① 李致忠：《历代刻书考述》，巴蜀书社 1990 年版，第 340 页。

② 私塾分类较多，比如按建立者不同可分为义塾、族塾、家塾、自设馆等。据搜集的资料发现并未有如此明确分类，故本文根据区域范围考察县级以下的乡、里、村、家的塾馆中《小学》使用情况。有些只标明"塾"的例证亦相当多，不一一列举。

朝代	地区	性质	原文	出处
明	全国	党塾	（崇祯帝）表章《孝经》《小学》，而布之于党塾及科目之选。	蒋臣：《无他技堂遗稿》卷一三《进学解》
宋	福建	里塾	难莫难于为人师，而为童子之师尤难……吾里刘君（刘景山）……谆谆然广《弟子职》、《小学》书之意。	刘克庄：《跋刘景山教学诗》
元	江西	里塾	（熊朋来）隐处州里，生徒受学者，常百数十人，因取朱子《小学》书，提要领以示之。	虞集：《道园学古录》卷一八《熊与可墓志铭》
明	湖北	里塾	（杨溥）从里师诵习《孝经》、《小学》、《论》、《孟》诸书。	邵宝：《容春堂集》续集卷九《再请先考赠都御史府君神道碑铭于少师石斋杨公事状》
清	河南	里塾	（汤斌）年十二，听里塾讲《小学》。	穆彰阿等：《（嘉庆）大清一统志》卷一九五
明	江苏	村塾	若二三村共延一好师，教以《小学》。	方凤：《改亭存稿》卷五
明	浙江	村塾	训蒙士，所训皆村牧子，公（魏邦直）教以《小学》。	高攀龙：《高子遗书》卷一一《魏继川先生墓表》
清	江西	村塾	公（尹必达）孝感所致，无以资生，教村童《小学》。	顾景星：《白茅堂集》卷三八《宁都尹宋公家传》
清	江西	蒙馆	《小学》易解且切于日用，凡蒙馆中令择能明《小学》者为之师，初读书时即兼授此。	叶镇：《作吏要言》
元	福建	家塾	（丁临）延名师就讲肄……历举《小学》书，立教大指，示警厉于诸子。	柳贯：《义方陈母丁孺人墓碣铭并序》
明	江西	家塾	（费良佐）子诚，甫髫龀，即在奉训家塾授《孝经》、《小学》诸书。	费宏：《费文宪公摘稿》卷一六《费处士行状》
清	湖南	家塾	（刘冠吾）授徒家塾，首重朱子《小学》。	《光绪湖南通志》卷一八六

上表为宋、元、明、清乡村私塾中《小学》使用例证。虽然私人儿童教育机构之办学规模、资金、师资等比不上官办小学，但其对广大平民子弟普及教育及科举仕途发挥出重要作用。有几点值得注意：一是《小学》在明清两代出现率最高，与其最高统治者重视相关。特别是《小学》在清代作为"童试"命题来源且形成固定考试题型"小学论"，童试合格后方能进入官办小学，以获取科举考试

资格。在"朝为田舍郎，暮登天子堂"的全社会科举氛围中，对于欲走仕途的乡村私塾学生而言，读《小学》并学会作"小学论"成为当时必备考试技能。清代戴名世等曾合编过一本应试著作《小学论选》，专为广大考生破解此题。二是私人教育中还有一种形式为家庭教育，即家庭成员充当蒙学教育主体，大抵有父授子、祖父授孙、母授子、叔授侄、兄授弟妹等形式，《小学》亦作为家庭启蒙教育书目中的一种。三是，上述样例虽不能完全证明《小学》阅读对象的分布区域，但亦可看出其主要分布在江苏、浙江、江西、福建等东部沿海地区，其他西北部也有所涉及（样例未全列出），虽不能说遍布全国，至少能推测中国大部分乡村私塾教学中《小学》曾出现过。总之，私塾教育（特别是县级以下）的部分儿童不论是为启蒙教育或是应仕途之试皆有读《小学》之迹象。

综上所述，从皇族贵胄小学、中央国子监子小学，到地方官办小学及私人学塾，再至家庭教育，《小学》皆占一席之地。从最高统治者的重视，经中央广泛宣传，再通过州府县官员的刊刻颁布，最后至乡村的一度流行，其实质上反映的是中央的政治方向标或与最高统治者的个人喜恶，《小学》的应用也因此沾染了"权威性"与"强制性"色彩。故而，虽不能断言其成书后七百余年内在全国各类学校中完全普及或流行，但理论上而言应该在特定时期内普遍运用过（特别是康乾雍三朝80余年内）。因此，《小学》"失败"的观点恐怕难以成立。当然，此书并非只限于以儿童为对象的启蒙作用，其授读对象及功效均有扩延，后文将展开分析。

（三）《小学》功效之扩展分析

受最高统治者表彰、学者推崇、地方官员传播的《小学》，不仅能够在道德上启蒙儿童，并一度成为官方读本，而且它还为成人修身提供了入门途径（见表35）且更有化民成俗之效。

第一，作为成人修身治己之入门。"修身"一词对孩童而言虽然为时尚早，但将"收其放心、养其德性"之教育理念自小灌输，对成人后塑造圣贤坯模有所裨益。从最高统治者到地方官员，从官僚型学者到民间儒者，从太子太傅到地方教谕，皆直言不讳将《小学》与"修身"联系，如：

泰和陈君文鸣，提学山西，使士皆读朱子《小学》，为立身之本。①

———————

① 王云凤：《山西提学题名记》，《博趣斋稿》卷一四，明刻本。

《小学》一书，所以示人教学之方，而有以为正心修身之本。①

《小学》虽为小子而设，然修身之法实备乎此！②

在众多儒家成人修身成德书目中，《小学》被视为修身的"入门之入门"书，常出现在《大学》和《近思录》（频率最高）之前的必读书目中。此处作为"立身之本""修身之法"的《小学》，其阅读对象已不仅为蒙童，成人俨然于其中，而这种成人化倾向主要与"明伦"与"敬身"内容相关。根据历代学者对其实际效用之描述，本书将其作用归纳为成圣入贤之激励、为人榜样之教导、日用躬行之省察和治心养性之入门四个方面。

表35 《小学》作为修身入门功用

类型	原文	出处
入圣成贤之径	《小学》书者，涂人可以为圣人者也。	叶春及：《石洞集》卷九《颁〈小学〉书》
	欲为圣为贤，必读《小学》。	夏炘：《述朱质疑》卷六《跋小学》
	子朱子《小学》一书，作圣之阶梯，入德之轨途。	刘大绅：《寄庵诗文钞》文钞卷二《告曹县诸生》
	第程朱之要，必以《小学》、《近思录》二书为本，从此入手，以求四书五经之指归，于圣贤路脉必无差处。	吕留良：《吕晚村先生文集》卷四《与柯寓匏书》
为人要道之规	尝读朱文公《小学》，喟然叹曰：此书是人之模范，不可不读。	杨子器：《（弘治）常熟县志》卷三《县令》
	始必授以朱文公《小学》书，曰：是为人之规矩载焉。	罗有高：《尊闻居士集》卷二《外王父锺先生家传》
	所谓《小学》一书，乃做人榜样者。	陈弘谋：《重刊小学纂注序》
	训蒙以《小学》书为切务，曰：此古人教人为人样子。	蒲道源：《闲居丛稿》卷二六《西轩王先生行实》

---

① 爱新觉罗·胤禛：《御制小学序》，载朱杰人等编：《朱子全书》第十三册，上海古籍出版社、安徽教育出版社2010年版，第491页。

② 张伯行：《濂洛关闽书》卷一八，商务印书馆1941年版，第304页。

续表

类型	原文	出处
生活日用之要	此书最切于学者日用之实在，幼学之始，固所当从事。	陈淳：《北溪大全集》卷一四《代跋小学》
	夫《小学》之书……成人更宜朝夕观省，其于训诲童幼、整饬家规及居官行事，皆有裨益。	张之洞：《（光绪）顺天府志》卷七四《官师志三》
	凡在朝、在野之大节，居官服政之良规无一不备，而犹号为小学者何也。	黄中：《黄雪瀑集》第二问《小学》
治心养性之道	读新安朱氏《小学》，以为治心之要。	元好问：《良佐镜名》
	其《孝经》《诗经》《小学》等书，亦皆心学、理学之所在者。	黄训：《皇明名臣经济录》卷八《添进日讲并东宫性理等书》
	读《近思录》后，正好着实读《小学》，不然言心言性，终恐影响无得力处。	雷鋐：《读书偶记》卷二
	以所载者日用常行之事，而尽性至命之学不与焉？精一微危之奥，神圣功化之极不闻焉？是以谓之《小学》欤。	黄中：《黄雪瀑集》《轮扁》

由上可述，《小学》在成人修身养性方面展现出一定功效。

一是入圣成贤之径。《小学》辑录了三代至北宋名流学者嘉言善行，以激发读者向善之心，鼓励习者迈向圣贤之境。它为初学者指明了为学进德之最终目标，将践行《小学》之理与事作为攀登进德、成贤之阶梯的辅助。在漫漫成圣求贤路上，《小学》重点在打造圣贤"坯模"，以对形成圣贤"成像"有所裨益。即使成不了明贤大圣，至少亦能"不失为寡过"①或"必不失为端人正士"②。换言之，依《小学》作道德之践行，至少能成为一个守住基本道德底线之人。二是为人要道之规。修身治己、成圣入贤归根结底是做人问题，立教、明伦、敬身无不是指导如何为人，在社会、家庭等不同角色定位中遵守伦常与规范；圣贤之嘉言善行无不是树立了做人之榜样，以供随时自身检照。故而《小学》成为"人之模范""为人之规矩""做人榜样"，严格依此而履行，不失为做人之道。三是生活日用之常。修道落到最实处则是具体的日用生活，加力持守人道，体察事理，才是修身学道之实。《小学》一书切于人伦日用，包括胎教、训蒙、治家、居官等，出入起居、行住坐卧、应事接物等生活日常亦涵盖，父

---

① 唐仲冕：《小学续编序》，载《陶山文录》卷四，上海古籍出版社 2002 年版，第 396 页。

② 龙启瑞：《留任告示》，载吕斌编：《龙启瑞诗文集校笺》，岳麓书社 2008 年版，第 548 页。

子、君臣、夫妇、长幼、朋友之人伦之道亦有关涉。四是治心养性之道。《小学》不仅包括"人伦日用之常",也包含"天道性命之妙"。若圣贤之门、为人之道、日用之常尚且还适用稍长儿童的话,那被学者视为"性命之学""尽性至命之理",甚至用"精一微危之奥,神圣功化之极"形容时,《小学》则彻底超越了儿童群体,步入成人修身领域。

于圣贤,必不失为端人正士。成贤入圣、为人之道、生活日用、治心养性皆与儒家修身治道相关,就此角度而言,成人更适合研习《小学》。当然,但对于心志尚未完全成熟的蒙童而言,更早渗透修身之理念至少在传统儒者看来亦不算是坏事。

第二,作为化民成俗之助力。《礼记·学记》言:"君子如欲化民成俗,其必由学乎。"① 学之主体上至天子、下至庶民,学之内容包括修身齐家的道德教育和治国平天下的政治教育,二者在《小学》皆有关涉。它作为儒家道德教育的最基础入门书,从人之初即将儒家教育理念浸润胸中,即使成人亦可兼补之,为成圣成贤铺垫。对于国家统治层而言,通过最初级的道德教化,培养符合统治需求的人才(官僚),实现"一道德,同风俗",社会稳定、天下太平。最高统治者重视此书与地方官员大力兴学,刊刻、颁布《小学》,无非是希冀道德渗透,以强教化、善风俗。特别是在科举之风笼罩的时代,各类童蒙读物中充斥着求功名富贵之诗文,导致幼时即浸染于辞章功利中,天下士人无不以博览词章、沽名钓誉之举业为务,人心污劣,士风污靡,民风污坏。这亦是历代皇帝视《小学》为"课试之资",最终欲善化风俗的原因之一。

综上可知,《小学》一书在后世的传播与使用中,逐渐超出了以"儿童"为启蒙对象的范围。它一方面为成人初学者提供入圣贤之径、为人之道、日用之常、治心之道,另一方面又有助于统治阶层行教化、善民俗、美风气,稳定社会。《小学》阅读对象和作用的延伸与其内容和架构相关外,也可从朱熹本人对《小学》阅读对象的设定分析。

朱熹为何编《小学》书?根据其所著《小学题辞》《题小学》《大学章句序》来看,主要为了补充当时小学教育理念之缺失,为进入大学阶段学习打下基础,最终服务于其道德教化理论体系。其道德教化的基点在于"存天理、去人欲",以恢复固存善性,与其成人后费力剥除,不如在童蒙时将其扼杀,从根基处抑制

---

① 孙希旦:《礼记集解》,沈啸寰、王星贤点校,中华书局1989年版,第95页。

私欲。简要之，小学教育及《小学》是成人道德教育整体中的一环，不论其理论基点、架构核心及语言描述，都无法完全独立于成人教育体系之外，这是其一。其二，《小学》作为成人读物还与朱熹所设想的理想儒家道德教育次序相关，即小学—大学，或授《小学》—《大学》顺序，然而现实与理想存在差距，若幼时未读《小学》或未接受小学教育，成人后如何是好？

> 倪曰："自幼既失《小学》之序，愿授《大学》。"
> 曰："授《大学》甚好，也须把《小学》书看，只消旬日功夫。"①

针对朱倪所问，朱子的答案是补读。此处补读主体显然已不再是儿童。朱子在强调大、小学的学习之循序渐进时，"无意识"将《小学》的阅读群体由最初的蒙童延展至成人。除了补读书之外，朱子又提出成人可借助"敬"去弥补小学之缺：

> 如今全失了小学工夫，只得教人且把敬为主，收敛身心，却方可下工夫。②

"敬"是朱熹作为修身工夫的专门用语，它以心性论为基础，其核心关怀在于解决现实人心受物欲之遮蔽。一般认为持、居、存"敬"之主体应是进入大学阶段学习的成人，而朱子认为小学阶段也贯穿"敬"：

> 敬之一字，圣学所以成始而成终者也。为小学者，不由乎此，固无以涵养本原，而谨夫洒扫应对进退之节，与夫六艺之教。③

"敬"贯穿于大、小学教育，由于小学之教重"事"，大学之教重"理"，故持"敬"之对象亦有区别：前者"敬"在"洒扫应对进退"中，后者"敬"在"格物穷理"内，二者仍是循序渐进。为弥补小学教育之失或《小学》之缺，不论是"书"补或"敬"补，若将时间和逻辑上存在先后次序的大、小学教育

① 黎靖德编：《朱子语类》卷一一八《训门人六》，王星贤点校，中华书局1986年版，第2855页。
② 黎靖德编：《朱子语类》卷七《小学》，王星贤点校，中华书局1986年版，第125页。
③ 朱熹：《大学或问》，载朱杰人等编：《朱子全书》第六册，上海古籍出版社、安徽教育出版社2010年版，第506页。

同时进行，其结果是成人成为《小学》"补缺"的主体，这亦是后世学者总将《小学》与成人直接联系的原因所在。

总之，《小学》的阅读对象从蒙童向成人延伸，其功效从儿童道德启蒙、成人修养功夫，及向化民成俗扩展，与朱熹本人对《小学》的定位不无关系。此种拓延一方面扩大了此书的适用对象范围，增加了其影响力；另一方面又反映出对于蒙童而言其所存在的阅读及践行难度。

综上分析，对《小学》持有两种截然相反的评价皆存在偏颇，需要从两个层面分别观之：一方面，从《小学》设计的目标导向、实际需求与推行方式来看，它更偏向官方性质（甚至强制性），而非民间性质；从其适用对象和可读性来看，更倾向年龄稍大的儿童（甚至是成人），具有提高性，而非通俗性；就官方性和提高性的设计初衷而言，《小学》无疑算是比较成功的。另一方面，若不依此标准，篇幅短小、内容简易、韵语整齐的"三、百、千"则比《小学》更具有适用性、通俗性与民间性。特别是对于只有识字、作对、作文等需求且处于乡村私塾的学生而言，将《小学》"束之高阁"在所难免，批评此书的"失败"大抵依此角度与评价标准而言的。

第三节　佛教、道教与童蒙教育

宋代蒙童中有一部分特殊群体，他们自幼出家入佛、道，佛道二教对出家幼童在童行阶段的教育与传统儒家一样，制定了严格的入道资格审查、基本道义的教授、修持行为的规诫等。在"三教融合"的宋代，佛教与道教的教义、戒律中皆不免带有"伦理"色彩。对于佛教小沙弥和道教小道童而言，不仅受具有浓厚宗教性的戒规教导，而且还受传统儒家的伦理教化。本书主要从佛教与道教清规戒律入手，论述沙弥与道童在正式出家前的预备修持阶段所受的熏习教化。

一、佛教清规戒律中的童子和沙弥教育

宋代有部分儿童自幼出家，与一般儿童自小树立的志向不同，很早决定了

人生的方向。我们对《宋高僧传》①中 28 位宋代大高僧的出家年龄做了统计，虽然样本数不多，但亦可略窥一二，其中幼年出家有 15 位，比例超过 50%。明确记录的年龄分别是 7 岁、9 岁、10 岁、13 岁、15 岁，其他则以"幼"为标示，或"成童""弱齿""就傅之年""少"来以示年幼出家。当然这类儿童群体就整个宋代儿童而言，毕竟只占极少的一部分。

（一）童行制度

对于这些幼时即出家的儿童，初到寺院须要从事哪些任务呢？宋代对于这些儿童出家者，实行了一种管理制度，称为童行制度。童行是指已进入寺庙修行，但尚未剃度受具足戒的童子与行者。童子与行者年龄区分一般以 15 或 16 岁为界，童子为 7 岁至 15 岁，行者为 16 岁以上。该制度自唐即有，但至宋代更加规范、完善。其具体表现如下：一是对童行身份须仔细核查。须履历清白，未犯罪，得到父母允许；家中无亲人需抚养。童行在未剃度前须留发学经。二是对童行籍账须规范管理，即对童行的姓名、年龄、出家地、到寺时间、业师法名等记录须清楚。三是对童行剃度须严格审查。一般是入寺满 2 年以上可有剃度资格，南宋绍兴后期曾要 9 年以上。其中童行剃度需要进行关于"经业"考试，寺院对通熟佛经且行为端正的人以才能举荐其剃度。②参加正式剃度须满足两个条件：一是在寺院日常行为表现良好，品行端正；二是参加佛经经义考试且须合格。加之入寺前家世清白的限制，这与宋代官办小学选拔的标准与流程十分类似。

童行制度可称为剃度前的"预备期学习"即"预出家"阶段。③一方面对于寺院而言，可根据童子在寺院的具体表现来检验其是否真心出家求学，而非为了逃避赋役抑或其他；同时也是选拔优秀僧侣与培养僧格的重要时期。另一方面，对于童子而言，亦能通过童行的学经与劳役审视自身是否有出家的决心。故而，童行是寺院与童子互为了解、审视、检验的一个过程，经过检验后的童子，若在经业与言行两方面皆符合选拔的标准，可受具足戒获取度牒，成为正式的沙弥（尼）。

童子在童行预备期需学习哪些内容呢？我们以《禅苑清规》"训童行"为例，其具体分为三部分：

---

① 参见赞宁：《宋高僧传》，范祥雍点校，上海古籍出版社 2017 年版。

② 白文固：《宋代僧籍管理制度管见》，《世界宗教研究》2002 年第 2 期，第 127 页。

③ 宗赜：《禅苑清规》，苏军点校，中州古籍出版社 2001 年版，第 116 页。

第一，立身，即童行进退作法，这是对童行个人言行修持的规定。它分为五戒：一是不杀生，二是不偷盗，三是不淫欲，四是不妄语，五是不饮酒食肉。第二，陪众，这是对童行在庙堂中相关言行举止的规定。第三，作务，主要是对行者寺院中集体劳作的具体规定，虽行者年龄已不在我们主要讨论范围，但寺院中童子平时亦会辅助劳作。主要记载了八种劳作，简述如下：一为堂头、库下、诸寮舍供过行者（保护财物家事）；二为厨中局次行者（饮食锅灶家事）；三为诸殿堂行者（洒扫洁净、香花供养）；四为打钟行者（不得失时）；五为门子行者（检察出入僧行）；六为堂头、库下茶头行者（照管火烛与茶汤）；七为园头行者、守护行者（照管园地）；八为诸庄行者（负责田庄）。劳务亦是修行的重要方面，由上可知寺院劳作的分工极为细致，具体规定也相当严格，对于童子与行者而言是极好的考验。

立身与陪众中对童行的个人修持提出了诸多规范，有一定的共通性，现将其具体内容归纳为以下六个部分，见表 36，以供参考。

表36 《禅苑清规》"训童行"中日常行为规范表 [①]

事项	具体内容
饮食	除斋粥外，并不得杂食。
	又粥饭二时，各念《心经》三卷，报答十方施主，供给僧行，劳形丧命，人畜微虫。端心授食，不得说话。
	打板茶汤，并须齐赴。
穿着	上衣直裰为正，自余俗服非出家衣也。鞋须白色，不得紫皂。须系腰条，不用勒巾搭膊。又衣服常须净洁整齐，直裰下不得露袴口，冬夏当打脚绊。
	又听参行益，及赴茶汤，须具鞋袜。
	不得床上立地著衣。
	堂中不得露头裋衣。
	旧衣鞋袜安置床下，衣单枕被常令整齐。
	不得床上立地著衣，及堂上立地梳头。

---

① 宗赜：《禅苑清规》，苏军点校，中州古籍出版社 2001 年版，第 116—118 页。

续表

事项	具体内容
言语	非自己衣单下，不得坐卧闲话。
	浴室内不得裸形，及不得高声语笑。
	堂中寻常不得高声说话，喧乱大众，常须蹑足轻行。
	打静已后，未开静已前，除常住事，不得于堂内及近童行堂说话。
	看经寮舍，令打叠净洁，不得说话。
	晚参后无事，不可过堂西，并堂头、库下、行者寮、作务处所，及于屏处闲话。
起居坐卧行走	行须敛手，坐必端身。不得倚靠，不得掉臂，及不得把臂同行。
	堂主常管打静闲静，行者闻开静便起，不得耽著睡眠。
	不得背圣僧上床。
	脚头不得安经案，床头不得置枕屏。
诵经参禅	又参禅问道者，收摄身心，不得散乱。
	念经求度者，温习经业，不得懒堕。
	每日晚参于佛殿前礼佛，并须专心唱礼，不得心缘他事，口和音声。如常住作务罢，参禅者屏处宴坐，念经者上案诵习，不得相聚戏笑，及说非义之言。若相骂相打，种种违净，并非出家之人，切宜禁戒。
应对交往	又诸处逢师僧，当敛身避路，问讯令过。
	见官员施主同行，先当问讯僧家，次当祗揖官员施主。
	既出家持戒，著真田衣褐，并不得跪拜俗家。虽见父母，只得祗揖。
	既已出家，参陪清众，常念柔和善顺，不得我慢贡高。大者为兄，小者为弟。徐言持正，勿宣人短。傥有诤者，两相和合。但以慈心相向，不得恶语伤人。若也欺凌同列，走扇是非，如此出家，全无利益。

如上表所示，童行入寺之后，在行为规范上有如下几个方面的规束：一是饮食方面，不能杂食，食前要诵经，食不言语，规定时期共食。二是穿衣方面：衣服须整齐洁净，衣物鞋袜等颜色、装束要符合出家人的规定，各种场合着衣要端庄，换衣地方亦有规定。三是言语应对方面，总体原则是不得高声语笑，坐卧、堂内、库下、行者、作务处等皆勿闲语。四是起居坐卧方面，行走坐立皆要端正，不能无规矩；早晚作息要合时合规，睡卧处要整洁等。五是诵经参禅方面，礼佛诵经参禅上，要身心收摄，勿混乱，学习经书及要勤劳、勿嬉戏笑闹。六是应对交往方面，与其他童行者或寺院僧侣交往须柔和善意和顺，勿议他人长短，欺侮同列，对于俗世官员要祗揖，遇寺中师僧要敬让，遇父母亦祗揖。其他还

有一些细则，如无故不得出寺院、不得请假，财务上若被授予利养钱物须上缴共分，揭门帘须轻声等。

上所述内容与第四章"行为规范之训导"一节的内容十分相似，与《童蒙须知》《小学诗礼》《程董学则》等类似，特别是《学则》。《禅苑清规》作于北宋，《学则》作于南宋，《学则》虽为小学规范而作，后朱熹将之作为白鹿洞书院学规，为其他书院广泛使用，二者的相似并非偶然，实与宋代儒佛交融相关。朱熹曾与陆九龄的一段对话颇有意思，前文已有引用，这里不妨再提出：

> 陆子寿言："……某当思欲做一小学规，使人自小教之便有法，如此亦须有益。"
> 先生曰："只做《禅苑清规》样做，亦自好。"①

这里不应当只是巧合，可见朱熹对《禅苑清规》是十分熟悉，不然也说不出如此之话。不论是传统儒家教育背景下的蒙童，抑或入佛出家的童子，他们在生活规范上皆须讲究规矩，以培养其端正之心，虽然这里有"入世"与"出世"之分。

（二）沙弥教育

童行合格之后，可获取官方的度牒，得到剃度资格，成为正式的沙弥。关于童行与沙弥的关系，据宋代童行制度而言，似乎存在这样一个先后次序：带发童子学经—度牒—剃度—沙弥，至于其何种关系，学界目前讨论似乎还较为模糊。

按有无受十戒，沙弥可分为法同沙弥（受戒）和形同沙弥（未受戒）；按其年龄大小，可分为三种：七岁至十三岁称为驱乌沙弥，十四岁至十九岁称为应法沙弥，二十岁至七十岁以下称为名字沙弥。②驱乌沙弥是本书研究的主要对象，"其年幼未堪别务，唯令为僧守护谷麦，及于食厨坐禅等处，驱遣乌鸟，以代片劳，兼生福善，无致坐消信施，虚度光阴也"③。至于其与童子的关系，界定比较模糊，大抵亦是处于"预备出家"阶段。总之，沙弥教育是指从白衣

---

① 黎靖德编：《朱子语类》卷七《小学》，王星贤点校，中华书局1986年版，第126页。

② 陈义孝：《佛学常见词汇》，文津出版社1988年版，第180页。

③ 袾宏辑、弘赞注：《沙弥律仪要略增注》，载净宗学院：《沙弥学处》（修订4版），华藏净宗学会2006年版，第309页。

准备出家前，住于寺庙中或道场以净人的身份，到登坛受具足戒之前的教育。从佛门所固有伦理次序而言，沙弥无疑是身份最为卑微的阶段，而其中的驱乌沙弥因其年龄与智识低，处于最底层的地位。

　　针对沙弥，制定了哪些戒律呢？本书以由北宋施护所译的《佛说沙弥十戒仪则经》为例。此经是以偈颂形式论述沙弥戒规与仪则，"偈颂"即佛经中的唱颂词，以五言四句为一颂，全文共有七十二颂。其主要内容分为两部分。一是沙弥十戒，则是沙弥所须遵守的十项戒律，比上述童行戒律多了五项。分别为：不杀生，不盗，不淫，不妄语，不饮酒，歌舞倡妓、不往观听，不着花鬘、不香油涂身，不坐卧高广大床，不非时食，不捉持金银宝物。[①] 二是"仪则"，即沙弥于寺中所应遵守的行为规范，仪则是一位沙弥外在表现的修持。具体有哪些仪则呢？该经并没有分开论述十戒与仪则，而是以"仪则"作为主线，将"十戒"渗透其中。由于此经以偈颂为主，未分章节，未立标题，条理并不清晰，其内容仍可归纳为以下几类：事师、随师出门、入众、随众食、礼拜、习学经典、听法、入禅堂随众、执作入浴、入厕、眠卧、乞食、施行等方面的规定。[②] 与《训童行》具体内容比较有相似之处，但此经更为细致。若要知晓更为具体的沙弥教育仪则，不妨参考东晋《沙弥十戒法并威仪》，笔者将二书相互对照，宽泛意义上，《佛说沙弥十戒仪则经》可视作《沙弥十戒并威仪》的缩略本。

　　对于童子与沙弥的教育当然还有其他佛教教义的教育，这里引用的《禅苑清规》和《佛说沙弥十戒仪则经》是从日常行为规范和戒律入手，对童子或小沙弥的洒扫应对、起居睡卧、进退修持、执劳服役等的规定，与一般世俗儿童在家庭与学校中所应遵守的仪规有相似处，这也是本书为何选二者的缘故。不论是对出世童子还是入世蒙童的教育，其根本宗旨是相同的，即在蒙童心智尚处于懵懂阶段时对其施行教育，以期成为符合施教者预期的合格者。对于修持佛教的童子而言，预备期的训蒙显得格外重要，在将其从白衣到僧人的转变过程中，要求其离染人世、扭转世俗习性，以入清净之地，由原世间的五欲具在、自由放任、率性任为、愚痴贡高等，逐渐彻底改变为三业从谨、进退有度、温和谦下、清心寡欲，进而在漫长修道生活中经受住考验。

---

① 《佛说沙弥十戒仪则经》，载净宗学院：《沙弥学处》（修订 4 版），华藏净宗学会 2006 年版，第 45 页。

② 《佛说沙弥十戒仪则经》，载净宗学院：《沙弥学处》（修订 4 版），华藏净宗学会 2006 年版，第 45-49 页。

二、道教教义规诫中的道童教育

道教是中国本土宗教,与外来的佛教不一样,但宋代统治者对道教十分重视。从宋太宗起,广泛搜集道教经籍,修建道观,礼遇道士,举行斋醮祭祀活动等。宋代崇尚道教有两个高潮,一是宋真宗时期,另一是宋徽宗时期。宋真宗为政期间,奠定了道观祠禄制度,也曾利用道教上演过"天书"、"圣祖"降临等历史性事件。宋徽宗更是将崇道推到了顶峰,各地开展《道史》《道典》等编修,增建大量宫观,封赐道士号,设置道士官职,将道观教育与官办教育结合等。可以说,道教在宋代统治者的扶持下红极一时。

与佛教相同,道德亦有童行制度,道教童行者考评合格,获取官方的度牒后,方能得到"披氅衣,戴星冠"受戒机会,从而成为正式道士。宋代道教童行制度对道童入道有相应的规定。比如宋真宗咸平四年(1001)诏:

> 在京并府略外县僧、尼、道士、女冠下行者、童子、长发等,今后实年十岁,取逐处纲维寺主结罪委保,委是正身,方得系帐,仍须定法名申官,不得将小名供报……道士、女冠即依旧例,十八许受戒。不得交互礼师,擅移院舍。如本师身亡,或移居院宇,即仰逐时申官,候改正帐籍,方得回礼师。迁移居处所有转念经纸数、卷数,一准久例施行,更不增减。①

以上有几点值得注意:一是宋真宗时僧道童子,须十岁才能取系帐;二是申报时须用法名;三是道士受戒时间为十八岁;四是道童之"师"不可互换,若师亡方可行,还须修改帐籍;五是童行时须读道教经典。总之,政府对道童入观资格及其修持期间的规定,一定程度上提高了道士的整体素质,同时也可有效管控宗教人士。

道童入宫观修持,若要获取度牒准许实行披戴受戒机会,还须经过考试。如宋太宗雍熙二年(985)诏天下:

> 应系二年所供帐有名者,并许剃度,僧尼自今须读经及三百纸,差官

---

① 徐松:《宋会要辑稿·道释一》,刘琳等校点,上海古籍出版社 2014 年版,第 7877 页。

考试，所业精熟，方许系籍。①

宋高宗绍兴二年（1132）：

> 诸州军每遇圣节，宫观道童试经依元丰法，《政和令》合念《道德经》
> 等经四十纸为合格，即无念遇《御解真经》。②

由上可见，道童平日读诵道教经典有相应的规定，还须进官方"课业"考评，同时规定，不由课试而受戒，五年内不可离道观。如宋真宗天禧元年（1017）有"道士童行不由课试而披戴者，自今五年内不得离宫观"③的规定。

道教童行期间否有与佛教一样的专门规范呢？就笔者所搜集的有限的资料来看，尚未有专门如《禅苑清规》中"训童行"这样的规范，但道教戒律中有相关内容供参考。宋代道教戒律种类丰富，律条简繁皆具，约束力松紧相互，我们不能一一列举。试举以下四部戒律。

孙夷中所编《三洞修道仪》一书详述了童蒙学道至大洞部道士的过程中称号、冠服和所受经箓等内容，以"初入道仪"部分为例：

> 凡初欲学道，男七岁，号录生弟子，女十岁，号南生弟子，始授训师门，
> 性行稍淳，与授三戒、五戒，渐止荤血，自此后，不更婚嫁……其童男女秉持，
> 至十五岁，方与诣师，请求出家（舍俗者，不拘少长）。禀承戒律稍精，
> 方求入道，誓戒三师，称智慧十戒弟子，戴二仪冠，黄缓衣七条，素裙七幅，
> 靸鞋而已。④

这是宋初道教科范仪轨，以下几点值得注意：其一，初学道者的年龄，孙夷中在注中表示"舍俗不受年龄限制"，即舍弃世俗入道观无年龄限制，但正式出家则有"十五岁"限制。这是唐与宋初情况，但后期舍俗也相当严格（见前真宗引用）。其二，男七岁称为"录生弟子"，女十岁称为"南生弟子"，

---

① 徐松：《宋会要辑稿·道释一》，刘琳等校点，上海古籍出版社2014年版，第7875页。
② 徐松：《宋会要辑稿·道释一》，刘琳等校点，上海古籍出版社2014年版，第7884页。
③ 徐松：《宋会要辑稿·道释一》，刘琳等校点，上海古籍出版社2014年版，第7879页。
④ 孙夷中编：《三洞修道仪》，载《道藏》第三十二册，上海书店出版社1988年版，第166页。

至十五岁之前他们须受"三戒""五戒"的规定。"三戒"是教众受戒之首要，又称"皈依戒"，即所谓皈依道、经、师三宝。"五戒"分别为戒杀、戒盗，戒淫、戒妄语、戒酒。就此而言，十五岁以前的道童在此阶段先受"三戒"，后受"五戒"，逐渐停止"荤血"，亦不能"婚嫁"。十五岁之后，禀受戒律，誓三师（经、籍、度）后，可称为"智慧十戒弟子"，披戴相应的衣服鞋等；若通大乘十部经中一帙可称为"太上初真弟子"，随后进入"授箓"过程。以上论述了宋初十五岁以下的道童在童行期间所应遵守的基本戒律。

被称为"宋元道教培养弟子之指导课本"①的《道门通教必用集》，由宋代吕太古编修，经元代马道逸改编。关于此书的编写目的，吕太古自序道：

> 请得都下道经数百卷，皆吾蜀所缺者，其间科仪居多，乃令小师太古参较同异，考辨古今，始自童蒙，迄于行教，缀辑成集，以贻后人。②

可见这是专为道童入道学习的必备用书。该书共有九篇，其中《矜式篇》《词赞篇》《赞咏篇》是为初学入道者所学，与童子修道相密切相关，只举此三例，列表如下：

表37 《道门通教必用集》中关于道童教育篇目内容表

篇目	作者自述目的	主要内容
《矜式篇》	慕道之初必求标准发愿，持戒经训具存。自汉及今，扶宗立教，人天师表，皆可模范，故立矜式篇第一。①	太上出家经训、历代宗师略传
《词赞篇》	童蒙入道，应和居先，起自启堂，迄于辞圣，皆可赞颂，著于经科点校之初，可无善本，故立词赞篇第二。②	步虚词及赞颂、祝诸品真文符简、五方水灾真文十二愿念

---

① 胡孚琛主编：《中华道教大辞典》，中国社会科学出版社1995年版，第300页。
② 吕太古：《道门通教必用集》，载《道藏》第三十二册，上海书店出版社1988年版，第1页。
① 吕太古：《道门通教必用集》，载《道藏》第三十二册，上海书店出版社1988年版，第2页。
② 吕太古：《道门通教必用集》，载《道藏》第三十二册，上海书店出版社1988年版，第2页。

续表

篇目	作者自述目的	主要内容
《赞咏篇》	童子长成，教习音韵，单声诵念，赞助行持，传闻舛差，蹈袭芜鄙，悉加厘正，俾就谨严，故立赞咏篇第三。①	五方卫灵祝、五劫生尸章、外坛赞咏、法桥文为亡者归依三忏罪两章、安慰亡者并奉送文

此三篇为初入童子所须掌握的道学基本知识、道教宗师的生平事迹，还有道童须熟练掌握的基本道教经韵曲目、赞词、颂词、咏词、偈文等，这是道门日常的仪式规范，为今后实施入道仪轨做好准备。

《道法九要》是白玉蟾为金丹学南宗派所制定的九大教规，其戒律思想已经相当成熟。关于此书之目的，白玉蟾在序中有言："近世学法之士，不究道源，只参符咒。兹不得已，略述九事，编成一帙，名曰《九要》，以警学道之士，证人玄妙之门，不堕昏迷之路。"② 很明显，白氏认为时学道之人醉心于符咒等，不穷究道教之本原，故制定"九要"用以警告学道之士。其主要由九部分组成：立身、求师、守分、持戒、明道、行法、守一、济度、继袭。与道童教育最为密切的是"立身"部分，以此为例：

> 学道之士，当先立身。自愧得生人道，每日焚香稽首，皈依太上大道三宝。首陈以往之愆，祈请自新之佑。披阅经典，广览玄文。摒除害人损物之心，克务好生济人之念。孜孜向善，事事求真。精严香火，孝顺父母，恭敬尊长。动止端庄，威仪整肃。勿生邪淫妄想，勿游花衢柳陌，勿临诛戮之场，勿亲尸秽之地。清静身心，远离恶党。始宜寻师访道，请问高人。此乃初真之士，当依此道行之。③

初真之士，应是刚受戒之后的道士，可能已经超出我们世俗所定义的蒙童年纪，但亦可参考。如何立身？一是每日焚香稽额、皈依三宝；二是忏悔祈佑；三是阅读经典；四是向善求真；五是弃恶从善之心；六是孝敬父母、尊敬兄长；七是举止威仪端业；八是勿邪妄、勿去不净扰心之所；九是远离恶党；十是寻师问道。就立身项而言，其伦理特征较为明显，其中三、五、六、七、九、十

---

① 吕太古：《道门通教必用集》，载《道藏》第三十二册，上海书店出版社1988年版，第2页。
② 白玉蟾：《道法九要》，载《道藏》第二十八册，上海书店出版社1988年版，第677页。
③ 白玉蟾：《道法九要》，载《道藏》第二十八册，上海书店出版社1988年版，第677页。

项与世俗蒙童道德教育有共通之处。

另一本与可与之相参考的是由全真教王重阳所著《立教十五论》，简述全真道立教基本宗旨与入门修行的重要准则，有十五项条规，内容可分三类。第一类为日常修行基本准则：如住庵、云游日住庵、云游、学书、合药、盖造、合道伴；第二类为学道者内在修炼规范：打坐、降心、炼性、匹配五气、混性命；第三类为修道者所达到的境界：圣道、超三界、养身之法、离凡世。既然作为全真道的入门教规，对于今后入道的童子而言，原则上讲亦有参考价值。其中第一类是最与初学道童相关，如入道须"住庵"以身有所依，心有所安；"云游"访道以参性命；"学书"以采意合心；精通"合药"以活人之性命；"盖造"庵处以栖身之本；寻"道伴"以相互扶持；"打坐"须动静相宜；"降心"除乱心求定心；"炼性"应紧慢、刚柔相适等十五条，对于道童初学极有帮助。[①]

以上几部道教戒规与律法，旨在表明道童在正式进入道士修行前的预备修持阶段，所应知晓基本道教要义、课业内容，熟悉日常教士仪式规范所需经韵、赞颂咏词等，遵守一般道教的戒规等。

宋代还有一事值得注意，即宋徽宗重和元年（1118）至宣和二年（1120）允许道士入地方官办学校，这就将道教教育与国家地方教育结合起来了。与上文"八行取士"一样，此项诏令又可被大书一笔，不得不感叹徽宗时代的有些政策是那么标新立异、出人意料。重和元年（1118）诏曰：

> 自今学道之士，许入州县学教养；所习经以《黄帝内经》、《道德经》为大经，《庄子》、《列子》为小经，外兼通儒书，俾合为一道，大经《周易》，小经《孟子》。[②]

此处尚不知学道之士的年龄，根据上文所知道童亦须参加各类课试与考核，据推测其未受戒之道童有可能参加。道士在校所习道教经典与官办小学生学习经典一样，有大经小经之分。值得注意的是，学道者还须兼通儒学知识，读《周易》与《孟子》，毕竟地方官学仍是以习儒学为核心，道士也须"入乡随俗"。

---

① 王重阳：《立教十五论》，载《道藏》第三十二册，上海书店出版社1988年版，第153—155页。
② 《续资治通鉴》卷九三《徽宗体神合道骏烈逊功圣文仁德宪慈显孝皇帝·重和元年》，中华书局1957年版，第2401页。

此制度不仅将道士列入官办学校进行正规培养，入学的道徒还与习儒业的学生一样，亦须经过学业考核，也有资格参加科举考试。根据考核成绩高低可授以元士、高士、上士等称号，而这些称号相对应官品的五品至九品，可见相较一般儒生，道士的待遇规格更高些。同时又仿照儒学的贡士法，道学学生也可通过考试成为贡士，继而去太学学习；也可参加三年的科举考试，得第可经殿试，从有道之士变成高级道士。① 也就是说，道学生与儒学生的升阶流程是一样，只是考试题目不同。虽然道教学校存在的时间很短，几乎可以说是"昙花一现"，但是作为道教教育的官学化，在古代教育史上还是值得书上一笔。

① 《续资治通鉴》卷九三《徽宗体神合道骏烈逊功圣文仁德宪慈显孝皇帝·重和元年》，中华书局 1957 年版，第 2401 页。

结　语

现代审视：
宋代蒙学伦理教育与现代生活

　　中国传统蒙学教育必然具有各个时代烙印，其糟粕与精华掺杂，然而可以肯定的是，中国的传统教育制度不完全是坏的。宋代童蒙教育在整个古代蒙学教育史中具有承上启下的作用。我们试图从宋代蒙学教育的伦理理念、内容、形式、原则中探寻可为现代社会生活借鉴的部分，本章主要从当下社会儿童部分道德问题的解决、传统儒家文化的传播、世俗儒家伦理研究的关切，以及社会主义核心价值体系建设的辅助四个方面探讨。

一、对当代儿童道德问题之启发

儿童道德教育问题，不论时代或民族，始终受到社会、学校与家庭关注与重视，因为它关系到儿童未来的成长理路、家庭和睦、学校教育与社会和谐。目前对儿童道德现状问题的研究还仅限于区域样本，尚未有全国范围内的总体性研究，尽管如此，我们仍能发现一些现代儿童道德的共性问题。例如：过于"自我中心"，对他人（包括父母、教师、同伴等）缺少理解与宽容，不懂礼让、谦卑，即以"自利"为基本价值观；缺少基本的礼仪规范，如对师长、伙伴的不尊重、不礼貌等；过于关注物质生活，在吃喝穿戴上过于追求，形成互相攀比现象，缺乏道德理想的教育等。当然这只是现代儿童道德问题的"冰山一角"。就以上例子而言，看起来似乎还"无关痛痒"，但这些问题将有可能引起更严重的社会问题，例如青少年的犯罪率逐年增加即是最好的明证。成人世界形成的各种"不德之风"当然亦与其幼时所受道德教育直接相关。故而，我们不能忽略，且应当更关注现代儿童的道德问题。

当然，上述道德问题不可能是儿童与生俱来的，这与家庭教养、学校教育、社会引导有密切的关系，因此，解决这些道德问题需要多方的配合与努力。少年儿童"失德"行为原因复杂，但它与作为教育主体的中国家庭、学校与社会对"德育"的重视不够（比起"智育"）有密切关联。社会上似乎存在一个不成文的理念："学"优则"品"优，"分"高则"德"高；相反，"学"弱则"品"劣，"分"低则"德"差。虽然各类评奖初衷以品德为先，如"品学兼优"（品德良好与学业优异），"三好学生"（品德好、学习好、身体好），而实际的评价标准我们有目共睹。诚然，"品德""道德"总是列为考评项目，但是品德问题很难客观评判。

针对上述问题，家长、教师、社会也开始重视儿童德育问题。至于如何解决，有些人将目光转向了西方教育。诚然，西方发达国家在德育方面积累了丰富经验，特别在儿童认知、道德、性格培养上具有优势，然而打着国外"先进"教育理念旗帜的幼儿早教与儿童兴趣机构，其实际效果如何有待确定。伴随社会掀起的"传统热""国学热""经典热"，"蒙学热"也随之而起，有些人将目光转向了中国传统蒙学教育。那它是否有利于当代儿童道德问题的解决？能否对儿童伦理道德观、人生观、价值观等方面产生积极影响呢？

一般言之，生活在不同时代下的蒙童，不论其物质生活，抑或是精神世界，不说具有"天壤之别",亦是差别很大,当然作为儿童天性中的"纯真""贪玩"等存在着共同点。宋代儿童道德教育的内容、形式、方法、原则等当然不可能直接运用于现代儿童道德教育,但有些可以"择精""择要"运用,试举几例,以供参考。现代儿童道德问题的原因之一是儿童过分受家长"溺爱",形成自私、任性的性格特点,容易造成对包括父母、兄长在内的他人的不尊重。古代儿童在家庭、学塾、社会中一些基本行为准则可参用。就以"孝"而言,落实于具体的现实生活中,当然无须如宋代儿童那般鸡鸣晨起问候、侍奉盥洗与饮食,然而一般的行为规范仍可变通运用。比如陈淳《小学诗礼》中,要求对父母温和怡人,"及所声气怡,燠寒问其衣。疾痛敬抑搔,出入敬扶持"[①];关注父母身体动向,"其有不安节,行不能正履"[②];出门告知父母方向,"父在不远游,所游必有常。出不敢易方,复不敢过时"[③];注意自身的安全,"舟焉而不游,道焉而不径。身者父母体,行之敢不敬"[④];对于长辈要尊重,问话要诚实相对"有所问,则必诚实对言,不可妄"[⑤];面对长辈"不可虚言戏谑,不可斜侧骄矜"[⑥],须认真倾听、姿态端正。古代对长辈称呼"莫呼长上表号,开口就要尊称"[⑦],虽不适用,但亦须在平日生活中多加提醒与注意。教导遵守学校基本规则,如"非尊长呼唤,师长使令及已有急干,不得辄出学门"[⑧],此学则在今天看来仍旧适用。再如第四章的日常行为规范中所论述的在饮食、穿衣、坐立行走、读书写

① 陈宏谋辑:《养正遗规译注》,《五种遗规》译注小组译注,中国华侨出版社 2012 年版,第 38 页。

② 陈宏谋辑:《养正遗规译注》,《五种遗规》译注小组译注,中国华侨出版社 2012 年版,第 41 页。

③ 陈宏谋辑:《养正遗规译注》,《五种遗规》译注小组译注,中国华侨出版社 2012 年版,第 43 页。

④ 陈宏谋辑:《养正遗规译注》,《五种遗规》译注小组译注,中国华侨出版社 2012 年版,第 43 页。

⑤ 陈宏谋辑:《养正遗规译注》,《五种遗规》译注小组译注,中国华侨出版社 2012 年版,第 19 页。

⑥ 石成金编:《福寿真经》,《五种遗规》译注小组译注,文化艺术出版社 2006 年版,第 227 页。

⑦ 石成金编:《福寿真经》,《五种遗规》译注小组译注,文化艺术出版社 2006 年版,第 227 页。

⑧ 陈宏谋辑:《养正遗规译注》,《五种遗规》译注小组译注,中国华侨出版社 2012 年版,第 28 页。

字等方面的一些可行性、可操作的内容，对于培养儿童遵守规矩亦十分有效。

从作为蒙教物质载体的蒙学读物来看，为人熟知的有"三、百、千"，它们分别流行了约 700 年、1000 年、1400 年，强大的生命力亦可窥探其重要意义。这里有"人不学，不知义"[①] 的道德之教；有"首孝悌，次见闻，知某数，识某文"[②] 的孝悌之崇；有"亲师友，习礼仪"[③] 的礼仪之则；有"如囊萤、如映雪，家虽贫，学不辍"[④] 的励志故事；有"尺璧非宝，寸阴是竞"[⑤] 的惜时警句。可以不夸张地说，伦理道德、礼教、历史、博物、自然、艺术、科学等均涵括在内。以上所举，无疑对现代儿童道德问题的解决有一定的作用。

总之，我们不可能希冀通过宋代儿童教育的内容或方式的借鉴、改造即能解决现代儿童所存在的普遍道德问题，只是将其作为一种解决的可能性的参考方式而已。至于其效果当然需要家庭、学校、社会等多方面的互相配合，也非一朝一夕能解决。传统蒙学教育主要任务为陶冶蒙童的气质，培养蒙童的性情，辅养蒙童的才品，规范蒙童的行为，教导蒙童处世之道，一定程度上对当代少年儿童德育有所裨益。

二、对传统文化普及大众之助推

蒙学教育理念及作为重要载体的童蒙教材，其主要受教对象为儿童，这是编写蒙学课本的初衷，这点毋庸置疑。古代社会的主流文化为儒学，儒者们似乎承载了共同的历史使命，著书与育人，正己与教人，因而将其理解为教育学说并不为过。其教化的主要内容为人生态度、伦理道德等人文主义精神，最终目的为化民成俗。历来研究者们聚焦于"四书五经"等巨典，然而"圣经贤传"为历代士人、鸿儒、精英们的理想价值与思想情感的表达，但对当时的普罗大众、民间百姓、乡俚村妇而言，"羽翼经训、垂范方来"的儒家"高文典册"，能否发挥出道德引导的功效呢？恐非易事。因为在低识字率与低文化水平的宋代（相较于现代而言，虽然较前代，宋代教育已经向民众开放，由于时代种种因素的结合，文化层次普遍偏低），对于乡村的成年人而言，他们没有阅读经

---

① 王应麟：《三字经》，载韩锡铎主编：《中华蒙学集成》，辽宁出版社 1993 年版，第 269 页。
② 王应麟：《三字经》，载韩锡铎主编：《中华蒙学集成》，辽宁出版社 1993 年版，第 270 页。
③ 王应麟：《三字经》，载韩锡铎主编：《中华蒙学集成》，辽宁出版社 1993 年版，第 269 页。
④ 王应麟：《三字经》，载韩锡铎主编：《中华蒙学集成》，辽宁出版社 1993 年版，第 271 页。
⑤ 周兴嗣：《千字文》，载韩锡铎主编：《中华蒙学集成》，辽宁出版社 1993 年版，第 8 页。

史子集这类读物的可能性与需求。反而是一些用于儿童教育，比如兼有识字与道德文化知识的"三、百、千"与杂字等，为尚处于蒙昧期的广大下层成年人提供了文化学习的机会。

宋代的一些蒙学教材不仅为当时底层民众普及了文化知识与为人处世之道德规范，而且对于现代人，包括青少年与成年人，其仍旧有一定的市场。首先我们要注意两个问题。

一是内容上而言，现代人了解中国传统儒家文化，当然可以通过"二手文献"即那些"四书"白话文翻译版本获得。诚然，这种形式有一定效果，更多的人选择此种方式了解传统文化知识。然而对于一部分想要阅读"经典"儒家经书的人而言，他们本身不需要系统的、专业的、全面的儒家文化知识，然而"羽翼经训、垂范方来"的儒家高文典册，并不是那么容易解读。此种情况下，一些改编于圣贤经典或摘录高文典册的蒙学书籍即发挥其作用。比如《小学诗礼》是对《礼记》中《内则》《曲礼》《少仪外传》等篇目的改编，其中诸多用词皆来自于原文。阅读此类著作，能让现代人了解古代人日常生活中的基本礼仪，又无须直接阅读《礼记》《周礼》《仪礼》等书。《训蒙雅言》基本改编自"四书五经"，《启蒙初诵》则更为简易。再比如朱熹所编的《小学》的内篇，按立教、明伦、敬身三个方面，摘辑了来自"十三经""十七史"的经典内容。以上所举旨在说明现代人若要了解一些基本典籍内容，参考一些童蒙书籍不失为一种方法。当然通过《教子斋规》《训蒙法》等可知古代家庭是如何对儿童进行日常教育；通过《朱子读书法》亦可知宋代最著名的理学大家的读书方法；通过《程董学则》可知宋代学校的教学基本情况，其内容与《弟子职》较相近，后朱熹将其作为白鹿洞书院的学规，为南宋之后多所书院所使用。诸如此类不一一论述。

二是形式问题。对于现代人而言，虽有一定的古文基础，但倘若要全文阅读"散文式"的文籍，特别是那些篇幅较长的著作，是十分吃力与枯燥的事情，一定程度上阻碍了现代人阅读经典书籍的步伐。对此，有部分通俗的古代蒙书则是十分不错的选择，其不仅篇幅适中，而且语言简短，尤其使用对仗或韵语，不得不说是阅读古文的"救星"。最好的例子非《三字经》莫属，其通俗易懂的表达方式，结合了汉语与汉字的特点，采用韵语、联语的形式，字句整洁对仗、语言精练，琅琅上口，极便诵记，才使其在民间家喻户晓，妇孺皆知。张志公先生说："韵语读物可以说是古人设计的一座跨越口语和文言间那条鸿沟的桥梁。在文言时代，它是从识字走向阅读的很好的过渡。"① 这当然是针对古代儿童从识字到阅读之间过渡而言的，但此话用在现代普通大众阅读古代经典文籍亦适用，不妨说韵对是越过"文言文"这条鸿沟相当有效的桥梁。

此外，蒙学与蒙书借着其"独特"的优势走向了国际社会，例如《三字经》译成英文被联合国教科文组织列入"儿童道德丛书"；郭著章主编"汉英对照蒙学精品"系列丛书，翻译了《弟子规》《小儿语》等10种蒙学读本；华语教育出版社的"中国蒙学经典故事丛书"外文系列，将"三、百、千"与《幼学琼林》译成西班牙语、葡萄牙语、日语、韩语等9种语言。以上无疑对中国传统文化的国际传播发挥出巨大的推动作用。

总之，蒙学浅显、真实的生活之道与通俗易懂的表达形式，不仅让古代人受益匪浅，而且对现代人来说利处诸多。它让我们对传统社会的基本价值观与人生理想有所了解，特别是"儒学"主流价值观如何与世俗生活结合的"形迹"有所体悟；其诸多劝善、劝德之言更是对当代中国成人道德教育有一定的启发。综上，蒙学读物为普通大众了解中国儒家传统文化提供了入门路径与初备知识奠基。

三、对世俗儒家伦理研究之关切

蒙学著作是儒家伦理世俗化的极好表现，它们在世俗伦理教化上丝毫不逊色，甚至更胜一筹。儒家伦理世俗化的研究在学界并不是什么新奇的研究点，关于儒家伦理世俗化与社会学史的大、小传统概念相关。大、小传统的概念区分是20世纪50年代由美国人类学家罗伯特·雷德斐（Robert Redfield）最早提出的，后西方史学界对其进行了修正，以精英文化与通俗文化来代替大、小传统。大传统或精英文化主要代表了上层知识分子的文化，而小传统或通俗文化则代表了一般平民的文化。② 基于以上理论，儒家伦理思想似乎亦可以进行区分，陈来在《蒙学与世俗儒家伦理》一文中，即用精英儒家伦理与世俗儒家伦理作为研究中国传统文化价值结构系统：前者关注"少数圣贤的经典中记载的理想的价值体系"，而后者则注重"一般民众生活和日常行为所表现的实际价

---

① 张志公：《传统语文教育教材论——暨蒙学书目和书影》，中华书局2013年版，第71页。
② 余英时：《中儒家伦理与商人精神》，广西师范大学出版社2004年版，第4页。

值取向"。① 问题的关键是，蒙学与儒家伦理世俗化有何种关系？陈来区分了精英与世俗儒家伦理，并论述二者的不同点：

> 主要不是通过儒学思想家的著述去陈述它，而是由中下层儒者制定的童蒙教育实践以及他们所编定的童蒙读物形成的，并发生影响。这种通俗儒家伦理读物的内容并非简单认同现实的世俗生活，而是体现为家族主义、个人功利与儒家道德伦理的结合，在宋以后的中国历史上，在民众中流行极广。②

上述十分清晰地表达了宋代蒙学读物与蒙学教育的具体实践去影响具体的世俗生活，且在普通民众间传播开来，这无疑体现了宋代童蒙教育对于儒家伦理世俗化的"贡献"。当然，这与其本身欲宣扬的理念以传统儒家伦理为主旨相关，如葛兆光所认为的中国传统伦理道德的正当性，即是为了保持个人的谦让、维护家庭的和睦，维持社会的秩序，这是有史以来的共识。③ 基于儒家正统伦理为主的蒙学实践是否能体现这种世俗化倾向呢？它又是如何去体现与实践这种世俗性？它又与正统经典儒家经典比较如何呢？

精英儒家伦理的传播载体是以圣经贤传和经典鸿著为主，它们代表上层知识分子，如历代的儒林、文苑之士等，他们凭借"话语权"在著作中表述上层人士的理想价值体系。故而，一般人会持有这样的态度：

> 真实的思想历程就是由这些精英与经典构成的，他们的思想是思想世界的精华，思想的精华进入了社会，不仅支配着政治，而且实实在在地支配着生活，它们的信奉者不仅是上层知识阶层，而且包括各种贵族、平民阶层，于是描述那个世界上存在的精英与经典就描述了思想的世界。④

虽然经典与精英构造了主要的思想世界，所以不论是学界或普通大众对于"经典巨作""圣贤经典"仍是持"至上"的态度，当然宏伟巨册的历史影响

① 陈来：《中国近世思想研究》，商务印书馆 2003 年版，第 409-440 页。
② 陈来：《中国近世思想研究》，商务印书馆 2003 年版，第 409 页。
③ 葛兆光：《思想史的写法——中国思想史导论》，复旦大学出版社 2009 年版，第 107 页。
④ 葛兆光：《思想史的写法——中国思想史导论》，复旦大学出版社 2009 年版，第 10 页。

与思想贡献当然毋庸置疑，然而也要考虑到"普遍生活的知识与思想却在缓缓地接纽和演进着"①。葛氏所说的"普遍的生活的知识与思想"是什么呢？他解释道：

> 现存的各种童蒙课本，如从汉简《仓颉篇》到敦煌本的《太公家教》以及后来的各种私塾读本、教材，它对知识的分类和介绍，其实可以透视当时社会一般知识程度。②

换言之，包括启蒙教育在内的那些在普遍生活中的知识，其内容是主流传统文化的一种世俗化演绎，它的发展由于未经筛选呈现出缓慢而又稳定演进趋势。那种代表社会一般知识程度的普遍途径有哪些呢？比如：观看娱乐演出中的潜移默化（如宗教的仪式法会、商业集市的演剧说唱）、一般性教育中的直接指示（如私塾、小学、父母与亲友的教导对经典的世俗化演绎）、大众阅读（如小说、选本、善书以及口头文学）等等。③

这无疑是童蒙读本内容及童蒙实践教育过程中的有效形式，其与透露的一般社会文化程度的知识及普遍的方式相契合。事实上，试问编著流传千古的经史子集的大人物，谁又不是从识字开始呢？即使是思想天才，他们在幼时也需要接受一般社会知识的教育，他们无法避免这个启蒙阶段。然而，上述知识通过娱乐演出、大众阅读、指示性教育等传播途径，其传播范围要远超儒家经典。总之，蒙学课本及其实践途径，恰恰将精英与世俗伦理直接联系了起来。

那代表社会普遍知识的童蒙课本是否体现普通民众化伦理的精神世界呢？毫无疑问，这里有"大抵为人，先要身体端整"④以劝人正身；有"凡饮食之物，勿争较多少美恶"⑤劝人之朴实；有"妇人不二斩，烈女不二夫"⑥劝女之贞洁；

---

① 葛兆光：《思想史的写法——中国思想史导论》，复旦大学出版社 2009 年版，第 11 页。
② 葛兆光：《思想史的写法——中国思想史导论》，复旦大学出版社 2009 年版，第 15 页。
③ 葛兆光：《思想史的写法——中国思想史导论》，复旦大学出版社 2009 年版，第 15 页。
④ 陈宏谋辑：《养正遗规译注》，《五种遗规》译注小组译注，中国华侨出版社 2012 年版，第 11 页。
⑤ 陈宏谋辑：《养正遗规译注》，《五种遗规》译注小组译注，中国华侨出版社 2012 年版，第 19 页。
⑥ 陈宏谋辑：《养正遗规译注》，《五种遗规》译注小组译注，中国华侨出版社 2012 年版，第 52 页。

有"父母生子身，身是父母个。如何却言我，言我大不可"①的劝人为孝；有"傥信牝鸡晨，长舌肆谗口"②劝妇人勿多事；有"非义或得财，扪心未可喜"③的劝人勿取不义之财；有"跄跄黄小群，毛发忽已苍"④劝人惜时；有"为官须作相，及第必争先"⑤劝人上进；有"养不教，父之过。教不严，师之惰"⑥劝人教子。它们看似"浅陋、鄙俚"，实质却是普通民众在长期生活实践中提炼出的处世之方、为人之道、人生态度。童蒙读物将精英儒家的"应该怎么样"的道德理想，转换成了民众生活的"是怎么样"的实际，它实质上反映了世俗民众的真实样态，从中可以窥探普通民众社会心态、生活习俗、道德风貌、民众性情等。正如徐梓所言：

> 在某个时代，为什么而教学，教或学些什么以及怎样教学，往往是这一时代性格和气质的典型体现。通过蒙学这扇窗口，我们就能了解这个时代的精神风貌，了解这一时代的文化物特征。⑦

综上，蒙学所教的诸多内容是人们在长期生活实践中总结出的处世之道，真实反映了民间生活的状况。它的形式采用极易诵读的对仗、韵语；它的受教对象不限古代蒙童，还涉及社会一般成年人（特别是文化层次较低的群体）；它的施教者，大多是塾师、乡师、俚儒等民间下层读书人或儒者。如果说"圣经贤传"代表了深奥晦涩的上层文化研究，那么类似"蒙学读物""村书""乡书"等读物即是儒家文化在下层社会的通俗表达。

四、对社会主义核心价值体系建设之益处

习近平总书记在十九大报告中明确指出，坚持社会主义核心价值体系需要大力推动中华优秀传统文化，并对其进行创造性转换和创新性发展。蒙学教育读物

---

① 杨简：《慈湖先生遗书》卷六《蒙训》，董平校点，《四库全书》本，第65页。
② 史浩：《童丱须知》，载《鄮峰真隐漫录》卷四九，清乾隆刻本，第314页。
③ 史浩：《童丱须知》，载《鄮峰真隐漫录》卷四九，清乾隆刻本，第314页。
④ 杨时：《此日不再得示同学》，载熊大年编：《养蒙大训》，新文丰出版公司1985年版，216页。
⑤ 汪洙：《神童诗》，载韩锡铎主编：《中华蒙学集成》，辽宁出版社1993年版，第43页。
⑥ 王应麟：《三字经》，载韩锡铎主编：《中华蒙学集成》，辽宁出版社1993年版，第269页。
⑦ 徐梓：《传统蒙学与传统文化》，《寻根》2007年第2期，第12页。

及其教育实践中有诸多优秀传统文化因子，例如强调对父母孝顺、对兄长敬重、对朋友诚信，提倡家庭和谐、邻里和睦、社会和谐，教导勤劳、节俭、仁爱等传统美德，倡导为官清廉、为人友善、处世宽容，教导圣贤之径、珍惜时间、勤苦读书等与现代社会发展相契合的传统文化。当然，其中不乏如"一女不嫁二夫"的贞洁观、"割肉救母"的愚孝观、"金榜题名"的名利观等诸如此类的"文化糟粕"，这与其时代发展局限有关。张志公先生针对此有一段极妙的论述，他说：

> 行为规范和信念是因时因地因民族而异的，不是全世界的人都一样，并且不是从远古至今一成不变的。不过，任何一个时候的每个民族的人们都认为他们那时的规范和信念是对的、好的，至少是必须接受的。不仅如此，还希望他们的下一代保持住它们。①

蒙学书籍中某些内容与观念，用今人的眼光衡量，或许是陈旧、腐朽的思想，这主要与时代发展相关，我们的目的在于从中挖掘有利于现代社会主义核心价值体系建设的内容，更何况蒙学读物在发扬传统文化时具有其独特的优势。其主要有两点：一是其内容以儒家伦理为主，不失主流价值观，但又因其所教授之对象为文化层次处于低位的儿童，故而其在宣扬儒家伦理道德时，其相对浅显的内容更容易为现代人所接受。二是其形式简单，便于诵读。一般而言，其篇幅短小，多以短句与韵语、对仗手法编著。如前所述，宋代的童蒙教育在教育史上具有承上启下的地位。就其蒙学教材编写而言，元明清后的蒙学课本的种类、形式等基本是以宋代为基础，即可见其历史影响。

2017年1月，国务院和中共中央办公厅颁发《关于实施中华优秀传统文化传承发展工程的意见》（下称《意见》），如此高规格来推进传统文化的传承工作在新中国的历史上可谓前所未有。究其原因，主要在于中华文化传达的理念、精神、智慧是独一无二的，它为建设社会主义文化强国，增强国家文化软实力，实现中华民族伟大复兴的中国梦，提供了深层次、持久性的力量。

本书根据《意见》的中心思想，结合宋代蒙学教育内容与理念，试图提供一些可行但并不成熟的措施，旨在将蒙学教育中的传统文化理念贯穿于启蒙教育、基础教育、高等教育等国民教育始终，将其融入思想政治教育、知识教育、

---

① 张志公：《传统语文教育教材论——暨蒙学书目和书影》，中华书局2013年版，第45页。

社会实践教育等领域中，探讨如何将蒙学教育内容、形式、原则及其实践工作与传统文化结合，以辅助于建设社会主义核心价值体系。

其一，根据《意见》所述，主要以幼儿、中小学教育为依托，一方面增设有关中华传统文化课程，例如开展"青少年传承中华传统美德"系列活动，通过阅读蒙学经典，开展"孝亲"文化礼仪等活动；另一方面组织专家组编写相对规范的传统文化教育幼儿读本，例如可采用编著手工绘本、故事书，创作儿歌、童谣，制作动画等方式开展。不论是课程开展或教材的编写，皆是以宋代优秀蒙学书本、教育理念和原则为基础，利用现代科学技术手段，结合符合现代儿童、青少年实际道德发展需求，极力宣传和推广传统道德文化。

其二，虽然蒙学教育在古代主要针对十五岁以下的孩童，然而前文已反复论述不少蒙学教材及其内容不仅适用于现代幼儿、中小学生，而且也适且于进入大学阶段学习的大学生。如《意见》中所述，可以在高校课程中开设相关必修或选修课程，比如直接开设解读蒙学经典课，亦可在哲学社会科学的相关专业中多融入传统文化的精华，这实质是将其与高校大学生的实际课程紧密结合的表现。另外，可以拓展高校校园文化活动，例如将蒙书中所表述的宋代复杂的各类礼仪，通过真人解说、制作动画、设立卡通形象、艺术表演等形式表现；再如宋代有诸多以儿童为对象的书画，可以将其集中起来展览，以呈现宋代儿童实际生活与学习状态。

其三，蒙学所展现出的优秀传统文化之适用对象，不仅限于幼童、中小学生、大学生，亦可适用于现代普通大众。一方面，他们自身可以通过蒙学经典著作了解古代传统文化，知晓基本的儒家伦理知识。另一方面，他们亦可以通过蒙书所展现出的具体教育理念、原则、形式，结合子女的实际情况，作为家教的重要借鉴。利用蒙学读物对大众开放教育的多种形式，比如紧扣近年来"国学热"的发展趋势，大力实施"中华经典诵读"工程，百人阅读家喻户晓的"三、百、千"蒙学经典，开设在线的"蒙学文化公开课"，邀请蒙学研究专家开展相关的讲座，目的在于向大众宣扬蒙学中符合现代价值观念的道德知识。

总之，传统旧式的蒙学教育并非"之乎者也"的思想灌输，其内容与形式十分丰富与生动。以上所举将蒙学教学融入社会主义核心价值体系建设的措施尚是一种不太成熟的理论假设，其具体实际操作还需要家庭、学校、社会等多方面的配合与努力。

参考文献

一、古籍类

[1] 《十三经注疏》，上海古籍出版社 1997 年版。

[2] 曾枣庄主编：《宋代序跋全编》，齐鲁书社 2015 年版。

[3] 陈淳：《北溪字义》，中华书局 1983 年版。

[4] 陈宏谋辑：《养正遗规译注》，《五种遗规》译注小组译注，中国华侨出版社 2012 年版。

[5] 程颢、程颐：《二程集》，王孝鱼点校，中华书局 2004 年版。

[6] 程端礼述：《程氏家塾读书分年日程》，商务印书馆 1936 年版。

[7] 丁传靖辑：《宋人轶事汇编》，中华书局 2003 年版。

[8] 顾宪成：《顾端文公遗书》，清康熙刻本。

[9] 何文焕辑：《历代诗话》，中华书局 2004 年版。

[10] 洪迈：《容斋随笔》，孔凡礼点校，中华书局 2005 年版。

[11] 黄宗羲原撰，全祖望补修：《宋元学案》，陈金生、梁运华点校，中华书局 1986 年版。

[12] 江少虞：《宋朝事实类苑》，上海古籍出版社 1981 年版。

[13] 黎靖德编：《朱子语类》，王星贤点校，中华书局 1986 年版。

[14] 李绂：《朱子晚年全论》，段景莲点校，中华书局 2000 年版。

[15] 李觏：《李觏集》，王国轩点校，中华书局 2011 年版。

[16] 李龄：《宫詹遗稿》，明万历刻本。

[17] 李焘著，黄以周等辑补：《续资治通鉴长编》，上海师范大学古籍整理研究所、华东师范大学古籍整理研究所点校，中华书局

1992 年版。

　　[18] 李修生编：《全元文》，江苏古籍出版社 1998 年版。

　　[19] 林同：《孝诗》，商务印书馆 1937 年版。

　　[20] 凌扬藻：《蠡勺编》，清岭南遗书本。

　　[21] 刘清之：《戒子通录》，《四库全书》本。

　　[22] 陆九渊：《陆九渊集》，钟哲点校，中华书局 1980 年版。

　　[23] 吕大临等：《蓝田吕氏遗著辑校》，陈俊民辑校，中华书局 1993 年版。

　　[24] 吕维祺：《孝经大全》，上海古籍出版社 2002 年版。

　　[25] 欧阳修：《欧阳修全集》，李逸安点校，中华书局 2001 年版。

　　[26] 钱钟联、马亚中主编：《剑南诗稿校注》，涂小马校注，浙江教育出版
社 2011 年版。

　　[27] 邵雍：《邵雍集》，郭彧整理，中华书局 2010 年版。

　　[28] 石成金编：《传家宝全集》，线装书局 2008 年版。

　　[29] 史浩：《鄮峰真隐漫录》，清乾隆刻本。

　　[30] 释重显：《祖英集》，宋刻本。

　　[31] 司马光：《司马温公集编年笺注》，李之亮笺注，巴蜀书社 2009 年版。

　　[32] 净宗学院：《沙弥学处》（修订 4 版），华藏净宗学会 2006 年版。

　　[33] 素尔讷等纂修：《钦定学政全书校注》，霍有明、郭海文校注，武汉
大学出版社 2009 年版。

　　[34] 孙希旦：《礼记集解》，沈啸寰、王星贤点校，中华书局 1989 年版。

　　[35] 孙扬：《孙石台先生遗集》，清乾隆四十四年卢衍仁等刻本。

　　[36] 王筠：《教童子法》，中华书局 1985 年版。

　　[37] 王十朋：《王十朋全集》，上海古籍出版社 2012 年版。

　　[38] 王阳明：《阳明先生集要》，王晓昕、赵平略点校，中华书局 2008 年版。

　　[39] 王应麟：《困学纪闻》，吕宗力等校点，上海古籍出版社 2008 年版。

　　[40] 王梓材、冯云濠：《宋元学案补遗》，沈芝盈、梁运华点校，中华书
局 2012 年版。

　　[41] 文庆、李宗昉等纂修：《钦定国子监志》，郭亚南等点校，北京古籍
出版社 2000 年版。

　　[42] 项安世：《项氏家说》，清武英殿聚珍版丛书本。

　　[43] 谢枋得、王相等编：《千家诗》，王岩峻、赵娟、姜剑云注析，山西

古籍出版社 2003 年版。

[44] 熊大年编：《养蒙大训》，新文丰出版公司 1985 年版。

[45] 杨简：《慈湖先生遗书》，董平校点，浙江大学出版社 2016 年版。

[46] 杨万里：《杨万里集笺校》，辛更儒笺校，中华书局 2007 年版。

[47] 杨仲良：《皇宋通鉴长编纪事本末》，李之亮校点，黑龙江人民出版社 2006 年版。

[48] 尤袤：《遂初堂书目》，商务印书馆 1935 年版。

[49] 袁燮：《絜斋集》，清武英殿聚珍版丛书本。

[50] 赞宁：《宋高僧传》，范祥雍点校，上海古籍出版社 2017 年版。

[51] 张洪、齐熙编：《朱子读书法》，冯先思点校，浙江人民美术出版社 2017 年版。

[52] 张载：《张载集》，章锡琛点校，中华书局 1978 年版。

[53] 张之洞编，范希曾补正，孙文泱增订：《增订书目答问补正》，中华书局 2011 年版。

[54] 周密：《癸辛杂识》，吴企明点校，中华书局 1988 年版。

[55] 朱弁：《曲洧旧闻》，孔凡礼点校，中华书局 2002 年版。

[56] 朱熹：《四书章句集注》，中华书局 2011 年版。

[57] 祝尚书：《宋人总集叙录》，中华书局 2004 年版。

[58] 宗赜：《禅苑清规》，苏军点校，中州古籍出版社 2001 年版。

二、现当代中文类

[1] 包东波选注：《中国历代名人家训荟萃》，安徽文艺出版社 2000 年版。

[2] 陈东原：《中国教育史》，福建教育出版社 2006 年版。

[3] 陈来：《宋明理学》，生活·读书·新知三联书店 2011 年版。

[4] 陈青之：《中国教育史》，东方出版社 2008 年版。

[5] 陈智超：《宋史十二讲》，清华大学出版社 2010 年版。

[6] 池小芳：《中国古代小学教育研究》，上海教育出版社 1998 年版。

[7] 邓广铭：《宋史十讲》，中华书局 2008 年版。

[8] 葛兆光：《思想史的写法——中国思想史导论》，复旦大学出版社 2009 年版。

[9] 龚延明：《中国古代制度史研究》，浙江大学出版社 2013 年版。

［10］顾宏义：《教育政策与宋代两浙教育》，湖北教育出版社 2003 年版。

［11］郭戈编：《李廉方教育文存》，人民教育出版社 2006 年版，

［12］郭齐家、苗春德、吴玉琦主编：《中国教育思想通史》（第三卷），湖南教育出版社 1994 年版。

［13］韩锡铎主编：《中华蒙学集成》，辽宁教育出版社 1993 年版。

［14］何忠礼：《宋代政治史》，浙江大学出版社 2007 年版。

［15］侯外庐：《中国思想通史》，人民出版社 1957 年版。

［16］胡怀琛：《蒙书考》，震旦大学图书馆 1941 年版。

［17］黄书光主编：《中国社会教化的传统与变革》，山东教育出版社 2005 年版。

［18］李定开、熊明安、徐仲林编：《简明中国教育史》，四川人民出版社 1985 年版。

［19］李宏：《宋代私学发展略论》，中央编译出版社 2014 年版。

［20］李泽厚：《新版中国古代思想史论》，天津社会科学院出版社 2008 年版。

［21］李致忠：《历代刻书考述》，巴蜀书社 1990 年版。

［22］梁漱溟：《中国文化要义》，上海人民出版社 2011 年版。

［23］林德春、王凌皓编著：《蒙学读本、谱牒》，吉林人民出版社 1996 年版。

［24］刘淼：《当代语文教育学》，高等教育出版社 2005 年版。

［25］鲁迅：《鲁迅杂文全编》（第四册），人民文学出版社 2006 年版。

［26］马镛：《中国古代教育文献概要》，上海古籍出版社 2003 年版。

［27］毛礼锐、沈灌群主编：《中国教育通史》（第三卷），山东教育出版社 1987 年版。

［28］孟宪承等编：《中国古代教育史资料》，华东师范大学出版社 2010 年版。

［29］苗春德主编：《宋代教育》，河南大学出版社 1992 年版。

［30］苗书梅：《宋代官员选任和管理制度》，河南大学出版社 1996 年版。

［31］潘富恩、徐洪兴主编：《中国理学》，东方出版中心 2002 年版。

［32］浦卫忠：《中国古代蒙学教育——历代少儿启蒙教育方法》，中国城市出版社 1996 年版。

［33］漆侠：《宋学的发展和演变》，人民出版社 2011 年版。

［34］钱穆：《国史大纲》，商务印书馆 1995 年版。

［35］钱穆：《宋明理学概述》，九州出版社 2010 年版。

［36］沈善洪、王凤贤：《中国伦理思想史》，人民出版社 2005 年版。

［37］舒新城：《近代中国教育思想史》，安徽人民出版社 2018 年版。

［38］孙培青主编：《中国教育史》，华东师范大学出版社 2000 年版。

［39］陶愚川：《中国教育史比较研究古代部分》（古代部分），山东教育出版社 1985 年版。

［40］王炳照、郭齐家主编：《中国教育史研究：宋元分卷》，华东师范大学出版社 2000 年版。

［41］王炳照、徐勇主编：《中国科举制度研究》，河北人民出版社 2002 年版。

［42］王炳照主编：《中国古代私学与近代私立学校研究》，山东教育出版社 1997 年版。

［43］吾淳：《中国社会的伦理生活：主要关于儒家伦理可能性问题的研究》，中华书局 2007 年版。

［44］吴洪成编：《中国小学教育史》，山西教育出版社 2006 年版。

［45］徐梓、王雪梅编：《蒙学便读》，山西教育出版社 1991 年版。

［46］徐梓、王雪梅编：《蒙学歌诗》，山西教育出版社 1991 年版。

［47］徐梓、王雪梅编：《蒙学须知》，山西教育出版社 1991 年版。

［48］徐梓、王雪梅编：《蒙学要义》，山西教育出版社 1991 年版。

［49］徐梓：《蒙学读物的历史透视》，湖北教育出版社 1996 年版。

［50］严耕望：《中国政治制度史纲》，上海古籍出版社 2017 年版。

［51］姚瀛艇主编：《宋代文化史》，河南大学出版社 1992 年版。

［52］余英时：《士与中国文化》，上海人民出版社 2003 年版。

［53］余英时：《宋明理学与政治文化》（海外卷），吉林出版集团有限责任公司 2008 年版。

［54］余英时：《朱熹的历史世界：宋代士大夫政治文化的研究》，生活·读书·新知三联书店 2004 年版。

［55］喻岳衡主编：《传统蒙学书集成》，岳麓书社 1996 年版。

［56］袁行霈主编：《国学研究》（第三卷），北京大学出版社 1995 年版。

［57］袁征：《宋代教育：中国古代教育的历史性转折》，广东高等教育出版社 1991 年版。

［58］张岱年：《中国伦理思想研究》，江苏教育出版社 2009 年版。

［59］张立文：《宋明理学研究》，人民出版社 2002 年版。

[60] 张荫麟：《中国史纲》，商务印书馆 2017 年版。

[61] 张志公：《传统语文教育教材论——暨蒙学书目和书影》，中华书局 2013 年版。

[62] 郑阿财、朱凤玉：《敦煌蒙书研究》，甘肃教育出版社 2002 年版。

[63] 周愚文：《宋代儿童的生活与教育》，师大书苑有限公司 1996 年版。

[64] 朱贻庭：《中国传统伦理思想史》，华东师范大学出版社 2009 年版。

[65] 庄华峰：《中国社会生活史》，中国科学技术大学出版社 2014 年版。

三、期刊及学位论文类

[1] 白井顺：《朱熹〈小学〉传播的一个侧面——以程愈〈小学集说〉为中心》，《历史文献研究》2015 年第 2 期。

[2] 白文固：《宋代僧籍管理制度管见》，《世界宗教研究》2002 年第 2 期。

[3] 常镜海：《中国私塾蒙童所用课本之研究》，《新东方》1940 年第 8、9 期。

[4] 邓洪波：《北宋书院的发展及其教育功能的强化》，《河南大学学报（社会科学版）》1996 年第 1 期。

[5] 冯达文：《简论朱熹之"小学"教育理念》，《中国哲学史》1999 年第 4 期。

[6] 贾灿灿：《经商：宋代社会流动的重要渠道》，《社会科学论坛》2017 年第 9 期。

[7] 漆侠：《宋代学田制中封建租佃关系的发展》，《社会科学战线》1979 年第 3 期。

[8] 瞿菊农：《中国古代蒙养学教材》，《北京师范大学学报（社会科学版）》1961 年第 4 期。

[9] 田建荣：《试论古代蒙养教育与科举》，《考试研究》2009 年第 1 期。

[10] 王建军：《传统社会民间蒙学读物——杂字文献研究述评》，《广西师范大学学报（哲学社会科学版）》2016 年第 5 期。

[11] 王兰荫：《明代之社学》，《师大月刊》1935 年第 21 期。

[12] 翁衍桢：《古代儿童读物概观》，《国学季刊》1936 年第 10 卷 1—4 期。

[13] 夏南强：《论"应试类书"》，《图书情报工作》2004 年第 5 期。

[14] 谢元鲁：《对唐宋社会经济制度变迁的再思考》，《中国经济史研究》

2005 年第 2 期。

[15] 徐东升：《宋代农民流动与经济发展》，《中国社会经济史研究》1999 年第 1 期。

[16] 张希清：《论宋代科举取士之多与冗官问题》，《北京大学学报（哲学社会科学版）》1987 年第 5 期。

[17] 陈志勇：《唐宋家训研究》，福建师范大学博士学位论文，2007 年。

[18] 傅琳凯：《中国古代思想政治教育史研究》，东北师范大学博士学位论文，2011 年。

[19] 李晖：《简论宋代蒙学教育》，华中师范大学硕士学位论文，2005 年。

[20] 刘欣：《宋代家训研究》，云南大学博士学位论文，2010 年。

[21] 潘伟娜：《宋代新编童蒙读物初探》，四川大学硕士学位论文，2005 年。

[22] 谭敏捷：《宋代蒙学教材的当代德育价值研究》，西南大学硕士学位论文，2014 年。

[23] 王海波：《蒙学简论》，曲阜师范大学博士学位论文，2014 年。

[24] 王瑜：《明清士绅家训研究（1368—1840）》，华中师范大学博士学位论文，2007 年。

[25] 杨建宏：《宋代礼制与基层社会控制研究》，四川大学博士学位论文，2006 年。

[26] 张烨：《社会化视角下的宋代童蒙教育》，上海师范大学硕士学位论文，2010 年。

[27] 朱明勋：《中国传统家训研究》，四川大学博士学位论文，2004 年。

四、外文译著类

[1] A. 麦金泰尔：《德性之后》，龚群、戴扬毅等译，中国社会科学出版社 1995 年版。

[2] 包弼德著，魏希德修订：《宋代研究工具书刊指南》（修订版），广西师范大学出版社 2008 年版。

[3] 岛田虔次：《中国近代思维的挫折》，甘万萍译，江苏人民出版社 2005 年版。

[4] 岛田虔次：《朱子学与阳明学》，蒋国保译，陕西师范大学出版社 1986 年版。

　　[5] 冈田武彦：《王阳明与明末儒学》，吴光等译，上海古籍出版社 2000 年版。

　　[6] 沟口雄三：《李卓吾·两种阳明学》，孙军悦等译，生活·读书·新知三联书店 2014 年版。

　　[7] 沟口雄三：《中国前近代思想之曲折与展开》，陈耀文译，上海人民出版社 1997 年版。

　　[8] 沟口雄三：《中国思想史——宋代至近代》，龚颖等译，生活·读书·新知三联书店 2014 年版。

　　[9] 近藤一成主编：《宋元史学的基本问题》，王铿等译，中华书局 2010 年版。

　　[10] 刘子健：《中国转向内在两宋之际的文化转向》，赵冬梅译，江苏人民出版社 2012 年版。

　　[11] 马克斯·韦伯：《新教伦理与资本主义精神》，马奇炎等译，北京大学出版社 2012 年版。

　　[12] 约翰·罗尔斯：《正义论》，何怀宏等译，中国社会科学出版社 2009 年版。

　　[13] 约瑟夫·列文森：《儒教中国及其现代命运》，郑大华等译，中国社会科学出版社 2000 年版。